FRECUENCIAS

Español comunicativo para el siglo XXI

Libro del estudiante

Nivel

B1

Equipo **Frecuencias**

Edinumen

Hugo Roberto Wingeyer, doctor en Lingüística Aplicada, es vicedecano de la Facultad de Humanidades de la Universidad del Nordeste (Chaco, Argentina).
La profesora y escritora Eloísa Covarrubias imparte talleres de narrativa y poesía en el Instituto Sonorense de Cultura (Hermosillo, México).

ISBN - Libro del estudiante: 978-84-91794-05-9
Depósito legal: M-242-2021

Impreso en España
Printed in Spain
0622

Coordinación pedagógica:
M.ª José Gelabert

Coordinación editorial:
Amelia Guerrero y Mar Menéndez

Maquetación:
Carlos Casado, Juanjo López y Sara Serrano

Diseño de portada y maqueta:
Juanjo López

Estudio de grabación:
Producciones Activawords

Impresión:
Gráficas Glodami

Créditos fotográficos en pág. 238

Editorial Edinumen
José Celestino Mutis, 4. 28028 Madrid. España
Teléfono: (34) 91 308 51 42
Correo electrónico: edinumen@edinumen.es
www.edinumen.es

¡En Edinumen nos apasiona el español!

Desde nuestros inicios hace ya más de 30 años, nuestro objetivo ha sido siempre mejorar la experiencia del aprendizaje de español en todo el mundo. Nos enorgullece decir que el cien por cien de nuestros recursos están dedicados exclusivamente a la enseñanza y aprendizaje de español como lengua extranjera y segunda lengua.

Durante todos estos años, hemos tenido el enorme privilegio de trabajar al lado de entusiastas profesionales del español que viven y desarrollan su labor en multitud de países y, por lo tanto, representan realidades diferentes. Así, hemos constatado los cambios que se han ido produciendo y hemos afrontado juntos nuevos retos para lograr el objetivo que compartimos: que los estudiantes que deciden aprender español sean capaces de disfrutar también de un apasionante universo sociocultural y lingüístico tan completo como enriquecedor.

Este reto es hoy especialmente emocionante. Gracias al desarrollo de las nuevas tecnologías, la interacción entre culturas y personas interconectadas desde todos los lugares del mundo es permanente y se produce a un ritmo inimaginable hasta ahora. Los hablantes de español del siglo XXI son interlocutores en un universo compuesto por realidades lingüísticas y culturales muy diversas que se nutren entre sí.

En los últimos años ha habido un intento justificado de integrar en los materiales didácticos muestras de lengua que se asemejen lo más posible a los modelos reales. En este sentido, **Frecuencias** incorpora, por primera vez en un manual de ELE, una extensa muestra de ejemplos extraídos de las bases de datos o corpus* que, siempre al hilo de los contenidos tratados, ilustran variantes de carácter léxico, gramatical o comunicativo con el fin de acercar al estudiante a las diferentes realidades sociolingüísticas hispánicas.

Además, **Frecuencias** se ha desarrollado metodológicamente en dos ejes: el aprendizaje por contenidos y la resolución de tareas que permiten al estudiante poner en práctica los conocimientos adquiridos anteriormente, lo que favorece un aprendizaje activo y eficaz.

Por último, queremos destacar la colaboración entre **Edinumen**, especialistas en ELE, y la **Real Academia Española (RAE)** en la génesis del proyecto, así como el asesoramiento de la RAE en el uso de los corpus y su revisión final del presente trabajo. Sin su ayuda y apoyo este manual no podría haber visto la luz.

Estamos muy ilusionados de presentar este nuevo manual de ELE, que da respuesta a las necesidades de estudiantes y docentes para un aprendizaje real en el siglo XXI.

* Colección de textos de todos los países hispanohablantes en formato electrónico, con varios millones de palabras, que la Real Academia Española (RAE) ha codificado y clasificado y que permiten la búsqueda a través de formas, lemas, categorías gramaticales, zonas geográficas, etc.

Edinumen
Especialistas en ELE

FRECUENCIAS

Frecuencias es el nuevo curso de español que da respuesta a las necesidades de estudiantes y docentes para un aprendizaje real en el siglo XXI.

Frecuencias sigue las recomendaciones del *Marco común europeo de referencia para las lenguas (MCER)* y su sílabo se ha elaborado a partir del *Plan curricular del Instituto Cervantes*.

El curso favorece un aprendizaje **activo**, de manera que el conocimiento de la lengua es **real**, **significativo y adaptado** a las **necesidades** del estudiante.

Una propuesta metodológica eficaz

Frecuencias combina el **aprendizaje por contenidos** con la **resolución**, en una fase posterior, de **tareas** en las que el estudiante tiene que poner en funcionamiento los conocimientos adquiridos previamente. Esta combinación facilita el aprendizaje, ya que los contenidos se van presentando **de manera progresiva** a lo largo de los apartados, de modo que el estudiante, al enfrentarse a las tareas, ha adquirido ya todas las herramientas que necesita para resolverlas con éxito.

Las actividades que se presentan son **significativas social y emocionalmente**, conectan con el estudiante y lo involucran en su aprendizaje. Estas actividades aumentan la **motivación** y favorecen la asimilación de lo aprendido.

La incorporación de los corpus de la RAE: CORPES XXI y CREA

Frecuencias incluye una extensa muestra de **ejemplos reales** extraídos de los corpus de la RAE para mostrar usos auténticos de lengua, con **variantes** que ejemplifican la riqueza lingüística del mundo hispánico, algunas **frecuencias** de uso y **combinatoria** de palabras, así como fenómenos de carácter **gramatical o comunicativo**.

Las muestras se destacan claramente en el manual a través de cuadros estratégicamente colocados junto a los contenidos a los que hacen referencia.

> RAE
>
> GRAMÁTICA
>
> En las zonas voseantes de América, el imperativo tiene una forma propia para la persona vos *(hablá, bebé, abrí, empezá, volvé, elegí, tené, hacé, poné, vení, salí, decí...)*: ***Empezá*** *vos, por favor./****Comé, comé****, está muy bueno.*

Una visión global del mundo hispánico

La presencia de aspectos **culturales e interculturales** a lo largo de las actividades, así como en el apartado "Cultura", y la integración destacada de las **variantes hispánicas** facilitan la creación de una conciencia global del mundo hispánico y la adquisición de habilidades de comunicación por parte del estudiante. Todo esto le permite desenvolverse con éxito en una realidad lingüística y cultural tan compleja como la de la comunidad hispanohablante.

Un atractivo y motivador material audiovisual

Frecuencias presenta ***Cartelera de cine***, 10 secuencias de películas producidas en países hispanos cuyo fin es la práctica del componente sociocultural.

Un diseño a doble página que facilita el aprendizaje

Frecuencias aporta un **atractivo y moderno diseño a doble página** que permite presentar los contenidos de manera **motivadora**, **clara y ordenada**, lo que facilita el aprendizaje.

En colaboración con la Real Academia Española (RAE)

La **Real Academia Española (RAE)** es miembro de la Asociación de Academias de la Lengua Española (ASALE), que se formó en México en 1951 y que está integrada actualmente por las veintitrés academias de la lengua española existentes en el mundo (veinte en América, además de España, Filipinas y Guinea Ecuatorial).
Su objetivo es llevar a cabo una política lingüística panhispánica trabajando unidas para conseguir la integridad y el crecimiento de la lengua española.

Entre sus logros cabe destacar la publicación, en coautoría, del *Diccionario de la lengua española* a partir de su XXII edición, la *Ortografía* en sus ediciones de 1999 y 2010, y el *Diccionario panhispánico de dudas* (2005), así como la elaboración de distintas bases de datos o corpus.

Frecuencias es un proyecto desarrollado por **Edinumen** con la colaboración de la **Real Academia Española**. Esta colaboración se ha centrado en dos aspectos:

- por un lado, Edinumen ha tomado en consideración los corpus lingüísticos y bases de datos que la RAE ofrece, así como su conocimiento del uso del español, para el desarrollo del curso;
- por otro lado, el manual ha sido revisado por la Real Academia Española como lingüística, léxica y gramaticalmente correcto.

Los corpus: CORPES XXI y CREA

El **Corpus del Español del Siglo XXI (CORPES XXI)** es un proyecto impulsado por la Asociación de Academias de la Lengua Española (ASALE). Está formado por diferentes tipos de textos de todos los países del mundo hispánico. Reúne un conjunto de 400 millones de formas y palabras, con una distribución de un 70 % de América y un 30 % de España, que aparecen en textos producidos a partir de 2001.

El **Corpus de Referencia del Español Actual (CREA)** está diseñado para proporcionar información exhaustiva acerca de la lengua en un momento determinado de su historia y es lo suficientemente extenso para representar todas sus variedades relevantes. Se compone de una amplia variedad de textos escritos y orales, producidos en todos los países de habla hispana entre 1975 y 2004 y en los que es posible la búsqueda por formas, lemas y categorías gramaticales.

Frecuencias, curso de español revisado por la RAE y que incluye muestras auténticas de los corpus lingüísticos.

Estructura del libro

Cada nivel de **Frecuencias** está compuesto por **diez unidades didácticas** estructuradas en ocho apartados con unos objetivos específicos:

- **presentación** de los contenidos de la unidad;
- activación de los **conocimientos previos** de los estudiantes sobre el tema;
- presentación y actividades para la adquisición de **vocabulario**;
- presentación y práctica de los **contenidos gramaticales**;
- **secuencia comunicativa** para poner en práctica los conocimientos adquiridos, a través de tareas significativas y el **desarrollo de las cuatro destrezas**;
- presentación de **contenidos culturales** relacionados con el universo hispánico;
- actividades de carácter **audiovisual** con las que trabajar el **componente sociocultural** a partir de secuencias de películas de producción española e hispanoamericana;
- **evaluación** de lo aprendido y reflexión sobre el aprendizaje.

Los diferentes apartados han sido pensados para que se realicen en **una o dos sesiones** de clase cada uno de ellos, dependiendo de las necesidades y la progresión específica de cada grupo de estudiantes.

Las tareas están diseñadas para trabajar en **diferentes dinámicas: de modo individual**, **en parejas**, **en grupos pequeños y todo el grupo**, fomentando de esta manera el trabajo colaborativo y el intercambio de conocimientos entre los diferentes miembros de la clase. Estas dinámicas aparecen indicadas con las siguientes etiquetas:

En parejas | **En grupos pequeños** | **Todo el grupo**

Cada nivel de **Frecuencias** viene acompañado de un apéndice de **Pronunciación y ortografía** con diez fichas prácticas que trabajan el componente fonético y ortográfico y que pueden presentarse en clase según las necesidades específicas de cada grupo.

La ELEteca (extensión digital)

La **ELEteca** es una completa **plataforma *e-learning*** con funcionalidades y contenidos digitales que facilitan la enseñanza/aprendizaje de la lengua.

La ELEteca de **Frecuencias** ofrece **actividades interactivas** para la práctica en línea de los principales contenidos de cada apartado de las unidades, todo el **material audiovisual** del curso y una gran variedad de recursos tanto para el estudiante como para el docente.

Para entrar en la ELEteca, regístrate con el código que aparece en el interior de la cubierta en:

https://eleteca.edinumen.es/

Cartelera DE CINE

Frecuencias presenta ***Cartelera de cine***, 10 secuencias de películas producidas en países hispánicos cuyo fin es la práctica del componente sociocultural.

La elección de una secuencia clave o significativa de cada película, junto a la presentación previa de su sinopsis y las actividades de explotación de la secuencia, permiten al estudiante acceder y profundizar en el elemento sociocultural que vertebra cada una de estas obras referentes del cine hispánico.

Las actividades diseñadas para cada una de las secuencias son facilitadoras y permiten un acercamiento significativo y sugerente a la cultura hispana.

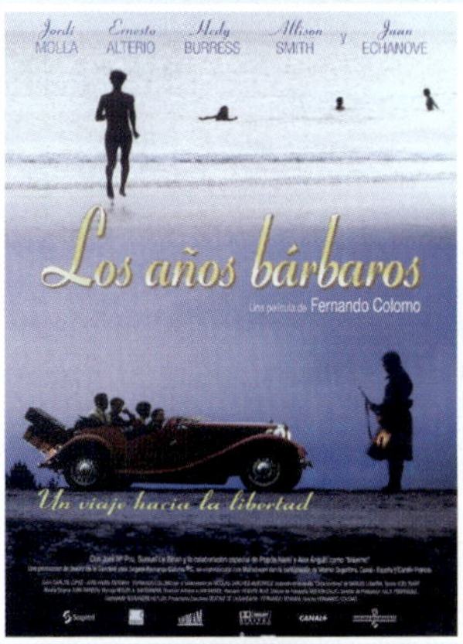

Cartelera de cine, un acercamiento lúdico a la cultura hispánica a través del séptimo arte.

Estructura de las unidades y elementos gráficos guía visual

Unidad 9

¿Eres lo que comes?

Fíjate en la imagen y haz un recuento de los alimentos que ves, incluida la bebida; ¿te parece una comida sana?

¿Qué alimentos hay siempre en tu frigorífico? ¿Crees que llevas una dieta sana?

¿Conoces el árbol de la fotografía? ¿Sabes cómo se llama y qué fruto da?

En esta unidad vas a...

- Expresar condiciones y consecuencias
- Diferenciar entre causa y finalidad
- Hablar sobre nutrición, gastronomía y nuevos alimentos
- Conocer el valor y las propiedades del aceite de oliva

Portada. En ella se encuentran resumidos los objetivos principales de cada unidad, así como imágenes y preguntas que introducen el tema y activan la motivación.

Objetivos de aprendizaje.

Preguntas de motivación.

Dinámica recomendada para las diferentes actividades.

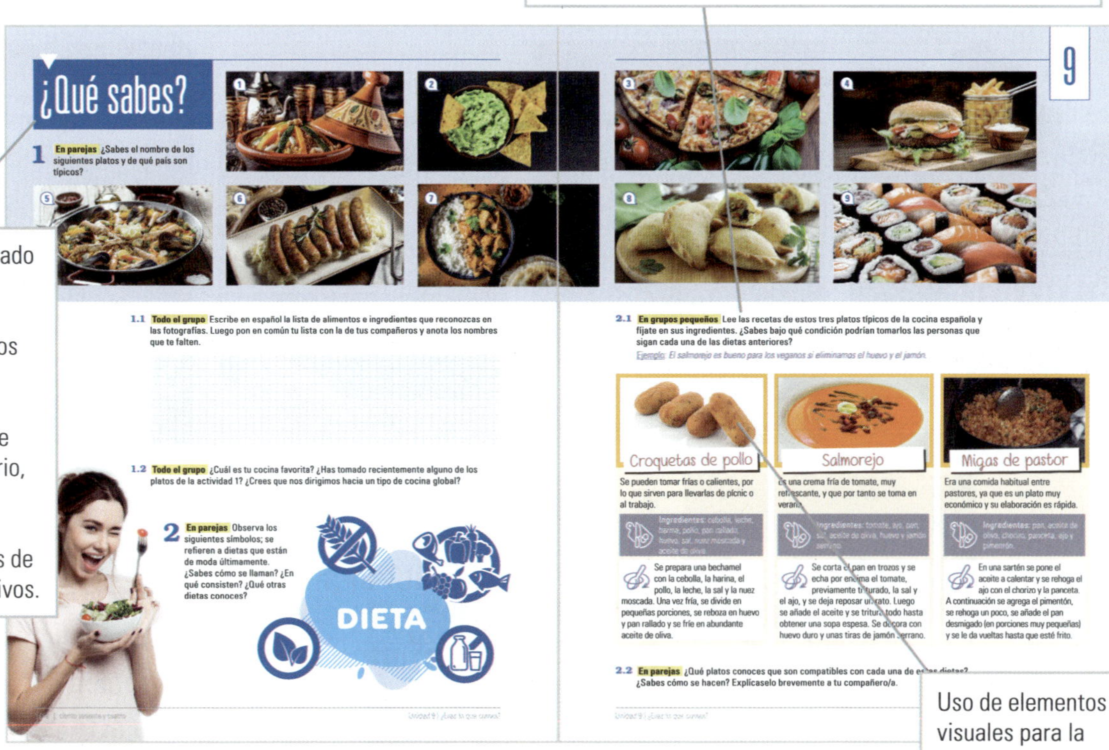
¿Qué sabes?

1 En parejas ¿Sabes el nombre de los siguientes platos y de qué país son típicos?

1.1 Todo el grupo Escribe en español la lista de alimentos e ingredientes que reconozcas en las fotografías. Luego pon en común tu lista con la de tus compañeros y anota los nombres que te falten.

1.2 Todo el grupo ¿Cuál es tu cocina favorita? ¿Has tomado recientemente alguno de los platos de la actividad 1? ¿Crees que nos dirigimos hacia un tipo de cocina global?

2 En parejas Observa los siguientes símbolos; se refieren a dietas que están de moda últimamente. ¿Sabes cómo se llaman? ¿En qué consisten? ¿Qué otras dietas conoces?

DIETA

9

2.1 En grupos pequeños Lee las recetas de estos tres platos típicos de la cocina española y fíjate en sus ingredientes. ¿Sabes bajo qué condición podrían tomarlos las personas que sigan cada una de las dietas anteriores?

Ejemplo: El salmorejo es bueno para los veganos si eliminamos el huevo y el jamón.

Croquetas de pollo

Se pueden tomar frías o calientes, por lo que sirven para llevarlas de pícnic o al trabajo.

Ingredientes: cebolla, leche, harina, pollo, pan rallado, huevo, sal, nuez moscada y aceite de oliva.

Se prepara una bechamel con la cebolla, la harina, el pollo, la leche, la sal y la nuez moscada. Una vez fría, se divide en pequeñas porciones, se reboza en huevo y pan rallado y se fríe en abundante aceite de oliva.

Salmorejo

Es una crema fría de tomate, muy refrescante, y que por tanto se toma en verano.

Ingredientes: tomate, ajo, pan, sal, aceite de oliva, huevo y jamón serrano.

Se corta el pan en trozos y se echa por encima el tomate, previamente triturado, la sal y el ajo, y se deja reposar un rato. Luego se añade el aceite y se tritura todo hasta obtener una sopa espesa. Se decora con huevo duro y unas tiras de jamón serrano.

Migas de pastor

Era una comida habitual entre pastores, ya que es un plato muy económico y su elaboración es rápida.

Ingredientes: pan, aceite de oliva, chorizo, panceta, ajo y pimentón.

En una sartén se pone el aceite a calentar y se rehoga el ajo con el chorizo y la panceta. A continuación se agrega el pimentón, se rehoga un poco, se añade el pan desmigado (en porciones muy pequeñas) y se le da vueltas hasta que esté frito.

2.2 En parejas ¿Qué platos conoces que son compatibles con cada una de estas dietas? ¿Sabes cómo se hacen? Explícaselo brevemente a tu compañero/a.

¿Qué sabes? Apartado con actividades para sondear los conocimientos previos de los estudiantes sobre el tema a tratar, a la vez que se anticipa el vocabulario, algunas estructuras gramaticales y elementos culturales de los apartados sucesivos.

Uso de elementos visuales para la realización de muchas de las actividades.

Palabras. Secuencia de actividades de léxico que facilitan el aprendizaje del vocabulario contextualizado según el tema de la unidad. Las actividades están destinadas a que los estudiantes descubran palabras o expresiones y aprendan a combinarlas y a usarlas en contexto. Este aprendizaje se lleva a cabo a través de textos orales o escritos, imágenes, definiciones, cuadros semánticos… que permiten deducir e interpretar su significado.

En este apartado, los cuadros de la RAE constatan diferencias léxicas entre el español de España y el de América con textos y ejemplos extraídos de los corpus.

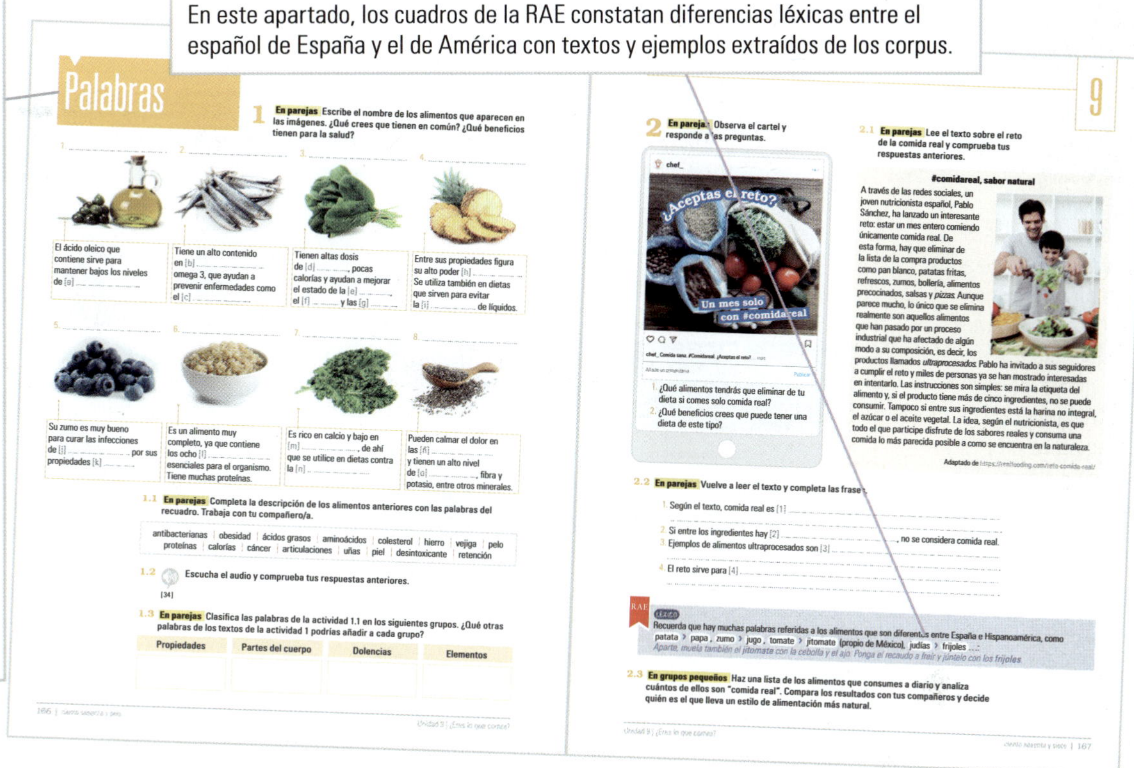

Gramática. La gramática se presenta sistematizada a través de cuadros diseñados para facilitar su aprendizaje y de actividades de reconocimiento y práctica guiada de los contenidos tratados.

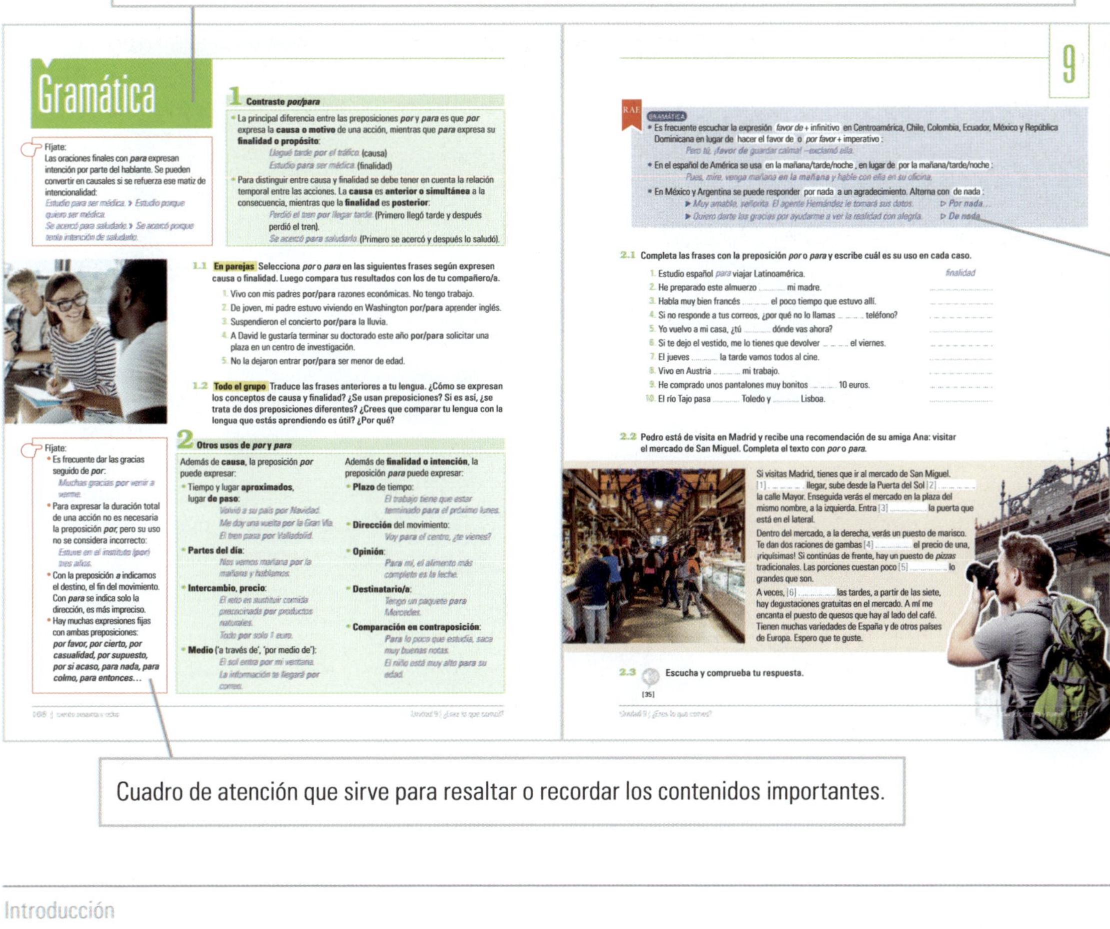

En este apartado, los cuadros de la RAE presentan información referida a cuestiones gramaticales (contraste entre el español de España y el de América, frecuencias de uso, regímenes verbales, etc.) con ejemplos extraídos de los corpus.

Cuadro de atención que sirve para resaltar o recordar los contenidos importantes.

Practica en contexto. El estudiante aprende a interactuar a través de las diferentes tareas presentadas en una secuencia didáctica coherente y significativa. Mediante estas tareas el estudiante pone en práctica los conocimientos adquiridos hasta el momento con actividades de comprensión y producción orales y escritas, interactuando según las diferentes dinámicas propuestas.

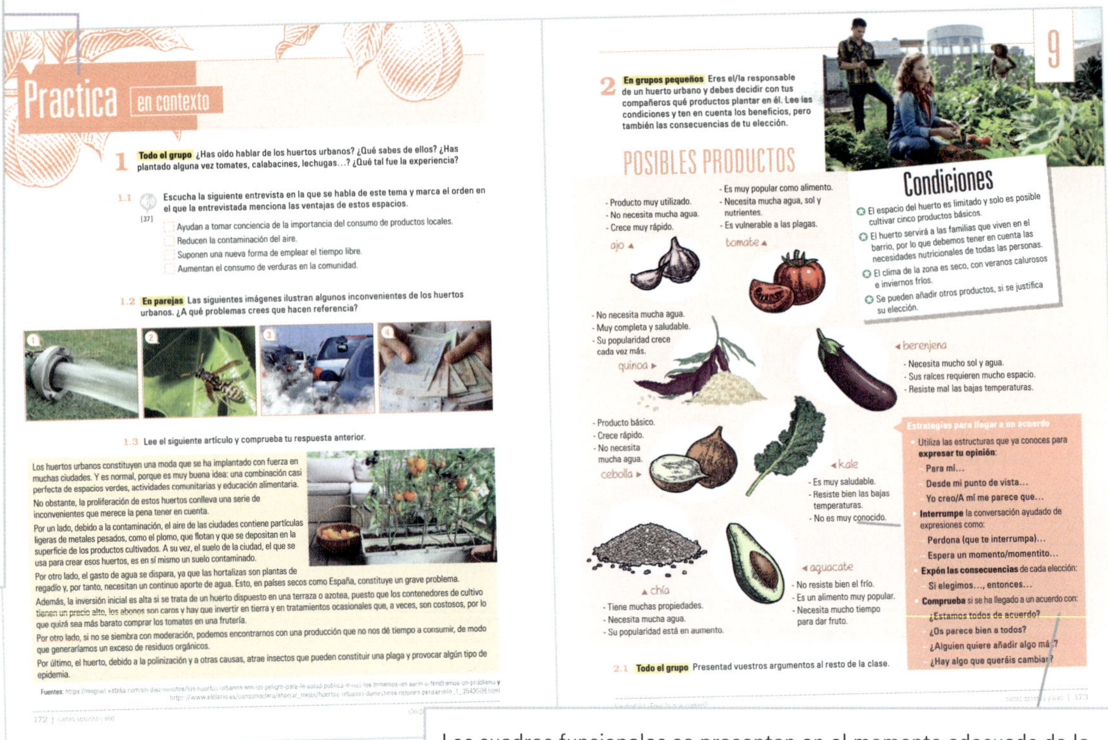

Los cuadros funcionales se presentan en el momento adecuado de la secuencia como una herramienta que el estudiante utiliza para resolver con éxito la tarea propuesta.

Cultura. Los contenidos culturales se presentan en una secuencia muy visual y dinámica en la que se tratan temas socioculturales de España e Hispanoamérica.

En este apartado cobran especial importancia la imagen, el diseño y los distintos formatos de texto: gráficos, diagramas, mapas, folletos turísticos…

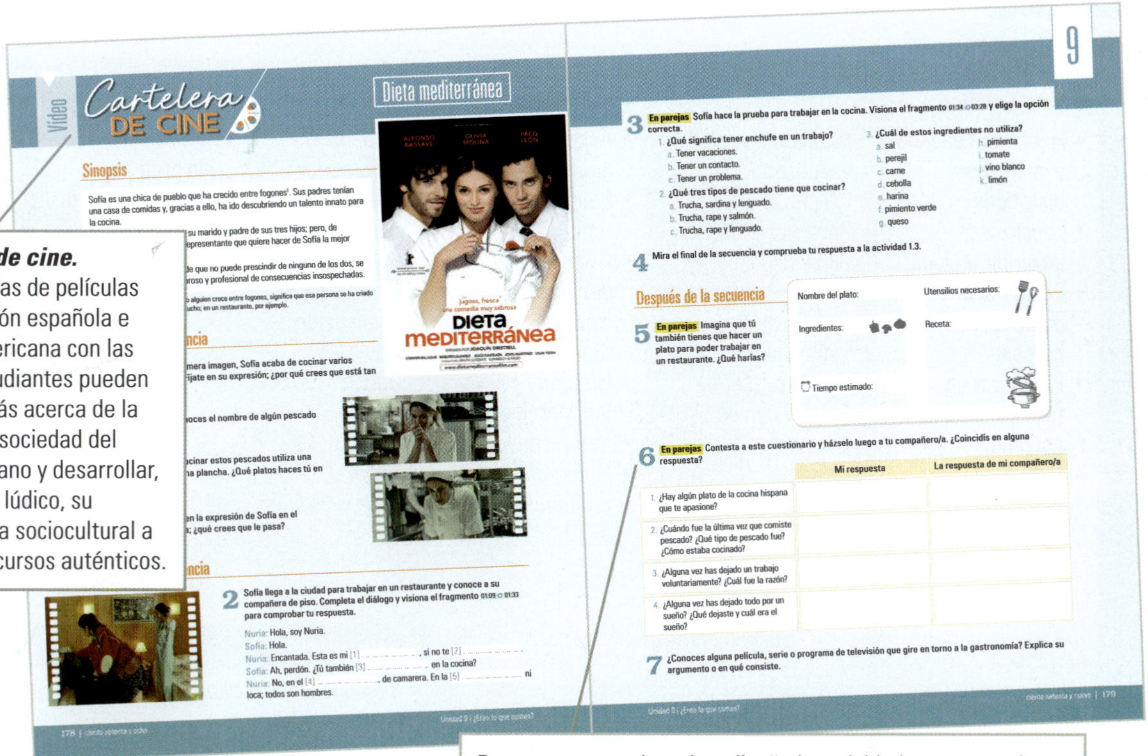

Cartelera de cine.
10 secuencias de películas de producción española e hispanoamericana con las que los estudiantes pueden aprender más acerca de la cultura y la sociedad del mundo hispano y desarrollar, de un modo lúdico, su competencia sociocultural a partir de recursos auténticos.

Para este apartado se han diseñado actividades que permiten al estudiante predecir, comprender y comentar la secuencia y el contexto sociocultural en el que esta se desarrolla.

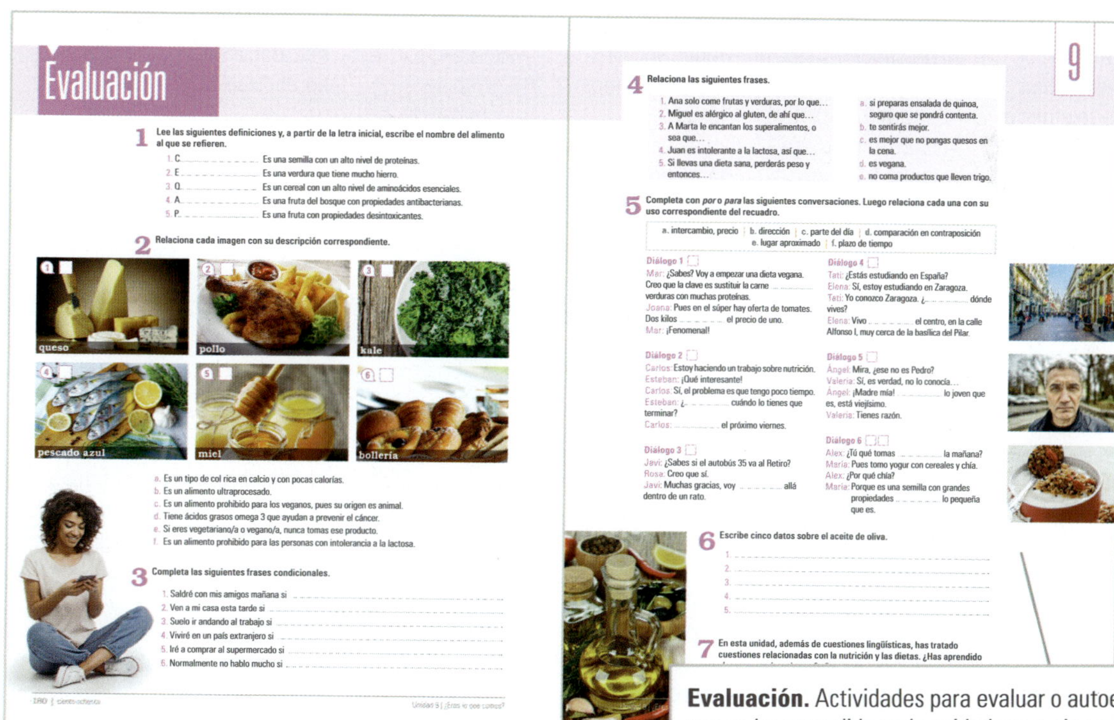

Evaluación. Actividades para evaluar o autoevaluar lo que se ha aprendido en la unidad y que sirven para que el estudiante tome conciencia de su propio aprendizaje. Con ellas, este puede reflexionar acerca de los errores cometidos e identificar aquellos contenidos que necesite repasar.

Índice

	Comunicación	Gramática	Léxico	Tipos de texto	Técnicas y estrategias	Cultura
4 **¡Súmate!** pág. 62	• Introducir una opinión y valorar • Expresar certeza • Aprobar y desaprobar • Expresar acuerdo o desacuerdo con una opinión • Expresar acuerdo parcial	• Verbos de pensamiento + indicativo/subjuntivo • Construcciones para expresar juicios de valor • Expresar certeza	• Medioambiente y cambio climático • Sostenibilidad • Expresiones que indican acuerdo o desacuerdo • Adjetivos y sustantivos valorativos	• Fragmento del ensayo *Vida. La naturaleza en peligro*, de Miguel Delibes de Castro • Encuesta y chat sobre medioambiente • Artículo: *De Londres a Glòries, vía Ibiza* • Blog: *Tenemos demasiada ropa*	• Aprender a debatir • Reflexionar sobre lo estudiado y valorar el propio aprendizaje	• La hectárea global • *Paraísos en peligro*
				Cartelera de cine • Secuencia 4: *Las 13 rosas*		
5 **Para siempre** pág. 82	• Descripción de personas: carácter y personalidad • Expresar gustos, intereses y preferencias • Expresar sentimientos, emociones y estados de ánimo • Mostrar empatía • Destacar un elemento del discurso	• Verbos para expresar gustos, intereses y preferencias • Locuciones con *dar* y *poner* para expresar sentimientos y emociones • Otros verbos que expresan sentimientos, emociones y estados de ánimo • Oraciones de relativo con antecedente conocido y desconocido	• Adjetivos para describir el carácter y la personalidad • Formación de antónimos • Estados de ánimo y emociones • Expresiones para reaccionar con ¡*qué* + sustantivo!	• Artículo: *Lo que tu cara dice de ti* • Perfiles en redes sociales • Blog de consejos para compartir piso	• Transferencia e interferencia entre lenguas	• Uso de la @ para evitar el sexismo en el lenguaje • *Lugares con magia*: el modernismo arquitectónico catalán
				Cartelera de cine • Secuencia 5: *Los amantes del círculo polar*		
6 **Esta es mi generación** pág. 102	• Establecer distintas relaciones temporales entre las acciones • Evocar recuerdos • Expresar igualdad o equivalencia • Destacar un elemento dentro de un conjunto • Acotar cantidades • Hablar de capacidades y habilidades • Dar consejos y hacer sugerencias	• Nexos temporales • Oraciones temporales con indicativo/infinitivo/subjuntivo • Futuro simple (repaso) • Condicional simple regular e irregular • Usos del condicional simple • Comparaciones con *igual de… que* • Superlativo relativo • *(No) más/menos de* + cantidad	• Etapas de la vida • Generaciones • Formación y empleo: profesiones • Carreras universitarias	• Blog de consejos para estudiar en Francia • Gráfico sobre los estudios y el paro • Infografía sobre la generación alfa • Titulares de periódico	• Reflexionar sobre la habilidad para recordar lo aprendido	• Características de las diferentes generaciones: desde los *baby boomers* hasta la generación alfa • *La generación del 27*
				Cartelera de cine • Secuencia 6: *Sus ojos se cerraron y el mundo sigue andando*		

	Comunicación	Gramática	Léxico	Tipos de texto	Técnicas y estrategias	Cultura
7 **Todo es noticia** pág. 122	• Expresar diferentes valores aspectuales y temporales de una acción • Expresar causa • Escribir una noticia • Rectificar o matizar una afirmación o suposición previa • Presentar un obstáculo que no impide la realización de una acción	• Perífrasis verbales de infinitivo y de gerundio • Oraciones causales: – *Porque, como, ya que, puesto que, por* + infinitivo... – *No porque/No es que* + subjuntivo, *sino porque/es que* + indicativo • Oraciones concesivas con *aunque* (indicativo/subjuntivo)	• Medios de comunicación • Prensa escrita • Expresiones idiomáticas con *estar*	• Trivial sobre los medios de comunicación • Titulares de noticias • Artículo: *La nueva era de la televisión*	• Reconocer las palabras claves de un texto escrito u oral • Recursos para desarrollar la expresión escrita • Pautas para escribir una noticia • Analizar el proceso de aprendizaje	• Personajes hispánicos famosos: María Celeste Arrarás, Rosalía, Gustavo Dudamel, J. Balvin, Sonia Sotomayor y Rafael Nadal • *La palabra del año* • La Fundación del Español Urgente (FundéuRAE)
				Cartelera de cine • Secuencia 7: *AzulOscuroCasiNegro*		
8 **¿Qué habrá pasado?** pág. 142	• Hacer predicciones • Expresar probabilidad • Hacer hipótesis sobre el presente y el pasado • Describir la función y el material de un objeto • Expresar la finalidad de una acción • Preguntar o introducir una información y responder • Expresar sorpresa o extrañeza	• Futuro compuesto: forma y usos • Contraste futuro simple/futuro compuesto para hacer predicciones • Marcadores de probabilidad con indicativo y subjuntivo • Contraste futuro simple/futuro compuesto/condicional para expresar hipótesis • Pretérito perfecto de subjuntivo • Oraciones finales • *Para* y otros conectores finales	• Formas y figuras • Materiales • Objetos de uso cotidiano y su función • Elementos que componen un objeto: *mango, boca, tapa, punta*...	• Artículo: *Cómo imaginaban el siglo XXI en los años 30* • Testimonios sobre la reutilización creativa de los objetos	• Estrategias para la organización de los contenidos estudiados: resúmenes, subrayados, esquemas, mapas conceptuales, etc.	• Sostenibilidad: la reutilización creativa de los objetos • Curiosidades de algunos objetos de uso cotidiano • *Madrid, una capital curiosa*
				Cartelera de cine • Secuencia 8: *Sobreviviré*		
9 **¿Eres lo que comes?** pág. 162	• Expresar causa y finalidad • Expresar condición • Expresar consecuencia • Llegar a un acuerdo • Escribir una receta de cocina	• Usos de las preposiciones *por* y *para* y su contraste • Oraciones consecutivas con indicativo/imperativo/subjuntivo • Nexos consecutivos: *entonces, o sea que, así (es) que, de ahí que, de manera que, por tanto* • Oraciones condicionales reales (primera condicional) con presente/imperativo/futuro	• Alimentos y sus propiedades • Sabores básicos • Nutrición y dietas • Recetas de cocina • Partes del cuerpo • Dolencias	• Recetas de cocina • Etiqueta: *#comidareal, sabor natural* • Artículo: ventajas e inconvenientes de los huertos urbanos	• Cooperar para llegar a un acuerdo • Tomar decisiones en equipo • Reflexionar sobre el aprendizaje transversal	• Recetas típicas de la cocina española: croquetas de pollo, salmorejo y migas de pastor • El mercado de San Miguel en Madrid • Platos tradicionales españoles • *El oro del Mediterráneo*
				Cartelera de cine • Secuencia 9: *Dieta mediterránea*		

Repaso de los principales contenidos del nivel

	Comunicación	Gramática	Léxico	Tipos de texto	Técnicas y estrategias	Cultura
10 Línea de meta pág. 182	• Expresar deseos • Expresar sentimientos • Describir objetos y explicar para qué sirven • Explicar la causa y matizarla o desmentirla • Introducir una opinión y reaccionar • Evocar recuerdos • Pedir, dar y agradecer un consejo	• Contraste de pasados • Presente de subjuntivo: – Deseos y preferencias – Peticiones – Consejos, recomendaciones, órdenes, permiso y prohibición – Sentimientos y estados de ánimo – Opinión, valoración y certeza – Oraciones de relativo con antecedente desconocido – Hipótesis y probabilidad – Oraciones finales	• Profesiones • Adjetivos de carácter y personalidad • Internet y las nuevas tecnologías • Palabras que designan fracciones de tiempo • Forma, material y función de los objetos • Expresiones para manifestar deseos: *que* + presente de subjuntivo • Adjetivos y sustantivos valorativos	• Fragmentos de la novela *La silueta del olvido*, de Joaquín Camps • Definición del internet de las cosas • Artículo: *Ventajas y desventajas del IoT*	• Deducir el contenido de un texto a partir de cierta información • Autoevaluarse a partir de los descriptores del nivel B1 del *Marco de referencia*	• El internet de las cosas • El *Marco común europeo de referencia para las lenguas* • *El comercio justo*
				Cartelera de cine • Secuencia 10: *Extraños*		

Pronunciación y ortografía pág. 204

Tabla de verbos pág. 214

Glosario pág. 228

España datos de interés

Número de habitantes

47 millones de habitantes

España es el tercer país más visitado del mundo, superado únicamente por Francia y Estados Unidos.

La mayor reserva ecológica de Europa está en España: el parque nacional de Doñana.

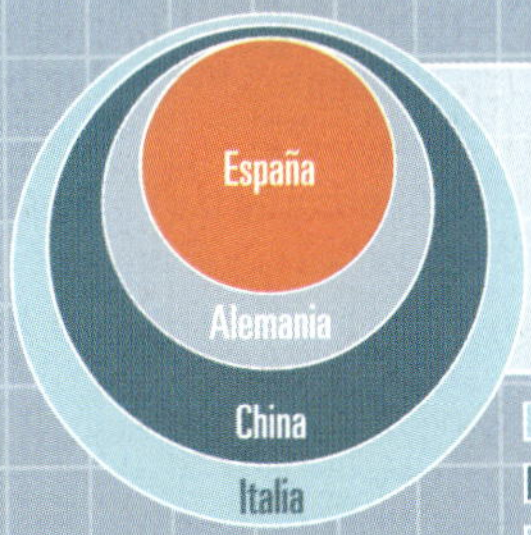

Es el cuarto país con más sitios Patrimonio de la Humanidad, por detrás de Italia, China y Alemania.

- Italia (58)
- China (56)
- Alemania (51)
- España (49)

Monumentos más visitados en España:

1. La Alhambra (Granada)
2. La Sagrada Familia (Barcelona)
3. La Mezquita (Córdoba)
4. La Catedral de Santiago de Compostela (La Coruña)
5. La Catedral de Burgos (Castilla y León)

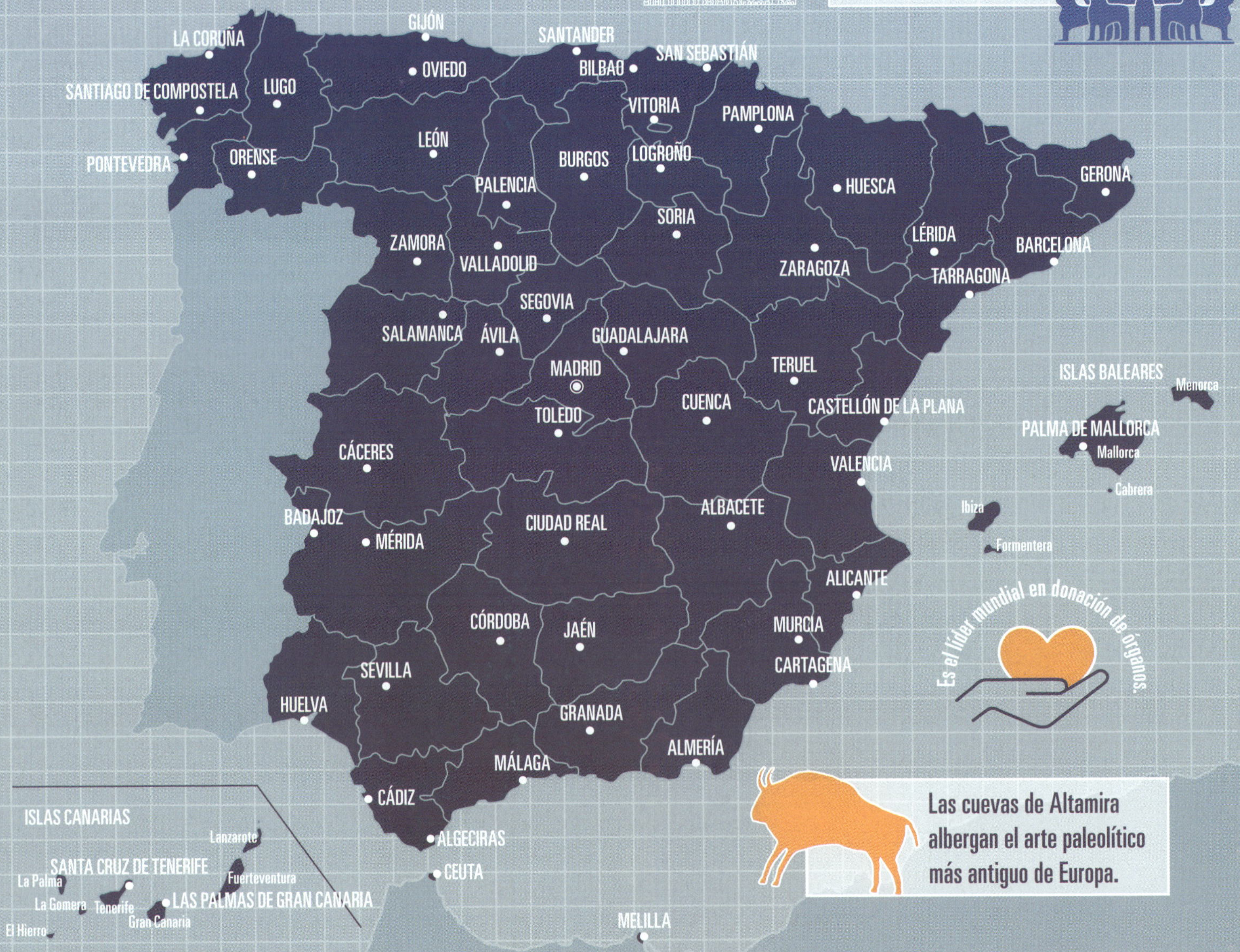

Es el líder mundial en donación de órganos.

Las cuevas de Altamira albergan el arte paleolítico más antiguo de Europa.

Hispanoamérica datos de interés

Según *National Geographic*, el glaciar Perito Moreno, dentro del parque natural Los Glaciares en Argentina, es el cuarto paraje natural más bello del mundo, y el parque nacional Canaima, en Venezuela, ocupa el lugar número 15.

¡Hola!

La mayoría de los hablantes de español se encuentran en Hispanoamérica:

404 millones de hablantes nativos

Países más visitados de Hispanoamérica

- **México** ≃ 40 000 000
- **Argentina** ≃ 7 000 000
- **Chile** ≃ 6 500 000
- **República Dominicana** ≃ 6 000 000

Principales culturas precolombinas

- **Azteca** (Sur de México, siglos XIV-XVI)
- **Maya** (México y Guatemala, siglos I-XVII)
- **Inca** (Ecuador, Perú, Bolivia, norte de Argentina y Chile, siglos XV-XVI)

¿Por qué estudio español?

Más de 591 millones de personas hablan español en el mundo. De ellos, 493 millones son nativos.

El español es la **segunda lengua materna del mundo** por número de hablantes, después del chino mandarín.

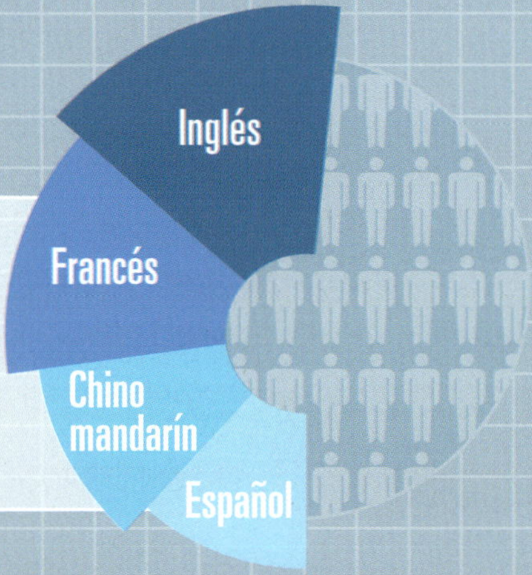

Es la cuarta lengua más estudiada del mundo después del inglés, el francés y el chino mandarín: actualmente hay 24 millones de estudiantes de español en el mundo.

La contribución del conjunto de los países hispanohablantes al PIB mundial es del 6.9 %.

- El español es la tercera lengua más utilizada en la red.
- El 7.9 % de los usuarios de internet se comunica en español.
- El español es la segunda lengua más utilizada en Wikipedia, en Facebook, en LinkedIn y en Twitter.

El español es la cuarta lengua más poderosa del mundo.

El español ocupa la cuarta posición en el ámbito institucional de la Unión Europea.

Es la tercera lengua en el sistema de trabajo de la ONU: es una de sus seis lenguas oficiales.

España es el tercer país exportador de libros del mundo.

España, Argentina y México se encuentran entre los quince principales países productores de películas del mundo.

Datos extraídos del informe *El español: una lengua viva*, elaborado y redactado por David Fernández Vítores, y dirigido y coordinado por la Dirección Académica del Instituto Cervantes (2021).

Libro del estudiante

Nivel

B1

Unidad 1

¿Qué representa, según tu opinión, la imagen principal de esta unidad?

¿Crees que perteneces a una sola cultura o a más de una?

Fíjate en lo que hizo ayer la chica de las fotos de la derecha y descríbelo.

¿Con qué cultura relacionas el monumento?

Encuentro de culturas

En esta unidad vas a. . .

- Narrar y describir en pasado
- Hablar de acciones anteriores a otras pasadas
- Referir lo que dijo otra persona
- Descubrir qué pueblos contribuyeron a formar la cultura española

¿Qué sabes?

1 **En parejas** Fíjate en esta vista que ofrece Google Earth. Con tu compañero/a, busca ejemplos de los accidentes geográficos del recuadro. Luego señala en el mapa dónde está España.

península	costa	isla
estrecho	mar	océano
montaña	golfo	cabo

1.1 **En parejas** Lee las siguientes definiciones; ¿sabes cómo se llaman en español los accidentes geográficos que describen? Compara tus resultados con los de tu compañero/a.

1. Espacio llano entre montes o montañas. › ....
2. Gran masa de agua, generalmente dulce, separada del mar. › ....
3. Tipo de bosque en zonas del ecuador y tropicales. › ....
4. Abertura en una montaña por la que puede salir humo, llamas, piedras… › ....
5. Llanura extensa a cierta altitud sobre el nivel del mar. › ....
6. Terreno de arena o piedras donde casi no hay vegetación. › ....

1.2 **Todo el grupo** Vuelve a mirar el mapa y relaciona la posición geográfica de España con el título de la unidad: *Encuentro de culturas*.

2 **En grupos pequeños** Observa los templos que aparecen en las imágenes; ¿sabes cuáles de las principales religiones del mundo se practican en ellos? Habla con tus compañeros y, entre todos, completad la tabla.

Religión	Persona que la practica	Templo donde se practica
1. *catolicismo*	*católico/a*	*iglesia, catedral*
2.	....	....
3.	....	....
4.	....	....

3 **En parejas** Completa la tabla con el nombre del tiempo y las formas verbales que faltan en primera persona del singular.

	....	....	....
decir			*decía*
ir			
hacer			
poder	*he podido*		
querer			
saber		*supe*	

4 **En parejas** Lee el texto y subraya los verbos que están en pasado, en rojo si se usan para narrar y en azul si se usan para describir.

RAE

Caminé velozmente por calles que no reconocía, hasta llegar a un barrio de construcción reciente, limítrofe, en el que me perdí. Quise regresar, encontrar al menos alguna señal conocida. Decidí buscar un taxi, pero ni siquiera a lo lejos se percibía el sonido de un motor. **Todo el tráfico había desaparecido.** Seguí caminando con la intención de preguntar a alguien, en un bar tal vez. Pero todas las puertas estaban cerradas. Nada que tuviera movimiento existía aquella noche. Ya amanecía cuando al fin salí a una calle que me resultaba familiar.

Extraído de *La lógica del vampiro*, Adelaida García Morales, editorial Anagrama, 1990. Incluido en CREA (Corpus de Referencia del Español Actual)

4.1 **En grupos pequeños** Fíjate en la frase destacada del texto anterior; ¿sabes en qué tiempo está conjugado el verbo *desaparecer* y qué indica desde el punto de vista temporal?

5 **En parejas** Elige un papel, lee las citas de dos personalidades del mundo hispánico y cuéntaselas a tu compañero/a diciendo: *¿Sabías que X afirmó/dijo/pensaba/escribió que...?* Luego decidid cuál de ellas os parece más interesante y por qué.

Estudiante A

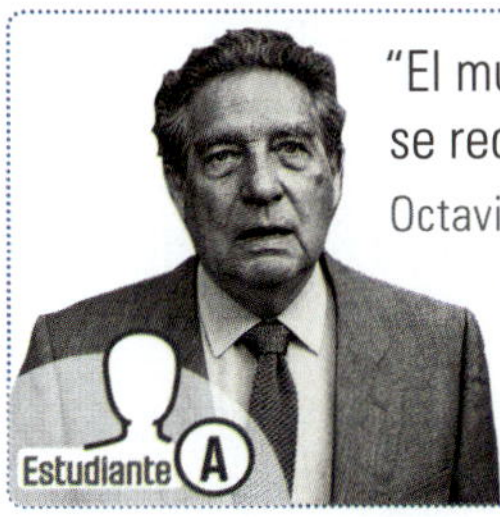

"El mundo cambia si dos se miran y se reconocen".

Octavio Paz, poeta, ensayista, dramaturgo y diplomático mexicano. Es uno de los grandes poetas hispanos de todos los tiempos.

"Yo creo firmemente que el respeto a la diversidad es un pilar fundamental en la erradicación del racismo, la xenofobia y la intolerancia".

Rigoberta Menchú, activista guatemalteca cuya lucha por los derechos de los indígenas fue reconocida con el Premio Nobel de la Paz (1992).

Estudiante B

"El seguro de vida de cualquier especie es la diversidad. La diversidad garantiza la sobrevivencia".

Isabel Allende, escritora chilena (aunque nacida en Perú) y autora, entre otras muchas novelas, de *La casa de los espíritus*, traducida a más de 40 idiomas.

"Lo mejor que el mundo tiene está en los muchos mundos que el mundo contiene; las distintas músicas de la vida, sus dolores y colores: las mil y una maneras de vivir y decir, creer y crear".

Eduardo Galeano, escritor y periodista uruguayo. Su libro *Las venas abiertas de América Latina*, traducido a 20 idiomas, fue censurado por las dictaduras militares de Uruguay, Chile y Argentina.

5.1 **Todo el grupo** Busca en internet una cita de un personaje al que admires, escríbela y léesela a tus compañeros. ¿Cuál os parece más interesante? ¿Por qué?

Palabras

1 **En parejas** En estas imágenes hay dos nombres intercambiados; localízalos. ¿Qué otros accidentes geográficos conoces en español? Repasa el apartado "¿Qué sabes?".

1. estrecho

2. cordillera

3. cabo

4. costa

5. río

6. golfo

1.1 [1] **En parejas** Lee las definiciones y marca si te parecen correctas o incorrectas. Luego escucha y comprueba tus respuestas.

1. Una península es un territorio rodeado completamente por el mar. .... C I
2. Un océano es un mar de gran extensión que separa continentes................. C I
3. Una isla es una porción de tierra rodeada de agua por todas sus partes menos por una. .... C I
4. La costa es el límite entre el mar y la tierra. .... C I
5. Un estrecho es un paso que comunica dos mares. .... C I
6. Un cabo es un sistema de montañas. .... C I
7. Un golfo es una extensión de tierra que entra en el mar. .... C I
8. Una cordillera es la parte del mar que se interna en la tierra............ C I

1.2 [1] **En grupos pequeños** Busca en internet un mapa físico de la península ibérica. Escucha de nuevo y localiza en el mapa los nombres que se mencionan.

2 **En parejas** Lee el texto y encuentra las cinco palabras relacionadas con el tiempo que se definen debajo. Compara el resultado con tu compañero/a.

Las primeras décadas del siglo VIII marcaron el principio de uno de los periodos más interesantes de la historia de España: la Reconquista. En una época de relativa tolerancia religiosa, judíos y cristianos convivían en paz en la península ibérica. Pero en el año 711 se produjo una invasión musulmana que en poco tiempo fue ganando terreno y que provocó la reacción de los cristianos, que comenzaron a luchar para recuperar los territorios perdidos; este periodo histórico pasó por diferentes etapas y duró casi 800 años. En 1492 los Reyes Católicos conquistaron Granada, el último reino musulmán que quedaba en la península.

1. .... Cien años.
2. .... Fase en el desarrollo de algo.
3. .... Tiempo caracterizado por determinados hechos históricos y modos de vida.
4. .... Diez años.
5. .... Ciclo de tiempo.

Castillo medieval de Loarre, Aragón

3 Lee el texto y complétalo con las palabras del recuadro.

religiones | mezquitas | iglesias | musulmanes | templos | judíos | ateos | creyentes

Así son las minorías religiosas que viven en España

Aunque según datos del CIS (Centro de Investigaciones Sociológicas) el 61.6 % de los españoles se consideran católicos, el 35.5 % son [1] ...., no creyentes o agnósticos y solo el 1.6 % practica otras religiones, lo cierto es que esas cifras solo toman en cuenta a la población con nacionalidad española y no a los extranjeros que viven en España.

Evangélicos, musulmanes, testigos de Jehová, judíos, budistas…, la variedad de [2] .... que conviven en España ha crecido en los últimos años debido, principalmente, a la llegada de inmigrantes desde distintas partes del mundo. En España existen más de 7000 [3] .... de diferentes confesiones religiosas minoritarias, lo que representa alrededor del 21 % del total. El resto son templos católicos, es decir, [4] ....

El islamismo es la segunda religión en España, después del catolicismo. Hay casi 1.9 millones de [5] ...., lo que equivale casi a un 4 % de la población, y cerca de 1400 [6] .... Esta posición se debe a la inmigración procedente, en su mayor parte, de Marruecos.

El número de [7] .... cristianos evangélicos es ya de un millón y medio y provienen principalmente de América Latina. Sus iglesias suman el 57 % de los lugares de culto correspondientes a las religiones minoritarias en España.

Además, se calcula que en España hay 110 000 testigos de Jehová, unos 45 000 [8] .... y 40 000 budistas, y diferentes cantidades, ya menores, de fieles de otras religiones.

Adaptado de https://www.europapress.es/sociedad/noticia-asi-son-minorias-religiosas-viven-espana-20160601172504.html

Recuerda:
Los porcentajes, en español, se pueden escribir con punto o con coma. Se leen así:
*32.7 % › treinta y dos **punto** siete **por ciento***
*32,7 % › treinta y dos **coma** siete **por ciento***

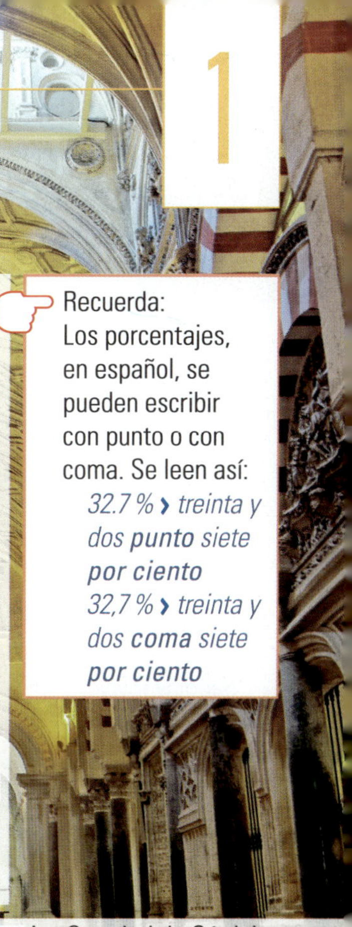

Mezquita-Catedral de Córdoba

RAE **LÉXICO**
En el español de México, Puerto Rico y Cuba se usa la palabra porciento en lugar de porcentaje:
*Un gran **porciento** de las máquinas herramienta de nuestro país es de fabricación antigua.*

3.1 Escribe en letras los porcentajes que aparecen en el texto.

....
....
....

4 **En parejas** Relaciona cada verbo con su significado. ¿Qué tienen todos en común? Trabaja con tu compañero/a.

1. advertir
2. repetir
3. afirmar
4. asegurar
5. reconocer
6. añadir

a. Decir algo otra vez.
b. Admitir, aceptar algo como cierto.
c. Llamar la atención sobre algo, prevenir.
d. Decir algo con certeza, sin duda.
e. Decir algo más, ampliar la información.
f. Dar por cierto algo, responder afirmativamente.

4.1 **En parejas** Escribe en tu cuaderno estas frases sustituyendo el verbo *decir* por alguno de los verbos de la actividad anterior. Puede haber más de una solución posible. Luego compara con tu compañero/a.

1. Marta dijo también que no volvería nunca más a su casa.
2. Nos ha dicho que está lloviendo, que cojamos el paraguas.
3. El ministro dijo que ya hay fecha para las nuevas elecciones.
4. Juan dijo que Marta tenía razón, que él se había equivocado.
5. No digas algo de lo que no estás seguro, infórmate bien antes.
6. Díselo otra vez, creo que no te ha oído.

Gramática

1 Pretérito perfecto, indefinido e imperfecto (repaso)

- Usamos el **pretérito perfecto** para hablar de acciones **terminadas** en un **tiempo aún no terminado** o que percibimos como presente. También se usa para hablar de **experiencias** en general, sin una idea específica de tiempo:

  *¿**Has visto** a Raquel **esta semana**? Yo me la **he encontrado esta tarde**.*

  *No **he viajado nunca** en barco, ¿y tú?*

- Usamos el **pretérito indefinido** para hablar de acciones **terminadas** en un **tiempo** también **terminado**. Sirve para contar anécdotas, hechos históricos o acontecimientos:

  ***Hace un mes vino** Juan y **estuvo** por aquí un par de días.*

  *Cristóbal Colón **llegó** a América en 1492.*

  Como puedes ver, ambos pretéritos expresan **acciones terminadas**. El perfecto lo hace en relación con el presente, y el indefinido, con el pasado. Usamos estos tiempos para la **narración** de hechos pasados:

  ***Esta tarde he hablado** con Luis./**Ayer por la tarde hablé** con Luis.*

- El **pretérito imperfecto** presenta la acción en un tiempo pasado, pero no especifica el comienzo o el final de la misma, solo indica su **desarrollo**. Por eso el imperfecto es el tiempo que usamos para **describir** en el pasado, para hablar de las **circunstancias** que rodean los hechos:

  *Aquella noche **había** poca gente en la calle porque **hacía** frío y **llovía**.*

  ***Era** un hombre alto y moreno, **llevaba** gafas y **tenía** unos 40 años.*

  ***Estaba haciendo** la comida cuando llegaron los niños.*

  *Han llamado a la puerta mientras **hablaba** por teléfono y no he podido abrir.*

Fíjate:
Cuando se quiere dar mayor viveza a una narración, se puede usar el presente histórico: *Colón **llega** a América en 1492.*

RAE

GRAMÁTICA

- La oposición pretérito perfecto/indefinido tal y como la has estudiado aquí se da en la mayor parte de España, noroeste de Argentina, costa peruana, Bolivia y parte de Colombia.
- En México, Centroamérica y la zona caribeña se usa el pretérito perfecto, pero con un valor diferente, pues se utiliza solo si **las acciones no están terminadas** en presente (es decir, se tiene en cuenta el aspecto del verbo –si se trata de una acción acabada o no–, no solo el tiempo en que sucede):

  *Los años pasaron y la edición se agotó, pero el interés por el tema no **se ha terminado**.*

  En el resto de los casos, se usa el pretérito indefinido para indicar que la acción está **terminada** independientemente del tiempo en el que sucede: ***Hoy vino** tarde, **trajo** un libro y **habló** de la muerte.*
- En Chile, la mayor parte de Argentina, el noroeste de España y las islas Canarias se prefiere el pretérito indefinido independientemente de su valor aspectual o temporal: *Mañana vuelvo, y me voy a olvidar de que **hoy estuve** acá [...].*

Distribución Zona

Zona	Freq	Fnorm.[1]
España	368	3,56
México y Centroamérica	57	0,99
Caribe continental	38	1,03
Andina	32	1,37
Antillas	20	0,94
Chilena	16	0,90
Río de la Plata	14	0,33
Guinea Ecuatorial	2	2,22
Estados Unidos	1	0,27
1 - 9 de 9		página: 1

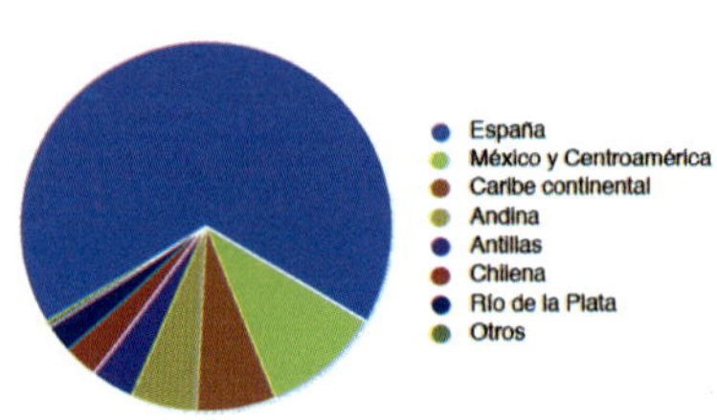

[1] **Freq:** frecuencia conjunta (número total de ocurrencias obtenidas para la consulta realizada).

Fnorm.: frecuencia normalizada (número de ocurrencias de la consulta por cada millón de palabras de la categoría que le corresponde en la distribución).

Muestra de la frecuencia de uso del pretérito perfecto en España e Hispanoamérica (CORPES XXI)

1.1 **En parejas** Pregunta a tu compañero/a y completa estas frases con la información que te dé.

1. Antes me ponía muy nervioso/a cuando… ....
2. La última película que he visto… ....
3. De niño/a me encantaba… ....
4. Durante las últimas vacaciones… ....
5. Mi maestro/a preferido/a del colegio… ....
6. Este año aún no… ....
7. Me aburrí mucho el día que… ....
8. Mi primera mascota… ....

1.2 **Todo el grupo** Comparte con el resto de la clase la información de tu compañero/a. Puedes hacer preguntas si quieres saber más sobre otros compañeros.

1.3 **En parejas** Vas a leer un texto sobre la influencia árabe en la cultura española. Antes, marca las afirmaciones que te parecen verdaderas.

1. ☐ Los números que usamos son de origen árabe.
2. ☐ El flamenco tiene influencia árabe.
3. ☐ Aproximadamente mil palabras españolas provienen del árabe.
4. ☐ Hubo periodos durante los cuales, en España, convivieron en paz cristianos, musulmanes y judíos.
5. ☐ *Naranja* y *aceite* son palabras de origen árabe.
6. ☐ En el pasado, los árabes llamaban *Andalucía* a España.

1.4 **En parejas** Conjuga en pasado los verbos entre paréntesis y, luego, comprueba tus respuestas anteriores.

Cristianos, musulmanes y judíos [1] .... (convivir) en paz en muchas ciudades de al-Ándalus, nombre con el que los árabes [2] .... (llamar) a España durante el periodo en que [3] .... (tener) el control de la mayor parte de la península ibérica.

Los árabes [4] .... (dejar) huella de muchas maneras en la cultura española; [5] .... (llegar) hasta nosotros palabras, comidas, costumbres, tradiciones y expresiones artísticas que [6] .... (convertir) a España en uno de los países más influenciados por oriente. En la música, por ejemplo, [7] .... (traer) instrumentos y melodías que, más tarde, junto a otras influencias, [8] .... (dar) lugar a la guitarra y al flamenco. Los árabes también [9] .... (introducir) el álgebra y, con ella, el uso de los números arábigos (hasta entonces se [10] .... (usar) los números romanos), o la alquimia; también [11] .... (recuperar) gran parte de la filosofía griega, que [12] .... (estar) olvidada.

En la gastronomía española nos [13] .... (dejar) el uso de las especias, las hierbas, los garbanzos y platos tan típicos como las albóndigas.

Por último, en español nos [14] .... (quedar) más de 4000 palabras de origen árabe; palabras de uso tan cotidiano como *aceite, almohada, hasta, naranja, ojalá* o *zanahoria*.

Detalle de plato adamascado, Toledo

Albóndigas

Mihrab de la Mezquita de Córdoba

1.5 **En parejas** Relaciona la información del recuadro con una de las dos situaciones. Luego ordena las frases lógicamente, conjuga los verbos en pasado y escribe en tu cuaderno ambos relatos. Por último, compara el resultado con tu compañero/a y rectifica si lo crees necesario.

a. Ir a Cancún. | **b.** Ser mi cumpleaños. | **c.** Ser verano. | **d.** Hacer una fiesta sorpresa. **e.** Alojarse en un hotel. | **f.** Estar con mis amigos. | **g.** El hotel estar en el centro. **h.** Hacer muchas excursiones. | **i.** Regalarme un montón de cosas. | **j.** Haber mucha comida. **k.** Poner música. | **l.** Traerse muchos recuerdos. | **m.** Todos parecer contentos. **n.** Estar dos semanas. | **ñ.** Ir a la playa cada día. | **o.** Recibir muchas felicitaciones. **p.** Practicar mucho español. | **q.** Hacer surf. | **r.** Después ir a bailar.

1. Este fin de semana: ....
2. La primera vez que salí de mi país: ....

2 Pretérito pluscuamperfecto de indicativo

- El **pretérito pluscuamperfecto** de indicativo es un tiempo del **pasado** que se forma con el **pretérito imperfecto** del verbo *haber* y el **participio** del verbo principal:

yo	**había**	
tú	**habías**	hablado
él, ella, usted	**había**	comido
nosotros/as	**habíamos**	vivido
vosotros/as	**habíais**	
ellos, ellas, ustedes	**habían**	

- El pretérito pluscuamperfecto se usa para hablar de una acción terminada que precede a otra acción también terminada; es decir, es un **pasado anterior a otro pasado**:

  *El autobús se retrasó mucho y, cuando llegué, mis amigos ya **se habían ido**.*
  (La acción de irse es anterior a la de llegar).
  *No tomé nada en el bar; no tenía hambre porque ya **había cenado**.*
  (La acción de cenar es anterior a la de tomar).
- También sirve para hablar de una **experiencia** que se tiene **por primera vez**:

  ***Nunca** antes **había hecho** un viaje tan interesante.*
- Por último, se usa para expresar la **inmediatez** de dos acciones en el pasado:

  *Le pedí dinero y a los cinco minutos **ya me lo había dado**.*

Recuerda:
- Hay algunos participios irregulares: *visto, hecho, escrito, puesto...*
- El participio de los tiempos compuestos es invariable en género y número: *él había **visto**, ellos habían **visto**, ella había **visto**...*
- Con los verbos reflexivos, el pronombre se coloca delante del verbo: ***me** había duchado, **te** habías acostado, **nos** habíamos vestido...*

2.1 Fíjate en las imágenes y escribe frases usando el pretérito pluscuamperfecto.

2.2 **En parejas** Escribe tres cosas que ya habías hecho cuando tenías 12 años y tres que aún no habías hecho. Cuéntaselo a tu compañero/a.

Ya...	Todavía no...
....	....
....	....
....	....

3 Estilo indirecto o discurso referido

- Cuando contamos lo que ha dicho otra persona podemos repetir literalmente esas palabras *(María dijo: "Tengo hambre")*, aunque lo normal es usar el **estilo indirecto**, que nos permite matizar, resumir o dar una interpretación subjetiva a ese mensaje.
- En el estilo indirecto se producen **cambios gramaticales** que afectan a los pronombres, a los demostrativos, a los tiempos verbales... Fíjate en estos ejemplos:

  "Esta es mi casa". › Dijo/Exclamó que esa/aquella era su casa.

  "Me voy de aquí". › Se enfadó y dijo que se iba de allí.
- En cuanto a los cambios en los tiempos verbales, estos se producen cuando el verbo principal *(decir, preguntar, exclamar, afirmar, asegurar...)* está en pasado, es decir, cuando cambia el marco temporal. Estos son los cambios principales:
  - presente › pretérito imperfecto: *"**Estoy** bien". › Dijo que **estaba** bien.*
  - pretérito perfecto › pretérito perfecto/pluscuamperfecto:

    *"¿Ya **se ha ido** tu madre?". › Me ha preguntado si ya **se ha ido/había ido** mi madre.*
  - pretérito indefinido › pretérito pluscuamperfecto:

    *"**Fuimos** solas". › Aseguraron que **habían ido** solas.*

> Fíjate:
> Cuando el verbo principal está en pretérito perfecto, este se refiere al presente o al pasado:
> *"Me voy, tengo mucha prisa".*
> ***Ha dicho** que **se va** porque **tiene** mucha prisa.*
> ***Ha dicho** que **se iba** porque **tenía** mucha prisa.*

3.1 Vuelve a leer las citas de la actividad 5 del apartado "¿Qué sabes?" y transfórmalas al estilo indirecto.

1. Octavio Paz afirmó que ....
2. Rigoberta Menchú dijo que ....
3. Isabel Allende declaró que ....
4. Eduardo Galeano explicó que ....

3.2 **Todo el grupo** Tomando como modelo el ejemplo, responde a estas preguntas.

Ejemplo: *Hace poco mi profesor me dijo que era una persona muy empática, que me ponía siempre en el lugar del otro. Me gustó mucho... La empatía facilita la convivencia y evita muchos malentendidos y problemas.*

Practica en contexto

1 [2] **Tres compañeros de clase hablan sobre el trabajo que les ha pedido la profesora de Geografía e Historia. Escúchalos y relaciona las siguientes afirmaciones con quien corresponda: Virginia (V), Santi (S) o Martina (M).**

1. ☐ Dice que no ha decidido aún sobre qué hará el trabajo.
2. ☐ Afirma que lo va a hacer sobre aspectos geográficos de la tierra de sus padres.
3. ☐ Piensa que la naturaleza y los paisajes de Hispanoamérica son muy distintos a los de España.
4. ☐ Explica que, quizá, va a hacer el trabajo sobre aspectos históricos de la tierra de sus padres.
5. ☐ Reconoce que no sabía que a Toledo la llaman *la ciudad de las tres culturas*.
6. ☐ Sabía que a Toledo la llaman *la ciudad de las tres culturas*.
7. ☐ Asegura que en Toledo hay templos musulmanes, judíos y cristianos de época medieval.
8. ☐ Dice que solo estuvo en Toledo una vez, de niña.
9. ☐ Quiere hacer el trabajo sobre la riqueza cultural y étnica de Hispanoamérica.
10. ☐ Explica que el 12 de octubre se celebra en Argentina el Día del Respeto a la Diversidad Cultural.

2 **En parejas** **A continuación tienes algunos lugares que ha elegido Martina para su trabajo y las primeras notas que ha tomado. Relaciona cada lugar con su nota correspondiente.**

1. ☐ desierto de Atacama | **2.** ☐ canal de Panamá | **3.** ☐ cordillera de los Andes | **4.** ☐ selva amazónica | **5.** ☐ mesetas de Perú

a. Es la cadena montañosa más larga del mundo. Va desde Venezuela hasta Chile pasando por otros cinco países más. Su pico más alto es el Aconcagua, de 6962 m, uno de los más altos del mundo.

b. Es la mayor del mundo. Su extensión es de 7 000 000 km² repartidos entre nueve países y está atravesada por el río Amazonas, que es el más largo del planeta con casi 7000 km de longitud.

c. Se encuentra en el norte de Chile, entre la cordillera de los Andes y el océano Pacífico. Está considerado como el lugar más seco del mundo. Según los datos registrados, en el año 1971 cayó la primera lluvia después de cuatro siglos.

d. No es un estrecho porque fue construido por los hombres. Comunica el océano Atlántico con el Pacífico en el punto más estrecho de Centroamérica, de 82 km.

e. Las principales, que forman el altiplano andino, son las de Collao, Bombón y Galeras. En la de Collao, a una altitud de 3600 m, se encuentra el lago Titicaca, que es el lago navegable más alto del mundo y que forma una frontera natural entre Perú y Bolivia.

Localizar y describir un lugar

- Recuerda que para **localizar y describir un lugar** se usan principalmente los verbos *ser*, *estar* y *tener*. Además, si quieres usar un lenguaje más formal o académico, puedes utilizar las siguientes expresiones:
  - **Se halla/Se encuentra/Se sitúa/Está situado(a)/Discurre** (referido a un río)
  - **Va desde... hasta...**
  - **Tiene una altitud de X metros** (m)/ **una longitud de X kilómetros** (km)/**una extensión de X kilómetros cuadrados** (km²)
- Además, en este tipo de descripciones es muy frecuente el uso del **superlativo**:
  *Es el río **más largo del** mundo.*
  *Es la provincia **más grande de** la comunidad autónoma.*
  *El canal de Panamá está considerado una de las obras de ingeniería **más importantes de** la historia.*

2.1 **Busca información en internet y toma notas sobre la geografía de tu país o región: cordilleras, picos más altos, mares, lagos, islas, cabos, golfos, ríos, desiertos, selvas...**

2.2 **Todo el grupo** Con la ayuda de un mapa, presenta tu trabajo al resto de la clase. Comenta el de tus compañeros y pregunta todo lo que quieras saber.

Presentar un trabajo ante una audiencia

- Para **destacar un elemento del discurso**, puedes usar:
  - sobre todo/en concreto/en particular/especialmente/concretamente
    *Es una región muy montañosa, **especialmente** al norte.*
  - *Es importante* + infinitivo
    ***Es importante** tener en cuenta que mi ciudad está en una isla.*
- Para **introducir un nuevo tema**:
  - en cuanto a/respecto a/por otra parte/a continuación
    ***Respecto al** mar, mi país tiene mil kilómetros de costa.*
- Para **interrumpir**, hacer una pregunta o pedir una aclaración:
  - Un momento, ¿puedo decir una cosa?
  - (Solo) una cosa…
  - Perdona/Lo siento, pero ¿puedo hacer una pregunta/decir algo?
- Si no se desea **ser interrumpido**:
  - Por favor, déjame terminar.
  - Solo un minuto (por favor).

3 **Todo el grupo** El trabajo de Santi trata sobre el Día del Respeto a la Diversidad Cultural. ¿Qué crees que se celebra ese día y por qué es el 12 de octubre?

3.1 Ordena estas notas de Santi y comprueba tu respuesta anterior.

- ☐ El 12 de octubre se conmemora el momento histórico en el que habitantes de Europa llegaron por primera vez al continente americano.
- ☐ y valoraba, en cambio, la inmensa variedad de culturas que los pueblos indígenas y afrodescendientes habían aportado y aportaban a la identidad del continente.
- ☐ Se estableció, así, el 12 de octubre como un día de reflexión histórica y diálogo intercultural que dejaba atrás la conmemoración de "la conquista" de América
- ☐ por Día del Respeto a la Diversidad Cultural. Se argumentó que la clasificación de la humanidad en razas carecía de validez y tenía un significado negativo.
- ☐ En Argentina se recordaba esta fecha como el Día de la Raza. En 2007, se presentó un proyecto en el que se proponía cambiar la denominación de esa fecha

4 **En parejas** Santi comienza su trabajo con un texto sobre los pueblos precolombinos, pero lo ha copiado de internet y tiene errores en el uso de los pasados; corrígelos. Ten en cuenta que puede haber más de una opción.

mayas

Reyes mayas, bajorrelieve, Palenque, Chiapas, México

Los pueblos precolombinos eran los que han vivido en América antes de la llegada de Colón en la última década del siglo XV. La mayoría solo eran pequeñas tribus, pero algunos, como los incas, los aztecas y los mayas, habían sido grandes imperios.

Los incas vivían en el territorio actual de Perú, Ecuador y parte de Bolivia; los aztecas han poblado el valle de México y el Imperio maya ocupaba el sur del actual México, Guatemala y Honduras.

Los incas surgían en la actual ciudad de Cusco (Perú) a finales del siglo XII y, gracias a su gran organización militar, en menos de cincuenta años convertían a esta cultura en la más extensa de América.

Máscara funeraria inca, Museo Oro del Perú, Lima, Perú

incas

Los aztecas vivían en tribus. Recibieron la influencia cultural de otros pueblos, en especial de toltecas y mayas. Fueron grandes arquitectos, han construido grandes pirámides escalonadas y también destacaron como escultores y pintores.

La cultura maya es la cultura precolombina más antigua. Se habían organizado en ciudades independientes. Los mayas eran expertos matemáticos y tuvieron amplios conocimientos de astronomía y ciencia.

aztecas

Pirámide del Sol, Teotihuacán, México

Los números ordinales a partir del 10.º

- 11.º undécimo/a
- 12.º duodécimo/a
- 13.º decimotercero/a
- 14.º decimocuarto/a
- 15.º decimoquinto/a
- 16.º decimosexto/a
- 17.º decimoséptimo/a
- 18.º decimoctavo/a
- 19.º decimonoveno/a
- 20.º vigésimo/a

*El atleta colombiano quedó en **duodécima** posición, y el español, en **decimoquinta**.*

Coloquialmente solo se usan los ordinales del 1.º al 10.º. Para el resto de los números ordinales se usan los correspondientes números cardinales:

Vivo en un piso 14, ¡cuando se estropea el ascensor, es terrible!
*Tiene el apartamento en el **cuarto** piso y el despacho en el número **catorce**.*

4.1 **Todo el grupo** Elige uno de los pueblos precolombinos del texto anterior y busca en internet las respuestas a estas preguntas. Luego comparte la información con el resto de la clase.

- ¿Cómo estaban organizados socialmente?
- ¿Tenían reyes o era otra la figura principal? ¿Quién gobernaba?
- ¿Qué creencias religiosas tenían? ¿Creían en un solo dios o en más de uno?
- ¿Qué ritos religiosos practicaban?
- ¿Tenían lugares para celebrar el culto? ¿Se reunían en algún tipo de templo?

5 [3] **Santi está buscando información sobre la diversidad cultural de Argentina en la web de una empresa especializada en test de ADN. Escucha su conversación con Martina y completa la tabla con la información que falta.**

Orígenes de la población en Argentina

ibérico		asiático occidental	11.7 %
mesoamericano y andino	56.1 %	de Oriente Medio	
italiano		sardo	11.1 %
europeo del noroeste	26.4 %	europeo oriental	
griego y del sur de Italia	25.9 %	irlandés, escocés, galés	7.2 %
judío (askenazí y sefardí)		inglés	6.2 %
norteafricano	19.7 %	báltico	3.3 %
balcánico	16 %	finlandés	2.5 %
escandinavo		nigeriano	

Adaptado de https://www.myheritage.es/ethnicities/argentina/country-ethnicity-distribution

5.1 **En parejas** Santi investiga sobre los test de ADN y escribe un artículo para su trabajo. Léelo e inserta cada fragmento en su lugar correspondiente para completar el texto de la página siguiente. Trabaja con tu compañero/a.

a. decidí hacerme un test de ADN y recibí una sorpresa tremenda porque yo creía que todos mis ancestros eran de España, pero resulta que una parte importante de ellos procedía
b. ya ha podido pasearse por España con unos familiares residentes en Estados Unidos que descendían de cubanos que, a su vez, tenían ascendentes que venían
c. hace un año solicitó el test a unos laboratorios internacionales de los que le habían hablado
d. también tuve un tatarabuelo rubio con ojos azules
e. hace 52 años que vivo en Suecia. Aquí empecé a entusiasmarme sobre mis orígenes, tanto en Cataluña como en Murcia, y di algunos pasos

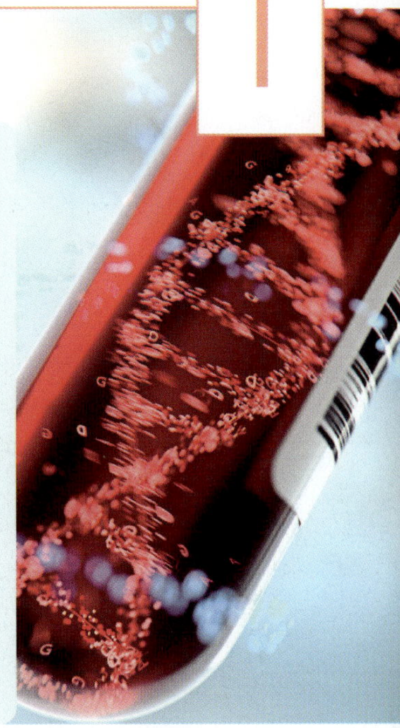

La fiebre del ADN llega a España

El caso de Joseph, de madre catalana y padre murciano, es un buen ejemplo. "Acabo de cumplir 60 años y [1] ☐ en varias direcciones", cuenta. "Sin embargo, los archivos existentes me permitían llegar solo hasta el siglo XVII. Entonces [2] ☐ del sur de Suecia. Mi mujer y yo tenemos aspecto mediterráneo, somos morenos y tenemos los ojos oscuros, pero mi hija mayor y mis nietas son altas y rubias, y al parecer es que [3] ☐", añade.

Cristina, de padre riojano y madre canaria, aficionada a rastrear en su historia familiar, [4] ☐ muy bien y que cuentan con unas enormes bases de datos que ofrecen una gran precisión en la búsqueda de parientes. Gracias a los resultados, Cristina [5] ☐ de Canarias. Otra vez se cierra el círculo. "Somos una mezcla inesperada", afirma Cristina.

Entre curiosos, aficionados y expertos, también hay quien acude a la genealogía genética por necesidad, como es el caso de muchas personas adoptadas. Lo que está claro es que el *boom* de la genealogía solo acaba de empezar.

Adaptado de https://www.elconfidencial.com/tecnologia/ciencia/2017-03-19/genealogia-adn-genetica-suecia-murcia-ancestros-vikingos_1350698/

5.2 **Todo el grupo** Pregunta a tu compañero/a qué sabe de sus antepasados: quiénes eran, de dónde procedían, si alguno era de otra nacionalidad, por qué emigraron... Luego cuenta al resto de la clase lo que te ha dicho tu compañero/a, siguiendo el ejemplo.

Ejemplo: *David* ***me ha dicho que*** *sus abuelos eran de Alemania y que habían llegado a su país para...*

5.3 **Todo el grupo** ¿Qué te parece la idea de hacerte una prueba de ADN para conocer tus orígenes? ¿Crees que puede ser útil? ¿Por qué?

6 [4] Virginia está seleccionando fotos para su trabajo sobre Toledo. Escucha su conversación con Santi y marca el orden en que se menciona cada imagen.

A ☐

B ☐

C ☐

D ☐

E ☐

6.1 [4] Vuelve a escuchar y toma notas. Imagina que eres Virginia o Santi y que escribes un correo electrónico a Martina para contarle la conversación. Escribe el correo en tu cuaderno.

7 **En grupos pequeños** Piensa en una ciudad donde en la actualidad convivan diferentes culturas. Busca información e imágenes y luego compártelo con tus compañeros.

7.1 **Todo el grupo** ¿Qué ventajas piensas que puede tener vivir en un lugar en el que conviven diferentes culturas? Argumenta tu respuesta.

Todos los nombres de España

1 **En parejas** La península ibérica, a lo largo de su historia, ha tenido diferentes nombres. Relaciona cada pueblo con el nombre que le dio a este territorio y con su escritura original.

1. griegos	a. Sefarad	A. Ιβερια
2. romanos	b. Iberia	B. الأندلس
3. judíos	c. Al-Ándalus	C. ספרד
4. árabes	d. Hispania	D. Hispania

Palacio árabe de la Alhambra, Granada

Estatua de Asclepio en las ruinas griegas de Ampurias, Gerona

Teatro romano de Mérida, Badajoz

2 **Lee el siguiente texto sobre el origen de la palabra *España* y haz una lista de todos los pueblos que pasaron por este territorio.**

El nombre *España* proviene de *Hispania*, que es el nombre que usaban los romanos para denominar a la península ibérica. Los historiadores y escritores latinos desconocían su origen etimológico y pensaban que esta palabra significaba 'tierra de conejos' porque, al parecer, estos animales poblaban el territorio en aquella época. De hecho, en algunas representaciones y monedas hechas en Hispania suele aparecer una mujer con un conejo a sus pies.

Sin embargo, según la teoría más reciente, esta palabra procede de la fenicia *I-span-ya*. Los fenicios habitaron muchas de las colonias mediterráneas griegas; entre ellas, la península ibérica. La teoría más aceptada en la actualidad sugiere que *I-span-ya* significa 'tierra donde se trabajan los metales', ya que *spy* en fenicio significa 'golpear metales' y debería su origen a la fama que por entonces tenían las minas de oro de la península ibérica.

También existió la teoría, ya desechada, que defendía la creencia de que *Hispania* era una variación de *Hispalis*, palabra de origen íbero que tal vez significaba 'ciudad de occidente'. Los íberos fueron uno de los primeros pueblos que se asentaron al este y al sur de la península. Según esta teoría, Hispalis, la actual Sevilla, era la ciudad principal en aquella época y quizá por eso los fenicios, y posteriormente los romanos, dieron su nombre a todo el territorio peninsular.

Inicialmente, los griegos llamaron a las actuales tierras de España y Portugal *península ophioússa*, que significa 'tierra de serpientes'. Sin embargo, con los años, los griegos la terminaron llamando *Iberia*, pues *iber* era una palabra que oían constantemente entre los habitantes de la península.

Adaptado de http://www.abc.es/espana/20140829/abci-donde-procede-palabra-espana-201408281811.html

Imagen icónica de la península ibérica con su nombre escrito en hebreo

2.1 **Todo el grupo** Busca el origen del nombre de tu país y cuéntaselo a tus compañeros.

2.2 **Todo el grupo** ¿Sabías que en España habían habitado tantos pueblos diferentes? ¿En qué aspectos crees que es enriquecedor? ¿Crees que esto puede provocar algún tipo de conflicto? ¿Por qué?

Vídeo

Cartelera DE CINE

Los años bárbaros

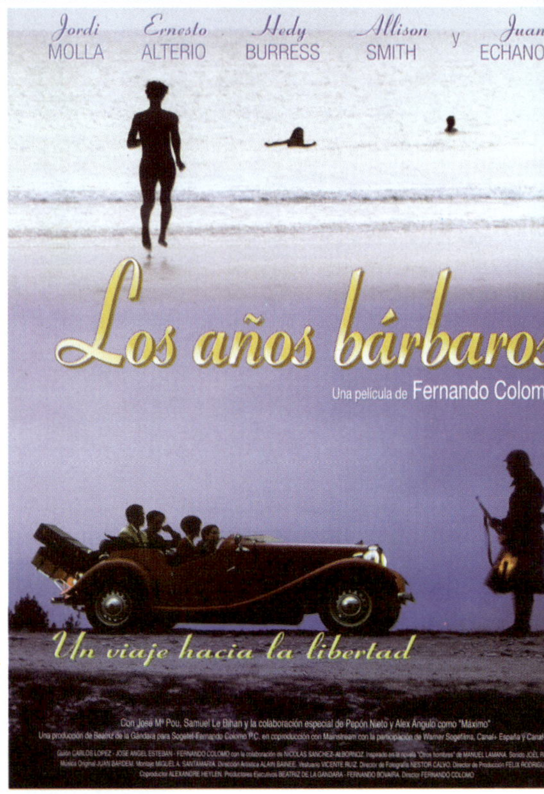

Sinopsis

Durante la posguerra española, en el año 1947, dos jóvenes universitarios miembros de asociaciones de estudiantes contrarias al régimen son condenados a ocho años de cárcel y enviados al campo de trabajo del Valle de los Caídos. Una vez allí, consiguen escaparse gracias a la ayuda de un francés especialista en fugas, a través de un plan organizado. Empiezan entonces un viaje por España acompañados de unas supuestas viajeras norteamericanas que conocen durante su fuga y que simpatizan con sus ideas democráticas de libertad.

Antes de la secuencia

1 **Todo el grupo** Lee la sinopsis de la película y relaciona estas imágenes con sus descripciones.

A

B

C

D

1. Tomás y Jaime fueron trasladados al Valle de los Caídos, un campo de trabajo en la sierra de Madrid donde los presos políticos del franquismo cumplían sus condenas con trabajos forzosos.
2. Una noche, Tomás, Jaime y otros universitarios contrarios al régimen quedaron para hacer pintadas de protesta en los muros de la universidad.
3. Los dos estudiantes fueron arrestados y encarcelados antes de su juicio. Posteriormente, los condenaron a ocho años de prisión y a trabajos forzosos en el Valle de los Caídos.
4. Esa misma noche, mientras regresaban de hacer las pintadas junto al resto de sus compañeros, Tomás y Jaime fueron sorprendidos y detenidos casi en el acto.

Durante la secuencia

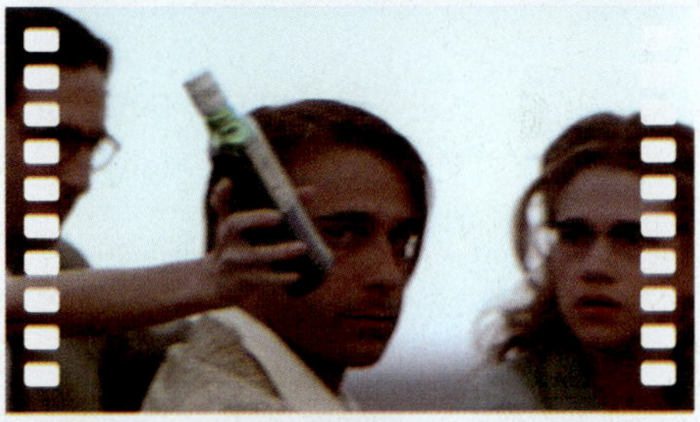

2 Visiona la secuencia y elige la opción correcta.

1. **Los guardias civiles...**
   a. sospechan de las parejas.
   b. hacen un control rutinario de carretera.
   c. paran el vehículo por exceso de velocidad.
2. **Los guardias civiles no entienden la nacionalidad de la joven porque ella lo dice...**
   a. en español con acento extranjero.
   b. mal a propósito.
   c. en su lengua y los guardias no entienden inglés.
3. **Los guardias civiles se relajan y olvidan su obligación...**
   a. porque aceptan el regalo de una de las jóvenes: *whisky* escocés de importación.
   b. porque les parece muy divertido el juego de palabras entre la marca de la bebida y la documentación exigida.
   c. porque una de las jóvenes sí encuentra su pasaporte.

2.1 **En parejas** Vuelve a ver la secuencia y escribe las anécdotas lingüísticas o culturales que detectas. Luego compara con tu compañero/a. ¿Lo habéis interpretado de la misma manera?

....

....

....

....

....

Después de la secuencia

3 **En grupos pequeños** Responde a estas preguntas sobre aspectos históricos mencionados en la película. Puedes consultar internet.

1. ¿Sabes a qué se refiere la joven que conduce cuando menciona a los maquis?
2. El padre de Kate fue un brigadista internacional. ¿Sabes qué eran las Brigadas Internacionales?
3. ¿Sabes dónde está y para qué fue finalmente destinado el Valle de los Caídos, el campo de trabajo de los personajes?
4. Explica qué elementos del argumento hacen que la historia sea anecdótica, insólita y dramática.

Evaluación

1 Relaciona cada palabra con su significado.

1. meseta
2. mar
3. península
4. costa
5. océano
6. cordillera

a. Sistema de montañas.
b. Territorio rodeado de agua por todas partes menos por una.
c. Masa de agua que cubre gran parte de la Tierra.
d. Mar de gran extensión que separa continentes.
e. Orilla del mar y tierra que está cerca de ella.
f. Llanura extensa a cierta altitud sobre el nivel del mar.

2 Completa el texto con las palabras de la actividad anterior.

La [1] .... ibérica tiene aproximadamente 7771 kilómetros de [2] ...., con el mar Mediterráneo al este y el [3] .... Atlántico al oeste. Al norte, el océano recibe el nombre de [4] .... Cantábrico. Una gran parte del interior de la península está ocupada por la [5] .... central, dividida por la [6] .... del sistema Central.

3 Escribe cada palabra del recuadro debajo de la imagen correspondiente.

lago | desierto | valle | isla | volcán | selva

1. ....

2. ....

3. ....

4. ....

5. ....

6. ....

4 Completa libremente las siguientes frases utilizando el pretérito pluscuamperfecto. ¿Qué valor tiene el pluscuamperfecto en cada una de ellas?

1. Cuando llegamos, las tiendas ....
2. Esta mañana, a las diez, todavía no ....
3. Me dijo que Javi, el día antes, ...
4. Ya sabíamos que vosotras ....
5. Antes de anoche, nunca ....
6. Cuando empezaron a discutir, Juan ya ....

7. Me lo habían dicho muchas veces, pero ....
8. Ya había nacido mi hermano cuando ....
9. Le pedí ayuda y al minuto ....
10. Sí, antes ya ....

5 Conjuga los verbos entre paréntesis en la forma adecuada del pasado.

[1] .... (Llegar, yo) a Granada el lunes. Ya [2] .... (estar) aquí antes, pero una vez más la ciudad [3] .... (volver) a sorprenderme. Lo primero que [4] .... (hacer) mi amigo y yo [5] .... (ser) ir al mirador de San Nicolás para ver la Alhambra. Luego [6] .... (dar) un paseo por la calle de las teterías.
Mi amigo nunca [7] .... (estar) y le [8] .... (encantar); [9] .... (él, decir) que le [10] .... (recordar) a Marrakech. El viernes, él [11] .... (irse) y [12] .... (yo, alquilar) un coche para ir a Sierra Nevada a esquiar. Nunca [13] .... (estar) allí. Me [14] .... (gustar) mucho. [15] .... (Hacer) un día maravilloso y no [16] .... (haber) demasiada gente, así que me [17] .... (pasar) todo el día esquiando.
Pero las vacaciones ya [18] .... (terminarse). Esta mañana [19] .... (empezar) las clases y ya no soy un turista, sino un estudiante en Granada.

6 Reescribe en tu cuaderno las siguientes frases con los marcadores temporales que se indican.

1. Le repito que debe estudiar más. › Ayer…
2. Siempre me preguntas dónde voy. › Antes siempre…
3. Asegura que ya lo ha visto. › El otro día…
4. Les advierto que está lloviendo. › Esta mañana…
5. Dice que no se lo compra porque es caro. › Antes…

7 Lee el correo electrónico y luego escribe en tu cuaderno el diálogo original al que se refiere.

De: Patricia Para: Julián Asunto: Me encontré con Pedro

Hola, Julián:
Ayer me encontré con Pedro y le pregunté cómo estaba en la nueva oficina. Me contestó que muy bien, pero que un poco cansado porque había tenido mucho trabajo el día anterior. Le conté que te había visto y que me habías preguntado por él. Se alegró y me dijo que quería llamarte porque tenía que contarte muchas cosas, pero que con el cambio de trabajo había estado muy ocupado y no había podido. Le dije que tú también tenías muchas cosas que contar, que habías conocido a alguien muy interesante. Hablamos poco porque tenía mucha prisa, llegaba tarde al trabajo.

8 Marca qué haces con más frecuencia cuando repasas un contenido que ya habías estudiado antes.

	Nunca	A veces	Siempre
1. Te preguntas si necesitas hacer el repaso.	☐	☐	☐
2. Repites los ejercicios que ya habías hecho.	☐	☐	☐
3. Buscas nuevos ejercicios sobre el tema.	☐	☐	☐
4. Buscas más información para ampliar.	☐	☐	☐
5. Revisas tus trabajos anteriores.	☐	☐	☐

Unidad

2

¿Pasas mucho tiempo conectado/a a internet? ¿Para hacer qué?

Fíjate en las fotos pequeñas y descríbelas; ¿cómo te sientes en esas situaciones?

¿Qué lengua usas cuando te conectas?

EnREDados

En esta unidad vas a. . .

- Hablar de tus hábitos con relación a las nuevas tecnologías
- Pedir y dar instrucciones y consejos relacionados con el uso de internet
- Conocer la presencia del español en internet y en las redes sociales

¿Qué sabes?

1 Observa la imagen y escribe en tu cuaderno el nombre de todos los dispositivos electrónicos o relacionados con internet que reconozcas. Tienes un minuto.

1.1 **Todo el grupo** Haz una puesta en común con tus compañeros y anota las palabras que no tengas. ¿Quién ha podido reconocer más elementos? ¿Conocías todos sus nombres en español?

1.2 [5] Escucha estas conversaciones y relaciónalas con el objeto del que hablan.

A 

B 

C 

D 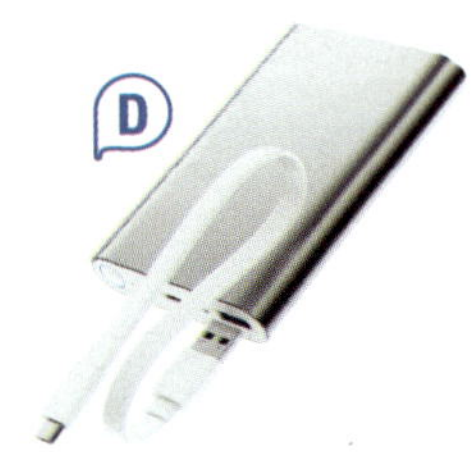

Conversación 1: .... Conversación 2: .... Conversación 3: .... Conversación 4: ....

2 **En parejas** Relaciona las columnas para formar expresiones con sentido. Ten en cuenta que en algunos casos puede haber más de una solución. Luego compara con tu compañero/a.

1. Hacer	a. correos electrónicos.
2. Redactar	b. con la familia/los amigos.
3. Jugar	c. fotos.
4. Hablar	d. programas de televisión.
5. Grabar	e. trabajos o informes.
6. Navegar	f. a videojuegos.
7. Ver	g. por internet.
8. Enviar	h. vídeos.

RAE
ORTOGRAFÍA
En el español de España se dice vídeo y se escribe con acento: *Es una escopeta rarísima, parece más bien un telescopio, o una cámara de* ***vídeo*** *muy alargada, un aparato de ciencia ficción.*
En el español de América es más frecuente decir video y se escribe sin acento: *Fue, te digo, ese día cuando grabé en* ***video*** *las noticias, el noticiero completo, mejor dicho.*

2.1 **En parejas** ¿Con qué tipo de dispositivos o aplicaciones realizas las acciones anteriores? Fíjate en el ejemplo:

Ejemplo: *Pues yo, para hablar con mi familia, utilizo el móvil. Y si queremos vernos, lo hacemos por Skype, en el móvil o en el ordenador.*

3 **En parejas** Mira a estas personas; ¿qué problema relacionado con el móvil crees que tienen?

A

B

C

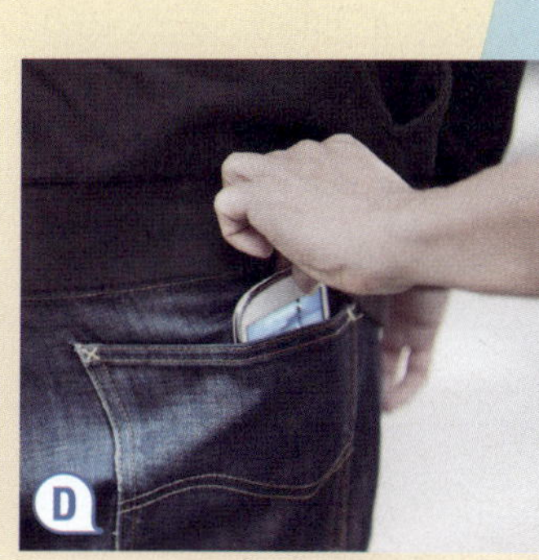
D

3.1 Aquí tienes algunas posibles soluciones para los problemas anteriores. Relaciónalos.

1. ☐ Pedir un cargador.
2. ☐ Cambiar de compañía de teléfono.
3. ☐ Ir a la policía.
4. ☐ Pedir la clave del wifi.

3.2 **En parejas** Ahora imagina que tienes algún problema que afecta a tus dispositivos electrónicos. Pídele ayuda a tu compañero/a y escucha las soluciones que te propone.

Palabras

1 **En parejas** Lee los hábitos de estas personas con relación a las nuevas tecnologías y escribe el número de cada icono junto a la palabra que representa.

En mi trabajo estoy todo el día con el ordenador y mandando correos, respondiendo y [ ] **reenviando** mensajes. Lo peor es cuando se me olvida [ ] **adjuntar** algún documento, me siento estúpido.

Yo tengo internet en casa desde hace poco y todavía no lo entiendo muy bien. Me ayuda mi nieta: ella eligió la compañía, me instaló un [ ] **antivirus**, me abrió la cuenta de correo y hasta me eligió el nombre de [ ] **usuario** y la [ ] **contraseña**...

A mí me encantan las redes sociales, tengo perfil en todas: [ ] **cuelgo** fotos, [ ] **comparto** las de mis amigos, nos [ ] **intercambiamos** archivos... También uso internet para estudiar: sin poder [ ] **descargarme** los textos y los artículos que tenemos que leer para la universidad, estaría todo el día en la biblioteca, ¡qué horror!

1.1 **En parejas** Pregunta a tu compañero/a qué navegador tiene, qué buscador usa, si tiene antivirus en su ordenador y cuál es, qué tipo de archivos guarda y en qué redes sociales tiene perfil. ¿Coincidís en algo?

1.2 **En parejas** Escribe las palabras del recuadro junto a los verbos y forma todas las combinaciones posibles. ¿Puedes añadir alguna palabra más?

datos | un navegador | una página | un programa | información | una imagen
un documento | un antivirus | una cuenta | un archivo | un buscador | un perfil

Descargar/Bajarse... ....

Instalar... ....

Colgar/Publicar/Subir... ....

Abrir(se)... ....

Crear(se)... ....

Entrar en/Acceder a... ....

1.3 [6] Escucha la conversación entre Felipe y su nieta Paula y marca si las afirmaciones se relacionan con Felipe (F), con Paula (P) o con ninguno de los dos (N).

1. Tiene problemas con la conexión a internet. .... F P N
2. Encuentra la solución al problema. .... F P N
3. Necesita publicar fotos en una red social. .... F P N
4. Cree que sus escritos no interesan en las redes sociales. .... F P N
5. Ya no usa una red social tanto como antes. .... F P N
6. Necesita ayuda para crear un perfil. .... F P N
7. Prefiere ayudarle por teléfono. .... F P N
8. Va a ir a su casa. .... F P N

2 **En parejas** Haz este test a tu compañero/a para conocer un poco sus hábitos en internet. Puedes añadir notas si es necesario. Luego comparad vuestras respuestas; ¿coincidís?

1. **¿A qué edad empezaste a usar internet?**
   - ☐ Antes de los 10 años. ☐ Entre los 10 y los 15 años. ☐ Después de los 15 años.
2. **¿Cuánto tiempo lo usas durante la semana?**
   - ☐ Menos de 1 hora. ☐ Entre 1 y 2 horas. ☐ Entre 2 y 4 horas. ☐ Más de 4 horas.
3. **¿Cuánto tiempo lo usas durante los fines de semana?**
   - ☐ Menos de 1 hora. ☐ Entre 1 y 2 horas. ☐ Entre 2 y 4 horas. ☐ Más de 4 horas.
4. **¿Alguna vez has estado conectado más tiempo del previsto? ¿Por qué?**
   - ☐ Nunca. ☐ Pocas veces. ☐ Algunas veces. ☐ Muchas veces. ☐ Siempre.
5. **Usas internet para… (ordenar según frecuencia):**
   - ☐ Participar en redes sociales, chats, foros. ☐ Enviar correos electrónicos. ☐ Ver vídeos.
   - ☐ Buscar información. ☐ Jugar.
   - ☐ Descargar música, películas, documentos. ☐ Hacer compras. ☐ Trabajar.
6. **¿Dónde te conectas? (ordenar según frecuencia):**
   - ☐ En casa. ☐ En la calle (datos). ☐ En el trabajo/la escuela. ☐ Otros: ....
7. **¿Dónde te gusta conectarte? (ordenar según preferencia):**
   - ☐ En casa. ☐ En la calle (datos). ☐ En el trabajo/la escuela. ☐ Otros: ....
8. **¿Con qué dispositivo te conectas? (ordenar según frecuencia):**
   - ☐ Con el móvil. ☐ Con el ordenador. ☐ Con la tableta. ☐ Otros: ....
9. **¿Recibes quejas de otras personas por tu uso de internet?**
   - ☐ Nunca. ☐ Pocas veces. ☐ Algunas veces. ☐ Muchas veces. ☐ Siempre.
10. **¿Has dejado de hacer otras cosas por conectarte a internet?**
   - ☐ Nunca. ☐ Pocas veces. ☐ Algunas veces. ☐ Muchas veces. ☐ Siempre.

2.1 **Todo el grupo** Con los resultados de todos, haced una pequeña estadística de la clase sobre este tema. ¿Hay hábitos muy diferentes? ¿Con respecto a qué? ¿Las diferencias tienen que ver con la nacionalidad, la edad, el sexo…? ¿Qué conclusiones podéis sacar?

Gramática

> Recuerda:
> Los verbos en *-er* e *-ir* tienen las mismas terminaciones en presente de subjuntivo.

1 Presente de subjuntivo regular (repaso)

El **presente de subjuntivo regular** tiene las siguientes terminaciones:

	Trabajar	Comer	Escribir
yo	trabaje	coma	escriba
tú	trabajes	comas	escribas
él, ella, usted	trabaje	coma	escriba
nosotros/as	trabajemos	comamos	escribamos
vosotros/as	trabajéis	comáis	escribáis
ellos, ellas, ustedes	trabajen	coman	escriban

1.1 **En parejas** Lee las frases y conjuga los verbos en presente de subjuntivo.

1. Os aconsejo que .... (estudiar) esta parte, que os la .... (aprender) bien y que luego .... (completar) los ejercicios.
2. David, quiero que me .... (ayudar); que primero .... (lavar) la verdura y después [6] .... (preparar) la mesa.

2 Presente de subjuntivo irregular (repaso)

> Fíjate:
> Las formas irregulares en presente de subjuntivo se construyen a partir de las formas irregulares en presente de indicativo con algunos cambios.

- Verbos con **irregularidad vocálica**:

Pensar e › ie	Sentir e › ie + e › i	Encontrar o › ue	Dormir o › ue + o › u	Pedir e › i	Construir i › y
piense	sienta	encuentre	duerma	pida	construya
pienses	sientas	encuentres	duermas	pidas	construyas
piense	sienta	encuentre	duerma	pida	construya
pensemos	sintamos	encontremos	durmamos	pidamos	construyamos
penséis	sintáis	encontréis	durmáis	pidáis	construyáis
piensen	sientan	encuentren	duerman	pidan	construyan

  – Los verbos que cambian **e › ie** y que terminan en *-ir* cambian también **e › i** en ***nosotros/as*** y ***vosotros/as***: *sintamos, sintáis*.

  – Los verbos *dormir* y *morir*, además del cambio **o › ue**, cambian **o › u** en ***nosotros/as*** y ***vosotros/as***: *durmamos, durmáis, muramos, muráis*.

  – Los verbos que cambian **e › i** e **i › y** son irregulares en todas las personas.

- Los verbos que tienen irregular la **persona *yo*** del presente de indicativo también son irregulares en presente de subjuntivo, pero en todas las personas:

  – hacer › **hago** › **haga, hagas, haga, hagamos, hagáis, hagan**.

  – Otros verbos: oír › **oiga**; poner › **ponga**; caer › **caiga**; conducir › **conduzca**...

- Algunos verbos tienen una **irregularidad propia** en este tiempo:

  – estar › **esté, estés, esté, estemos, estéis, estén**
  – haber › **haya, hayas, haya, hayamos, hayáis, hayan**
  – saber › **sepa, sepas, sepa, sepamos, sepáis, sepan**
  – ser › **sea, seas, sea, seamos, seáis, sean**
  – ir › **vaya, vayas, vaya, vayamos, vayáis, vayan**
  – ver › **vea, veas, vea, veamos, veáis, vean**

> Fíjate:
> Hay formas verbales, tanto regulares como irregulares, que sufren cambios ortográficos para conservar el sonido del verbo en infinitivo:
> *seguir* › *siga*; *cocer* › *cueza*; *recoger* › *recoja*; *buscar* › *busque*...

2.1 Completa la tabla con las formas del presente de subjuntivo que faltan.

	Entender	Volver	Vestir	Oír	Traer	Huir	Reír
yo							
nosotros/as							

2.2 Señala la persona y el infinitivo de los siguientes verbos conjugados.

Verbo conjugado	Persona	Infinitivo	Verbo conjugado	Persona	Infinitivo
1. empecéis	*vosotros/as*	*empezar*	7. apliques		
2. lleguen			8. aterricemos		
3. busque			9. cojas		
4. corrijamos			10. almorcéis		
5. realices			11. convenza		
6. paguéis			12. escojas		

2.3 **En parejas** Transforma estas frases usando el presente de subjuntivo.

1. Podéis volver hoy más tarde. › Os dejamos que ....
2. Piénsalo bien, con calma. › Te aconsejamos que ....
3. Construirán un hospital cerca. › Quiero que ....
4. No puedes traer el coche. › Te prohíbo que ....
5. Medid bien el mueble. › Os recomiendo que ....
6. Dormid bien. › Espero que ....
7. ¿Puedo irme ya? › ¿Me permite usted que ....?
8. Dime qué hago. › ¿Qué me sugieres que ....?
9. Hablen más bajo, por favor, estoy trabajando. › Les ruego que ....

2.4 [7] Escucha y comprueba tu respuesta anterior. Luego clasifica las frases en la tabla según su significado.

Consejo o recomendación	Permiso/Prohibición	Deseo o petición

2.5 **Todo el grupo** Da consejos a Marta usando la estructura *te aconsejo/recomiendo que* + subjuntivo.

Quiero comprarme un móvil nuevo, pero no tengo bastante dinero.

Necesito hacer deporte, pero no sé bien cuál practicar.

Un chico que me gusta me ha mandado un mensaje y no sé qué hacer.

Me apetece ir al cine, pero no sé qué ponen.

Un amigo de Facebook quiere quedar para conocerme en persona.

3 El imperativo afirmativo y negativo regular e irregular (repaso)

En parejas Completa el siguiente cuadro para repasar las formas del imperativo afirmativo.

- **Formas regulares**:

	Hablar	Leer	Abrir
tú	[1]	lee	abre
usted	hable	lea	abra
vosotros/as	hablad	[2]	abrid
ustedes	hablen	lean	[3] ....

- **Irregularidades vocálicas**:
  - encender (e > ie): enc**ie**nde, enc**ie**nda, [4] ...., enc**ie**ndan
  - colgar (o > ue): c**ue**lga, c**ue**lgue, colgad, [5] ....
  - jugar (u > ue): j**ue**ga, [6] ...., jugad, j**ue**guen
  - seguir (e > i): [7] ...., s**i**ga, seguid, s**i**gan
  - huir (i > y): hu**y**e, hu**y**a, huid, hu**y**an

- **Otras irregularidades**:

Hacer	Poner	Venir	Tener	Ser
[8]	[9]	[10]	[11]	[12] ....
haga	**ponga**	**venga**	**tenga**	**sea**
haced	poned	venid	tened	sed
hagan	**pongan**	**vengan**	**tengan**	**sean**

Decir	Salir	Ir	Oír
[13]	[14]	[15]	[16] ....
diga	**salga**	**vaya**	**oiga**
decid	salid	id	oíd
digan	**salgan**	**vayan**	**oigan**

La forma *vosotros/as* es siempre regular en imperativo afirmativo.

- Como has visto, el imperativo es un modo verbal que solo tiene dos formas propias: las formas ***tú*** y ***vosotros/as*** del imperativo afirmativo. Para las personas ***usted*** y ***ustedes*** y para formar el **imperativo negativo** se utiliza el presente de subjuntivo:

  Diríjase usted *a la ventanilla 3 y* ***entregue*** *la documentación a mi compañero.*

  Salgan ustedes *en orden, por favor.*

  No me digas *eso que me pongo triste.*

- **En parejas** El imperativo se usa para dar **instrucciones, órdenes, consejos** o **permiso**. Escribe un ejemplo para cada uno de estos usos.

  [17] .... [19] ....

  [18] .... [20] ....

RAE **GRAMÁTICA**

Recuerda que en las zonas voseantes de América el imperativo tiene una forma propia para la persona ***vos*** (hablá, bebé, abrí, empezá, volvé, elegí, tené, hacé, poné, vení, salí, decí...): *Empezá vos, por favor./****Comé, comé****, está muy bueno.*

3.1 **En parejas** Completa los siguientes consejos con los verbos del recuadro en imperativo afirmativo o negativo, según convenga. Luego di qué título le pondrías al decálogo.

diversificar | evitar | cambiar | olvidarse | ~~utilizar~~ | revelar | escoger
anotar | usar | guardar

....

1. *No utilices* datos familiares.
2. .... las series de palabras o números.
3. .... contraseñas que tengan diferentes caracteres, además de letras y números.
4. .... nunca la contraseña en internet, aunque sea cómodo.
5. .... las claves para cada servicio.
6. .... periódicamente las contraseñas.
7. .... las contraseñas a nadie.
8. .... estas en un lugar seguro si tienes que hacerlo.
9. .... las aplicaciones que sirven para cifrar las claves y recordarlas en caso necesario.
10. .... nunca de seguir los consejos.

Adaptado de https://www.ticpymes.es/legislacion/noticias/1095409049204/decalogo-para-una-contrasena-segura.1.html

3.2 **Todo el grupo** ¿Seguís estos consejos? ¿Cuáles sí y cuáles no? ¿Hay alguna otra medida de seguridad que añadirías tú a las anteriores?

4

Lee estas conversaciones del chat de Sofía con un grupo de amigos y complétalas eligiendo la opción correcta.

1

Ya tengo las fotos. ¿Qué hago con ellas?

José: 👏👏 **Envíaselas/Envíanoslo/Envíanoslas**, queremos verlas.

Luis: Sí 👏👏, pero no **súbelas/las subes/las subas** a Facebook, me da vergüenza la ropa que llevaba 😳.

2

José: He terminado el trabajo de Historia, ¿vosotros?

Yo no, todavía me queda un poco 😅.

Luis: Yo lo terminé ayer.

José: ¿Y cómo lo enviaste? ¿Por correo?

Luis: No, no **se envíes/le envíes/lo envíes** por correo, hay que subirlo a la página web de la escuela.

3

😱 Se me ha caído el móvil nuevo al suelo y se ha roto la pantalla. ¿Sabéis dónde pueden ponerle una nueva?

José: Yo llevé el mío a la tienda que hay al lado de casa de Luis. **Llévalo/Llévale/Lo lleva** ahí.

Luis: No, no **lo llevas/lo lleves/llévalo** ahí, son muy caros y las pantallas son malas. Además, tu móvil tendrá garantía, ¿no?

4

Hola, ¿os ha llegado a Facebook un mensaje un poco raro de Ana? 🤔

Luis: Sí, no **la abras/le abras/lo abras**, ¡me ha avisado de que es un virus!

Vale, gracias. ¿Has hablado con ella? ¿Qué tal en Valencia?

José: Bien, pero parece un poco aburrida, **llámalas/la llames/llámala**.

👍 Ahora mismo la llamo.

Recuerda que en el imperativo afirmativo los pronombres se ponen **detrás** del verbo formando una sola palabra con él, mientras que en el imperativo negativo los pronombres se colocan **delante** del verbo, como ocurre con la mayoría de los tiempos verbales:

- ▶ *¿Qué hago con el archivo?*
- ▷ ***Adjúntalo** al mensaje y **mándamelo**, pero **no me lo envíes** al correo del trabajo, no lo miro los fines de semana.*

Practica en contexto

1 **Todo el grupo** Novaltel es una compañía de telefonía móvil. Mira su publicidad; ¿qué te parece su eslogan si lo comparas con el de otras compañías similares?

1.1 **En parejas** Novaltel tiene un servicio telefónico de atención al cliente. Elige un papel (A o B) y conversa con tu compañero/a.

Responder a una llamada en el trabajo

- Departamento y/o nombre de la **empresa** + **saludo** + *le atiende* + nombre; ***¿dígame?/¿en qué puedo ayudarle?***
  Departamento de Atención al Cliente de Novaltel, buenas tardes, le atiende Luis; ¿en qué puedo ayudarle?

Pedir información

- ***¿Podría decirme si*** + presente?
- ***Quería saber si*** + presente
  Quería saber si tienen alguna oferta en este momento.

Estudiante A	Estudiante B
Has comprado un teléfono, pero no sabes ponerlo en silencio, mandar un mensaje… Llamas al servicio de atención al cliente porque la tienda está muy lejos. La persona que te atiende habla demasiado rápido.	Un cliente llama pidiendo ayuda para algunos usos básicos del teléfono. Explícale con detalle todo lo que te pregunte. No te entiende muy bien, repite tus instrucciones y recomiéndale que vaya a una tienda física.
Tu teléfono es un poco viejo y tiene la memoria llena. Algunas cosas son importantes, no quieres perderlas. Pide ayuda. No quieres comprar otro teléfono.	Un cliente tiene la memoria del teléfono llena. Tiene que borrar los datos o guardarlos (en el ordenador, en la nube…). Convéncelo para comprar un teléfono con más memoria.
Tu móvil nuevo se cayó el otro día y se ha roto. Necesitas repararlo urgentemente porque en 5 días viajas al extranjero. No quieres gastar mucho dinero.	A un cliente se le ha roto la pantalla del teléfono. Pregúntale cómo fue y si está en garantía. Explícale las opciones: recogida y entrega a domicilio, 3 semanas; en tienda, 1 semana; la reparación exprés (3 días) cuesta 50 €.
Necesitas un móvil nuevo con conexión a internet para poder ver a tu hijo, que vive fuera, mientras hablas con él. Quieres saber qué móvil es mejor para eso. Te gustaría verlo antes. No quieres comprar por internet.	Aconseja al cliente qué móvil es mejor para lo que necesita. Explícale cómo y dónde puede verlo en la página web. Lo mejor es comprar en la web (descuentos, pago seguro, rapidez en el envío…).

1.2 **Todo el grupo** ¿Crees que Novaltel cumple con lo que dice en su publicidad? ¿Alguna vez has llamado al servicio de atención al cliente de tu compañía telefónica? ¿Cuál era tu problema? ¿Quedaste satisfecho/a?

2 **Todo el grupo** Estas son algunas empresas españolas con un servicio de venta en línea muy valorado por los consumidores. ¿Conoces alguna de ellas? ¿Qué tipo de productos venden? Analiza su nombre y su logotipo y haz hipótesis con tus compañeros.

Latiendadirecta.es · ZARA · El Corte Inglés · PC COMPONENTES · MERCADONA SUPERMERCADOS DE CONFIANZA

2.1 [8] Una persona que ha comprado varios productos en una de estas tiendas ha llamado por teléfono al servicio de atención al cliente porque quiere devolver uno de ellos y no sabe qué pasos tiene que seguir. Escucha y ordénalos.

- ☐ Solicita la recogida.
- ☐ Recibe el importe de la compra.
- ☐ Empaqueta el pedido.
- ☐ Entrega el paquete.
- ☐ Marca la prenda en el tique.

2.2 **Todo el grupo** ¿A qué tienda de la actividad 2 crees que se refiere la conversación anterior? ¿Qué palabras claves te han dado la pista para saberlo?

3 **En parejas** En el servicio de atención al cliente de todas las empresas a veces se reciben quejas. Lee el correo que ha escrito esta clienta. ¿Podrías mejorar su redacción? Escríbelo de nuevo utilizando todos los pronombres que hagan falta.

De: María Jesús Rodríguez   Para: Atención al cliente   Asunto: Vaqueros rotos

Estimados señores:
Hace unos días le compré unos vaqueros a mi hija de 6 años. Puse los vaqueros a mi hija y fuimos al centro comercial. En el centro comercial mi hija estuvo saltando durante un rato en una cama elástica. Al bajar vi que los vaqueros estaban raros y cuando miré los vaqueros más de cerca, resulta que los vaqueros estaban rotos y que no había posibilidad de arreglar los vaqueros a mi hija. Fui a la tienda donde venden los vaqueros a reclamar. Hablé con la encargada y la encargada me dijo que era normal, que no se puede saltar con unos vaqueros. Yo dije a la encargada que quería la devolución del dinero y la encargada dijo que no podía devolver el dinero y que si quería cambiar los vaqueros, tenía que enviar los vaqueros al Departamento de Calidad de la tienda para que ese departamento analice los vaqueros. No me parece normal este procedimiento. Quiero la devolución de mi dinero y quiero la devolución ya.
Atentamente,
María Jesús Rodríguez

3.1 **Todo el grupo** ¿Alguna vez has tenido que reclamar en un servicio de atención al cliente? Cuenta a tus compañeros cómo fue tu experiencia.

4 **Todo el grupo** Comenta estas afirmaciones con tus compañeros. ¿Estáis todos de acuerdo?

Internet solo ha mejorado nuestras vidas.	Las redes sociales siempre nos muestran tal y como somos.	No usar redes sociales es sinónimo de no relacionarse.

4.1 ¿Sabes qué es el *FOMO*? Lee este artículo sobre la necesidad de estar siempre conectado y marca la opción correcta.

El miedo a perderse algo

Estás tranquilo en casa un sábado por la tarde, disfrutando de una película, un videojuego, de tus cosas... Te conectas a una red social y ves que dos amigos tuyos están paseando por el centro, que otro va a un cumpleaños al que no te han invitado y que ese que no te cae muy bien va a un partido de fútbol. ¿Te sientes mal?

Cada vez son más las personas que sienten que su vida es mucho menos interesante que la de sus conocidos, que se están perdiendo algo. Las redes sociales, en las que solo se cuenta lo bueno, se están convirtiendo en un nuevo elemento de agobio que ya tiene nombre: FOMO (sigla de *fear of missing out*, el miedo a perderse algo).

FOMO es un miedo social que siempre ha existido: la exclusión, el saber que tus colegas van a hacer algo o tienen algo mejor que tú. Pero, por culpa de los teléfonos inteligentes y las redes sociales, ese miedo se ha convertido en una sensación habitual.

Al consumismo clásico (querer siempre aquello que no tenemos y que creemos necesario para alcanzar la felicidad) se une ahora el sufrimiento de tener la sensación constante de que nos estamos perdiendo algo por estar haciendo otra cosa. Y esto sucede porque estamos informados al minuto de las actividades de nuestros amigos, lo que genera ansiedad y un cierto sentimiento de exclusión.

Según un estudio, 3 de cada 10 personas de entre 13 y 34 años han experimentado esta sensación, generalmente al ver que sus amigos hacen cosas a las que no han sido invitados. De pronto, para mucha gente, quedarse un fin de semana tranquilo en casa se convierte en motivo de ansiedad. El tiempo libre se convierte, paradójicamente, en una fuente de preocupación.

Adaptado de http://blogs.elpais.com/consumidos/2012/03/fomo-el-miedo-a-perderse-algo-fear-of-missing-out.html

1. **El artículo dice que cada vez más personas...**
   a. hacen cosas aburridas.
   b. sienten que su vida es más aburrida que la de sus amigos.
   c. sienten que se lo pasan mejor que sus conocidos.
2. **FOMO en español significa, 'tener miedo...**
   a. al control de los demás'.
   b. a perder cosas que valoras'.
   c. a tener una vida menos interesante que los demás'.
3. **Según el texto, el problema...**
   a. es absolutamente nuevo.
   b. es un problema antiguo, agravado por estar constantemente conectados.
   c. es un problema de las personas con teléfonos móviles.
4. **Hay un estudio que dice que...**
   a. bastantes adolescentes han tenido esas sensaciones.
   b. es un problema que afecta a un porcentaje considerable de jóvenes.
   c. la mayoría de los jóvenes se queda en casa por ansiedad.

4.2 **Todo el grupo** ¿Has sufrido alguna vez este sentimiento de exclusión? ¿Cómo lo has solucionado?

5

[9] En este programa de radio algunas personas hablan de sus problemas en relación con las nuevas tecnologías. Marca en qué orden interviene cada uno.

- ☐ Luis no controla bien el tiempo que pasa en internet.
- ☐ Sofía ha perdido amigos por culpa de las redes sociales.
- ☐ Juan dice que en su trabajo las redes sociales son necesarias.
- ☐ Para Cristina el móvil es algo imprescindible.
- ☐ Ana tiene problemas de memoria.

5.1 Aquí tienes el chat del programa, donde otros oyentes han escrito para ayudar a estas personas. Relaciona sus consejos con algunas de las intervenciones de la actividad anterior.

Sergio dice...
Tú no lo ves, pero tienes un problema con el teléfono. Déjalo en casa un día, a ver qué pasa. Si ves que estás muy nerviosa, que te sientes mal y empiezas a notar ansiedad, te recomiendo que vayas a un especialista. No te preocupes, a mí me pasaba y poco a poco empiezo a controlarme. 😉

Janis dice...
Estar mirando todo el día la pantalla es tan malo como no mirarla o no responder cuando te escriben. Si quieres tener amigos, te aconsejo que respondas cuando tienes un mensaje, y, si no tienes tiempo de leerlos todos, te recomiendo que elijas quiénes son las personas más importantes para ti y que mantengas el contacto con ellas. Si no les escribes, luego no te quejes cuando no te respondan ellas a ti.

JLuis dice...
Conseguir seguidores en las redes sociales puede llevar algo de tiempo, pero tampoco es difícil: te recomiendo que entres todos los días en tus redes, que reacciones a las cosas que ponen los demás, que subas fotos y que comentes lo que haces en tu trabajo. Hazte "amigo" de personas importantes de tu profesión. Si comparten tus publicaciones, las podrá ver un montón de gente. Es un trabajo diario, no lo dejes.

5.2 **En parejas** En el chat hay algunas personas que no han recibido ningún consejo para sus problemas. Elige a una de ellas y escribe un consejo. Después lee lo que ha escrito tu compañero/a. ¿A quién crees que está respondiendo?

....

....

....

....

Justificar un consejo

Para ser más convincentes, introducimos una **justificación** de nuestros consejos o instrucciones con estas estructuras:

- ***Si*** + objetivo, consejo

  Si quieres tener éxito en las redes sociales, te recomiendo que publiques fotos atractivas.

- Consejo, ***así*** + consecuencia

  *Te recomiendo que publiques fotos atractivas, **así** tendrás más éxito en las redes sociales.*

6

Busca información sobre los peligros de internet y compártela con el resto de la clase.

6.1 **Todo el grupo** Después de analizar la información obtenida, reflexiona con tus compañeros:

- ¿Crees que haces un uso adecuado de internet?
- ¿Controlas el tiempo que pasas en la red?
- ¿Qué sientes cuando no puedes conectarte durante un tiempo?
- ¿Subes fotos a las redes de todo lo que haces?

7

Todo el grupo ¿Utilizas internet para aprender español? ¿Cómo lo usas? ¿Qué recursos y páginas web te resultan más útiles? Compártelo con tus compañeros.

Internet también se escribe con eñe

1 **En parejas** Lee el siguiente artículo y elige el mejor titular para cada sección. En una segunda lectura, mira las imágenes que lo acompañan y completa los espacios en blanco con la información que estas proporcionan. Luego compara con tu compañero/a para comprobar si tenéis las mismas respuestas.

- Un universo diverso
- El español en la red
- El español y los hispanohablantes en las redes sociales

Internet también se escribe con eñe

A ....

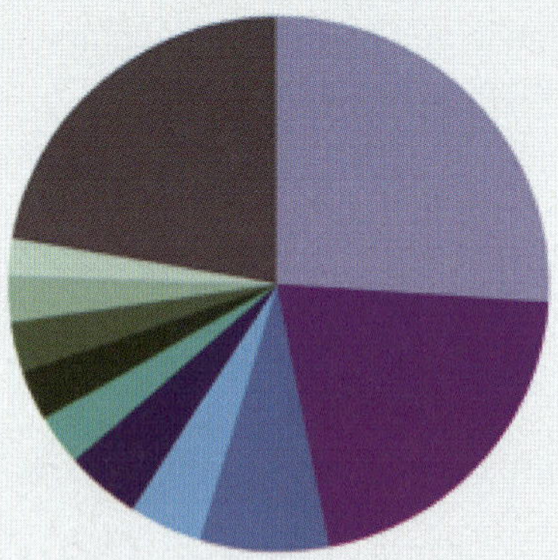

Fuente del gráfico: https://cvc.cervantes.es/lengua/espanol_lengua_viva/pdf/espanol_lengua_viva_2017.pdf

En la actualidad, el español es la [1] .... lengua más usada en internet por número de internautas. De los casi 3612 millones de usuarios que tenía internet en todo el mundo en junio de 2016, el 7.7 % se comunicaba en español. Los dos idiomas que están por delante del español son el inglés y el chino. Por otro lado, solo un país de habla hispana, México, está entre los veinte con mayor número de usuarios de internet del mundo.

2

B ....

El español tiene una gran variedad de palabras para hablar de la tecnología que usamos. Mientras que en España se puede usar el [2] .... para enviar mensajes, en países americanos se prefiere el *celular*. Si en España es buena idea hacer una *copia de seguridad* para no perder los datos y archivos importantes, en México, por ejemplo, prefieren hacer una [3] .... Incluso los mismos [4] .... que usamos en nuestro día a día en España se llaman *computadoras* en buena parte de la América hispanohablante.

C ....

Otro ejemplo de la fuerte presencia del español en internet es que se trata de la segunda lengua más utilizada en dos de las principales redes sociales: Facebook y Twitter. En ellas podemos encontrar hispanohablantes muy populares. La cantante [5] .... es una de las artistas con más seguidores en Twitter, y el primer español es el cantante [6] .... En Facebook la colombiana también tiene muchos seguidores, mientras que, en España, las páginas más seguidas son las de los dos clubes de fútbol más populares: [7] .... y [8] .... En Instagram uno de los puestos más importantes entre los hispanohablantes lo ocupa el tenista español [9] ....

2 **Todo el grupo** Comenta con tus compañeros estas preguntas.

¿Qué lenguas utilizas en internet?

¿Cuál usas más para leer?

¿Y para escribir o ver vídeos?

¿Sigues a hispanohablantes en las redes sociales? ¿A quiénes? ¿Por qué?

¿Qué perfiles son los más seguidos en tu país?

Vídeo

Cartelera DE CINE

El viaje de Carol

Sinopsis

Carol, una niña de 12 años de madre española y padre norteamericano, viaja por primera vez a España en la primavera de 1938 en compañía de su madre (Aurora). Su padre, a quien adora, es piloto en las Brigadas Internacionales. Cuando llega al pueblo materno, se encuentra con una familia que, además de vivir bajo los convencionalismos, oculta muchos secretos. Sin embargo, Carol, de carácter rebelde, se opone a ese ambiente opresivo. La complicidad con Maruja, las lecciones de vida de su abuelo Amalio y su amor por Tomiche le abrirán las puertas a un universo de sentimientos adultos que harán de su viaje un trayecto interior difícil, pero tierno, vital e inolvidable.

Antes de la secuencia

1 **Todo el grupo** Carol acaba de llegar desde Nueva York a un pequeño pueblo de España. ¿Qué cosas crees que puede echar de menos alguien que deja de vivir en una gran ciudad?

2 **En parejas** En la siguiente imagen, Carol se encuentra con unos niños del pueblo. ¿Por qué crees que los mira de ese modo?

3 **En parejas** La película transcurre en España durante 1938. ¿Qué cosas son típicas de esa época? Piensa en otras cosas que todavía no existían en ese año.

Cosas de esa época	Cosas que todavía no existían

Durante la secuencia

4 **Durante el fragmento 01:05 ▶ 02:42, Carol recorre el jardín de la casa y descubre algo. Visiónalo y responde a las preguntas.**

1. ¿Qué tipo de personas ve?
2. ¿Cuántas son?
3. ¿Cómo son?
4. ¿Dónde están?
5. ¿Qué crees que están haciendo?

5 **Visiona el fragmento 03:34 ▶ 04:26 y completa el diálogo.**

Maruja: ¡Aurorita!
Aurora: ¡Maruja!
Maruja: ¡Aurora!
Aurora: ¡Maruja!
Maruja: [1] .... que te vea, ¡qué guapa! Estás [2] ....
Aurora: No, tú sí que no has [3] .... nada. Ven, te voy a [4] .... a mi hija.
Maruja: Buenas tardes, don Amalio.
Amalio: Buenas tardes, Maruja.
Aurora: Esta es Carol.
Maruja: [5] .... de conocerte, Carol, soy Maruja. ¡Pero, bueno, es [6] .... que tú!
Aurora: *(A Carol).* No. Maruja primero fue mi [7] .... y, después, mi [8] .... amiga.
Amalio: Lo siento, pero nos esperan en Villablanca.
Maruja: Bueno, por mí no se [9] ...., ya tendremos tiempo de [10] ...., ¿no?
Aurora: Sí.

6 **En la escena que vas a ver, los tres protagonistas van cantando una canción infantil. Es una canción donde se dicen mentiras. Complétala con las palabras del recuadro. Luego visiona el fragmento 04:27 ▶ 05:01 y comprueba tus respuestas.**

mar | despacio | contar | liebres | sardinas | monte

Ahora que vamos [1] ....,
vamos a [2] .... mentiras, tralará.
Por el [3] .... corren las [4] ....;
por el [5] .... las [6] ...., tralará.

Después de la secuencia

7 **En parejas** **En la canción anterior se cuentan mentiras. Busca información en internet sobre alguna película que sea muy conocida. Escribe tres datos, uno falso y dos verdaderos. Tu compañero/a tiene que adivinar cuál es la información falsa.**

Ejemplo: ▶ *La película* Titanic *es del año 1997, su director fue James Cameron y está protagonizada por Scarlett Johansson.*
▷ *Pues yo creo que la protagonista era Kate Winslet.*
▶ *¡Sí! Has acertado.*

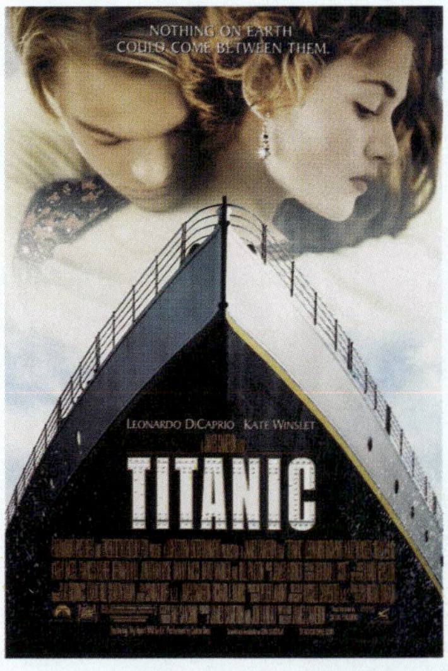

8 **En grupos pequeños** **Comenta con tus compañeros las siguientes cuestiones.**

1. ¿Crees que es difícil hacer amigos en una nueva ciudad? ¿Por qué?
2. ¿Recuerdas cómo conociste a tu mejor amigo/a?
3. Imagina que ahora estás en una situación parecida; ¿qué haces para conocer a gente nueva?

Evaluación

1 ¿De qué están hablando estas personas? Relaciona cada texto con una imagen. Luego escribe el nombre de lo que representa cada dibujo.

A ....

B ....

C ....

D ....

E ....

1. ☐ Yo las miro mucho, la verdad. Tengo perfil en todas; unas las uso más para comunicarme con amigos, otras para colgar fotos y otras para estar informado. Me encantan.
2. ☐ Es maravilloso; tú pones la información que buscas y en un momento tienes ahí delante todo lo que necesitas. No sé cómo hacían los trabajos de la escuela antes.
3. ☐ Yo antes tenía uno gratis que no funcionaba muy bien y el ordenador iba lentísimo. Ahora he comprado otro que te protege de todo y el ordenador va mucho mejor y me siento más seguro. Merece la pena gastar un poco de dinero en eso.
4. ☐ Mi ordenador tiene muy poca memoria, así que la mayoría los guardo en la nube. Además, de esa forma puedo verlos siempre que los necesito y no tengo que llevar el portátil a todos los sitios.
5. ☐ Mi móvil es un poco antiguo y no le dura mucho, así que siempre llevo una para poder recargarlo en caso necesario.

2 Completa la tabla con las formas verbales correspondientes.

	Presente de indicativo	Presente de subjuntivo
hacer	tú ›	nosotras › ....
encontrar	vosotros ›	yo › ....
dormir	nosotras ›	tú › ....
poner	usted ›	él › ....
bajar	yo ›	ustedes › ....
construir	ella ›	ellos › ....
ir	ellos ›	vosotros › ....
lavar	ustedes ›	usted › ....

3 Completa las instrucciones con los verbos del recuadro en imperativo afirmativo (forma *tú*).

introducir | elegir | hacer (2) | crear | entrar | abrir | poner | volver | pulsar (2) | escribir

[1] .... en la página www.compdoc.com. [2] .... tu dirección de correo, [3] .... una contraseña y [4] .... una cuenta. Después [5] .... tu correo y [6] .... clic en el enlace que has recibido. [7] .... a la página de inicio otra vez y [8] .... clic en "subir documento". [9] .... el documento que quieres compartir y [10] .... "aceptar". [11] .... la dirección de la persona con la que lo quieres compartir. [12] .... "aceptar" otra vez. Ya está.

4 **Transform las siguientes oraciones a imperativo negativo, como en el ejemplo.**

Ejemplo: *Borra las carpetas. > No borres las carpetas.*

1. Conéctate ahora. › ....
2. Sube las fotos a la web. › ....
3. Envía el correo mañana. › ....
4. Cierra la sesión. › ....
5. Guarda los archivos en la nube. › ....
6. Haz clic en el enlace. › ....
7. Pon el vídeo de la fiesta. › ....
8. Ábrete una cuenta. › ....

5 **Responde a las siguientes peticiones usando el imperativo afirmativo o negativo del verbo correspondiente y escribe los pronombres necesarios.**

Ejemplo:
▶ *¿Puedo usar tu teléfono?*
▷ *Claro, úsalo, úsalo, no lo necesito.*

▶ ¿Hago clic en este enlace?
▷ No, [1] ...., puede ser un virus.

▶ ¿Te bajo esta aplicación?
▷ Sí, por favor, [2] ...., es muy divertida.

▶ ¿Puedo ver el vídeo?
▷ No, [3] ...., es muy personal.

▶ ¿Te envío las fotos?
▷ No, [4] ...., gracias, ya las tengo.

▶ ¿Le limpio la pantalla del ordenador a Gloria?
▷ No, [5] ...., ya la limpió ella ayer.

▶ ¿Apago el ordenador?
▷ No, [6] ...., voy a usarlo yo ahora.

▶ ¿Puedo abrirme una cuenta?
▷ Claro, [7] .... si quieres.

6 **Escribe consejos en tu cuaderno para las siguientes situaciones.**

1. Una persona que va a viajar a tu ciudad.
2. Una persona con problemas de peso.
3. Una persona con problemas de concentración para estudiar.
4. Una persona que quiere hacer amigos.
5. Una persona que quiere aprender una lengua.

7 **Como has visto, en esta unidad hemos recordado algunos contenidos básicos de niveles anteriores. ¿Crees que ha sido útil? Marca la opción adecuada según tu experiencia.**

Ha sido útil...	Mucho	Bastante	Un poco	Nada
1. repasar el léxico relacionado con los dispositivos electrónicos.	☐	☐	☐	☐
2. repasar el léxico relacionado con las redes sociales e internet.	☐	☐	☐	☐
3. repasar las formas del presente de subjuntivo y sus usos básicos.	☐	☐	☐	☐
4. repasar las formas del imperativo y sus usos.	☐	☐	☐	☐
5. practicar cómo dar consejos e instrucciones.	☐	☐	☐	☐
6. conocer la presencia del español en las redes.	☐	☐	☐	☐

Unidad 3

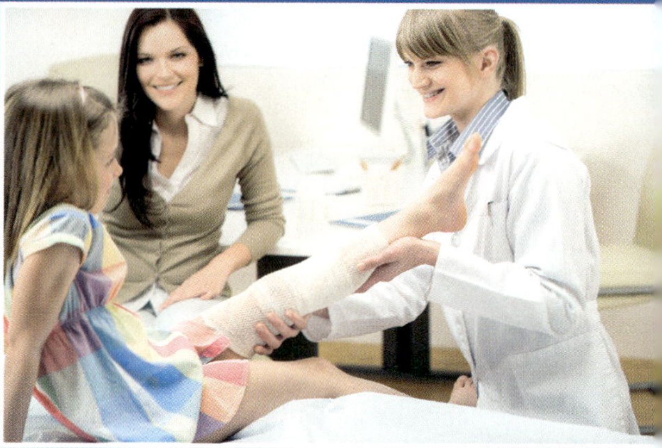

Fíjate en la imagen principal; ¿en qué etapa educativa crees que se encuentran estas personas?

Fíjate en la imagen del chico; ¿qué desea?

¿Y qué le aconseja la doctora a la niña?

¿Crees que la educación en Hispanoamérica es muy diferente a la de tu país?

Un poco de educación

En esta unidad vas a. . .

- Hablar de la educación presencial y virtual
- Expresar deseos y preferencias
- Dar consejos y hacer recomendaciones
- Hacer peticiones
- Dar órdenes, dar permiso y prohibir
- Conocer el estado actual de la enseñanza en algunos países de Hispanoamérica

¿Qué sabes?

1 **En parejas** Fíjate en las imágenes y asócialas a su etapa educativa correspondiente. Después relaciona cada etapa con la franja de edad en que se realiza. Ten en cuenta que hay dos de ellas que se realizan a la misma edad.

ESO son las siglas de *Educación Secundaria Obligatoria* y *FP*, de *Formación Profesional*, que es como se conoce a cualquier estudio de carácter práctico que te prepara para ejercer un oficio o profesión.

1. ☐ bachillerato		a. De 3 a 6 años.
2. ☐ infantil		b. De 6 a 12 años.
3. ☐ secundaria obligatoria (ESO)		c. De 12 a 16 años.
4. ☐ formación profesional superior (FP)		d. De 16 a 18 años.
5. ☐ primaria		e. De 18 a 22 años.
6. ☐ estudios superiores		

1.1 **En parejas** Completa las frases con las palabras adecuadas. Todas deben estar relacionadas con la enseñanza. Luego compara con tu compañero/a y comparte la información que tengas. ¿Habéis podido completar todas las frases entre los dos?

1. Para estudiar en un centro debes hacer o pagar la ....
2. Los niños, en el colegio, cada año cambian de ....
3. Recibes una .... cuando el Gobierno o una institución te ayuda económicamente en tus estudios.
4. Si un examen tiene una calificación inferior a 5, está ....
5. Historia, Física, Música o Matemáticas son ....
6. En el colegio puedo estudiar en la ...., donde hay muchos libros.
7. La calificación que recibimos por un examen o un trabajo es la ....
8. Si un examen tiene una calificación igual o superior a 5, está ....

1.2 **Todo el grupo** ¿Qué áreas y recursos puedes encontrar en un curso o un aula virtual? ¿Cuáles has utilizado? ¿Te parecen útiles?

2 Cuando alguien va a hacer un examen, le deseamos suerte. Sigue el ejemplo y escribe qué le dirías a una persona que...

1. va a una fiesta. › ....
2. cumple años. › ....
3. se va a dormir. › ....
4. va a casarse. › ....
5. se va de viaje. › ....
6. está enferma. › ....
7. está comiendo. › ....
8. tiene una entrevista de trabajo. › ....

3 **En parejas** ¿Recuerdas qué estructuras usamos para pedir y dar consejos? Con tu compañero/a, por turnos, pedid o dad consejos según las situaciones que se plantean.

Estudiante A

1. Todos los días vas en coche a trabajar. Tardas mucho en llegar por los atascos.
2. Estás de exámenes y no descansas bien por los nervios.
3. Necesitas ganar más dinero. Con tu sueldo no tienes suficiente porque tu alquiler es muy alto.

Estudiante B

1. Las clases comienzan muy pronto; siempre llegas tarde o te duermes y el/la profesor/a no te deja entrar.
2. Acabas de terminar el bachillerato y no sabes qué carrera hacer.
3. Es la primera vez que vas a una entrevista de trabajo. Necesitas el puesto.

4 **En parejas** Fíjate en las imágenes y completa los diálogos.

Palabras

1 **Lee la información que ha mandado esta universidad a sus nuevos alumnos y subraya todas las palabras que tengan relación con el ámbito de la educación.**

www.universidad.es

RECOMENDACIONES

Antes del inicio del curso, te aconsejamos que visites el campus para familiarizarte con el lugar. Para ello, hemos programado una jornada de puertas abiertas el próximo día 1 de septiembre. Puedes realizar también la visita virtual que proporciona nuestra intranet. Busca primero la secretaría, porque ese es el sitio donde te solucionarán cualquier duda que tengas sobre tu matrícula, tu beca (si has solicitado una), o también donde te informarán si deseas hacer unas prácticas o realizar un intercambio. Descárgate los horarios para saber cuándo tienes clase y en qué aulas se imparten tus asignaturas y date una vuelta para localizarlas. No te olvides de visitar el aula multimedia, la biblioteca y la sala de conferencias.

1.1 **En parejas** **Clasifica en la tabla las palabras que has subrayado. Luego compara con tu compañero/a. Si no coincidís, justifica tu respuesta.**

Forman parte del centro o de la institución	Forman parte del sistema educativo

2 **En parejas** **Relaciona cada palabra con su definición correspondiente.**

a. bachillerato | **b.** carrera | **c.** máster | **d.** graduado/a | **e.** nota | **f.** apuntes

1. ☐ Notas que se toman de las explicaciones del/de la profesor/a durante la clase.
2. ☐ Calificación que se recibe por un examen o trabajo.
3. ☐ Estudios universitarios.
4. ☐ Últimos años de la enseñanza secundaria.
5. ☐ Curso de especialización que se hace después de obtener el grado.
6. ☐ Persona que ha terminado una carrera universitaria y ha obtenido el grado.

2.1 **Completa el diálogo con las palabras de la actividad anterior.**

Eva: Hola, Paco.

Paco: ¿Qué tal, Eva? Ya sé por qué llamas... No, todavía no han salido las [1] ...., ja, ja, ja...

Eva: Es que estoy tan agobiada...

Paco: Ya verás como todo va a ir bien. ¿Has pensado ya qué [2] .... quieres hacer?

Eva: Me gustaría hacer Farmacia, pero vamos a ver la calificación final del [3] ....

Paco: Seguro que has pensado ya hasta en el [4] .... que quieres hacer cuando estés [5] ....

Eva: Pues sí, la verdad, pero después del examen que hice...

Paco: Seguro que lo hiciste mucho mejor que yo, y estoy seguro de que no tendré una mala calificación.

Eva: Oye, por cierto, ¿me puedes dejar tus [6] .... de Física?

Paco: Ja, ja, ja... ¡No me digas que te quieres poner a estudiar antes de saber la nota! ¡Cómo eres!

3 **En parejas** Relaciona los verbos y los sustantivos. Haz todas las combinaciones posibles. Luego escribe seis frases en tu cuaderno con algunas de las combinaciones que has hecho.

1. Matricularse en 2. Pedir 3. Sacar 4. Hacer 5. Tener 6. Aprobar 7. Suspender 8. Corregir 9. Repetir 10. Empezar	un una Ø	ejercicio. beca. asignatura. examen. buena o mala nota. escuela. curso/máster.

RAE

LÉXICO

En el español de México, Centroamérica y Argentina se dice ganar/reprobar una materia/un examen en lugar de aprobar/suspender y rendir un examen/una prueba en lugar de hacer:

*Terminó la escuela secundaria, pero no sacó su diploma por **haber reprobado** la materia de Inglés.*

*Nunca estudió, ni asistió a clases, ni nadie lo vio **rendir** examen alguno.*

4 **En grupos pequeños** A continuación tienes un campus virtual y sus áreas. Clasifica la información del recuadro dentro del área correspondiente.

1. Tablero de noticias | **2.** Foro de discusión | **3.** Enlaces a webs útiles | **4.** Trabajos de clase | **5.** Actividades prácticas | **6.** Encuestas | **7.** Recursos informáticos | **8.** Cuenta de correo propia

☐ ☐ Rincón del estudiante
- Listado de compañeros con sus fichas personales.
- Lista de correos de los miembros del aula.
- Chat para mantener conversaciones en directo.

☐ ☐ Secretaría
- Información de cursos: matrículas, reservas, cancelaciones, etc.
- Agenda virtual con la guía de actividades y el desarrollo del curso.

☐ ☐ Curso y contenidos
- Contenido teórico de las lecciones.
- Material de apoyo.
- Ejercicios de autoevaluación.

☐ ☐ Recursos
- Espacio para compartir archivos con el/la profesor/a y para ver las correcciones.
- Manual de ayuda.
- Bibliografía que se puede consultar.

4.1 **En grupos pequeños** ¿Has realizado alguna vez un curso en línea o has participado en un aula virtual? ¿Cómo fue la experiencia?

Gramática

1 Usos del subjuntivo (1): expresar deseos y preferencias

- Para expresar **deseos** y **preferencias** se usan los verbos *querer, desear, esperar, tener ganas de* o *preferir* en la oración principal.
  - Si el **sujeto** de la oración principal y el de la subordinada **son diferentes**, estos verbos van seguidos de *que* + **subjuntivo**:
    *¿**Quieres que acabemos** el trabajo luego?*
    *Te **deseo que todo te vaya** muy bien en el examen.*
    *Eva no **tiene ganas de que invitemos** a Juan, **prefiere que no venga**.*
  - Si el **sujeto** de las dos oraciones **es el mismo**, entonces estos verbos van seguidos de **infinitivo**:
    ***Esperamos irnos** de aquí pronto.*
- También se usa la interjección ***ojalá (que)*** seguida de subjuntivo:
  *¡**Ojalá (que) haga** buen día y **podamos** salir de excursión!*

1.1 **Completa las siguientes frases con infinitivo o *que* + subjuntivo según corresponda.**

1. El profesor me ha suspendido con un 4.9. Me ha dicho que quiere .... (estudiar) más. ¡Qué rabia me da!
2. Prefiero .... (dormir) en el hotel y .... (descansar). Luego vuelvo tranquilamente en el coche, no tengo prisa.
3. Espero .... (tener) suerte y .... (aprobar), pero reconoce que no has estudiado nada.
4. ¿Quieres .... (venir) al cine conmigo?
5. ¡Ojalá .... (mejorar, tú) y .... (salir) pronto del hospital!

1.2 **En parejas** **Javier (J) está hablando con Silvia (S) sobre su afición al teatro. Durante la conversación también le recomienda a Silvia algunas actividades de ocio para combatir el estrés. Relaciona las columnas y, con tu compañero/a, decide quién expresa cada deseo.**

1. ☐ Espero que	a. que alguno te interese.
2. ☐ ¡Ojalá	b. te mande algún enlace?
3. ☐ Yo no quiero	c. ir a la fisio y que me dé un masaje.
4. ☐ Prefiero	d. me contesten y que me acepten.
5. ☐ ¿Quieres que	e. que me vea nadie en ninguna revista.
6. ☐ Tengo ganas	f. te conviertas en un actor famoso!
7. ☐ Espero	g. de hacer algo nuevo.

1.3 [10] **Escucha el diálogo y comprueba tus respuestas anteriores.**

1.4 **En grupos pequeños** **Piensa en el futuro y completa libremente estas frases. Luego compártelas con tus compañeros. ¿En qué coincidís?**

1. Espero que al final del curso ....
2. Deseo que mi mejor amigo/a ....
3. ¡Ojalá mi familia ....!
4. Tengo ganas de que mis compañeros ....
5. No quiero ...., prefiero que ....
6. Tengo ganas ....

Fíjate:

- Existen muchas expresiones que sirven para manifestar buenos deseos a otra/s persona/s y que se construyen con ***que*** + **presente de subjuntivo**:

  *¡**Que os divirtáis!*** *¡**Que tengas** suerte!* *¡**Que duermas** bien!*

  Como ves, no es necesario expresar el verbo principal *(deseo, espero...)* porque se sobrentiende.
- Estas expresiones funcionan como fórmulas sociales fijas y suelen escribirse entre signos de exclamación.

1.5 **En parejas** Relaciona las expresiones con los contextos en los que se usan. Luego compara con tu compañero/a para ver si tenéis las mismas soluciones. Si no es así, justifica tu respuesta.

1. ¡Que te mejores!	a. A alguien que se va de vacaciones o de fiesta.
2. ¡Que vaya bien!	b. Cuando una persona se casa.
3. ¡Que lo pases bien!	c. A alguien que se va a dormir.
4. ¡Que seáis felices!	d. Cuando una persona está enferma.
5. ¡Que cumplas muchos más!	e. A alguien que está comiendo o va a hacerlo.
6. ¡Que descanses!	f. Cuando una persona se va de viaje.
7. ¡Que aproveche!	g. A alguien que va a hacer una entrevista de trabajo.
8. ¡Que tengas buen viaje!	h. Cuando es el cumpleaños de una persona.

RAE

COMUNICACIÓN

En Hispanoamérica, algunas de estas expresiones son algo diferentes.

- Que la pases bien: *Sophie, si te vas a quedar aquí unos días, es mejor **que la pases bien**, ¿no?*
- Que te vaya bonito (México): *Ojalá **que te vaya bonito**, ojalá que se acaben tus penas.*
- Que los cumplas feliz (Argentina): *Germán entra con una pequeña torta con 40 velitas encendidas y canta "**Que los cumplas feliz**".*
- Que te alivies: *Mami, espero **que te alivies** para que podamos estar juntas y vayamos a España de vacaciones.*

2 Usos del subjuntivo (2): dar consejos y hacer recomendaciones

- Para **dar consejos** y **hacer recomendaciones** se pueden usar los verbos ***aconsejar***, ***recomendar*** y ***sugerir*** seguidos de **infinitivo** o **subjuntivo**:

  *Os **recomendamos buscar/que busquéis** en otras tiendas antes de comprarlo.*
  *El profesor siempre nos **aconseja leer/que leamos** mucho.*
  *Te **sugiero ver/que veas** esta película; te va a gustar más que la otra.*

- *Es* *conveniente* / *recomendable* / *aconsejable*
  - + **infinitivo**, para hablar de **acciones o situaciones generales**:
    ***Es recomendable estudiar** todos los días un poco.*
  - + *que* + presente de **subjuntivo**, para **personalizar el consejo**:
    *Luisa, **es conveniente que seas** más puntual.*

2.1 **En grupos pequeños** Escribe cinco consejos para sacar buena nota en un examen y compártelos con tus compañeros de grupo. ¿Coincidís? Utiliza las expresiones para dar consejos que aparecen en el cuadro anterior.

2.2 **Todo el grupo** Poned en común vuestros consejos y llegad a un acuerdo respecto a cuáles son los cinco más útiles.

2.3 **Lee los consejos que aparecen en este texto y complétalo con los verbos del recuadro en subjuntivo o infinitivo según corresponda.**

estudiar | creer | preparar | leer | revisar | informarse | dejar | estar | hablar

Diez claves para sacar buena nota en un examen

1. Es conveniente .... el examen con antelación para conseguir un buen resultado.
2. Te aconsejo que .... previamente de qué tipo de examen vas a hacer. No es lo mismo preparar un test que un examen en el que hay que desarrollar un tema.
3. El día previo a la prueba es recomendable no .... y solo repasar lo que ya has aprendido.
4. El día del examen es aconsejable .... tranquilo y ordenar bien las ideas que vas a desarrollar.
5. Es conveniente que .... en tus capacidades para tener éxito.
6. No te recomiendo .... con compañeros nerviosos, ni tampoco que llegues con poco tiempo.
7. Te sugiero que .... atentamente las instrucciones y los enunciados para poder responder bien a las preguntas.
8. Es aconsejable no .... nunca una pregunta en blanco. Es mejor responder con alguna idea que no escribir nada.
9. Te recomiendo que .... el examen antes de entregarlo.
10. Piensa siempre que un examen es solo el resultado de una prueba y no da nunca la medida de tu capacidad personal.

2.4 **Todo el grupo** **Ahora comparad vuestros consejos con los que aparecen en el texto. ¿Hay alguno que coincide? ¿Cuál de los que no coinciden te parece más útil? Justifica tu respuesta.**

3 Usos del subjuntivo (3): hacer peticiones

Para **hacer peticiones** se usan los verbos ***pedir***, ***rogar*** y ***suplicar*** seguidos de ***que*** + **subjuntivo**:

*Te **pido**, por favor, **que vuelvas** pronto y **que** me **ayudes**.*

*El director **ruega que permanezcamos** en silencio.*

> Fíjate:
> Los verbos ***rogar*** y ***suplicar*** se usan en situaciones muy formales o bien cuando queremos pedir algo con mucho énfasis:
> *Le **ruego** que se siente, por favor.* *¡Te **suplico** que me ayudes!*

3.1 **Reescribe las siguientes peticiones usando el subjuntivo y relaciónalas con su imagen correspondiente.**

1. ☐ ▶ ¡Explícamelo, te lo suplico, no lo entiendo!
   ▷ Lidia le suplica a Maribel ....
2. ☐ ▶ ¡Te lo ruego, perdóname!
   ▷ Eva le ruega a su amiga ....
3. ☐ ▶ Mamá, déjame tu coche, anda.
   ▷ Juan le pide a su madre ....
4. ☐ ▶ Sal más, ve al gimnasio y cuídate.
   ▷ El médico le pide a Jorge ....

4 Usos del subjuntivo (4): dar órdenes, dar permiso y prohibir

- Para **dar órdenes** puedes usar los verbos *mandar* y *ordenar*, y para **dar permiso y prohibir**, los verbos *dejar*, *permitir* y *prohibir*. Al igual que en casos anteriores, pueden ir seguidos de **infinitivo** o **subjuntivo**:

  *Le **han mandado hacer/que haga** los deberes.*
  *A mi hijo lo **dejo salir/que salga** un rato, pero solo hasta las ocho.*
  *Os **permito usar/que uséis** el diccionario durante el examen.*
  *Mi jefa nos **prohíbe utilizar/que utilicemos** el móvil en la oficina.*

- En carteles es frecuente el uso de fórmulas impersonales: ***se prohíbe/permite, está permitido/prohibido*** seguidas de **infinitivo**:

  ***(Está) Prohibido pisar** el césped.*
  ***Se permite viajar** con perros convenientemente atados y con bozal.*

Fíjate:

- El verbo ***ordenar*** se usa en situaciones muy especiales: cuando la persona que lo usa está muy enfadada y tiene una relación jerárquica de superioridad con el interlocutor (los padres con sus hijos, por ejemplo). En otros contextos, su uso puede resultar muy descortés y ofensivo.
- Recuerda que para dar órdenes se usa principalmente el **imperativo**:

  ***Venid** aquí inmediatamente.*

4.1 Transforma estas frases usando los verbos del cuadro anterior. Fíjate en el ejemplo.

Ejemplo: ***Ve** a clase ya.* › *Te **ordeno que vayas** a clase ya.*

1. Salid inmediatamente. › ....
2. Apaga la televisión ahora mismo. › ....
3. No abras la puerta a nadie. › ....
4. Coged mi móvil si necesitáis llamar. › ....
5. Ponte mi chaqueta si quieres. › ....
6. Responda usted a mi pregunta. › ....
7. Aquí no se puede fumar. › ....
8. No podéis salir durante las clases. › ....

5 Analiza las siguientes frases y relaciónalas con su función correspondiente. Después añade un ejemplo más de cada categoría.

a. ¡Que seáis muy felices!
b. La profesora me ha mandado repetir los deberes.
c. No os dejo que vayáis allí, es peligroso.
d. Es conveniente que descanses antes del examen, Marta.
e. Les rogamos que disculpen las molestias.
f. ¡Ojalá que nos podamos ver pronto!
g. En esta cafetería está permitido entrar con mascotas.

1. ☐ Deseos y preferencias ....
2. ☐ Fórmulas sociales para expresar deseos ....
3. ☐ Consejos y recomendaciones ....
4. ☐ Peticiones ....
5. ☐ Órdenes ....
6. ☐ Permiso ....
7. ☐ Prohibición ....

Practica en contexto

1 **En parejas** Daniel y Ana son compañeros de clase y están hablando de lo que les gustaría hacer cuando terminen la secundaria. Ordena el diálogo junto a tu compañero/a.

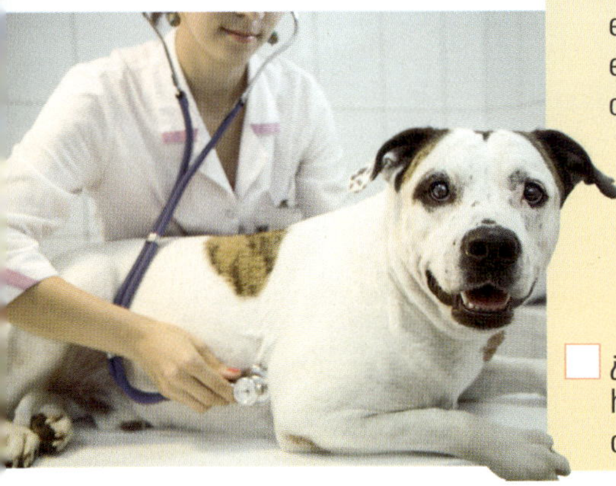

- 1 Daniel, ¿tú has decidido ya lo que quieres hacer después de la secundaria?
- ☐ Buena idea, hablaré con ella. Ojalá pueda ayudarme. Oye, y tú, ¿qué vas a hacer?
- ☐ Pero ¿qué es lo que quieres tú? ¿Qué te interesa estudiar a ti?
- ☐ La verdad es que no. Por un lado, pienso en el bachillerato porque a mi madre le hace muy feliz que me matricule en la universidad y haga Medicina, como hizo ella, y mi padre solo me recomienda que estudie algún idioma con mucho futuro, como el chino. Pero, por otro lado...
- ☐ Pues eso... Ya sabes que a mí lo que me gusta es dibujar y, aunque me apetece aprender un idioma, también quiero estudiar Diseño Gráfico.
- ☐ ¿Sabes? Creo que es importante que hables con nuestra tutora. Te veo confuso... Ojalá te ayude a aclararte y te dé algún consejo interesante. Mónica me ha parecido una profesora muy maja.
- ☐ Oye, ¿por qué no les recomiendas a tus padres que hablen ellos también con nuestra tutora?
- ☐ Me lo imaginaba, con lo que te gustan los animales... ¿Y se lo has dicho a tus padres?
- ☐ Claro..., y se pasan el día aconsejándome que lo piense bien, que no decida todavía nada...
- ☐ Yo lo tengo muy claro. A mi padre, al igual que a tu madre, le encanta la idea de que me matricule en Medicina, mientras que mi madre quiere que me gradúe en algo relacionado con los negocios y prefiere que me vaya a estudiar a otro país; así, de paso, también aprendo un idioma. Pero yo sueño con llegar a ser veterinaria.
- 11 Ja, ja, ja... Pues es verdad, tienen ellos más dudas que yo.

Pedir, dar y agradecer un consejo

- Para **pedir un consejo** puedes usar las siguientes expresiones:
  - ¿Puedes aconsejarme?
  - ¿Qué me recomiendas/aconsejas?
  - ¿A ti qué te parece?
  - ¿Qué puedo hacer?
- Recuerda los verbos y expresiones que has aprendido para **dar consejos**:
  - *Te aconsejo/recomiendo/sugiero* + infinitivo/*que* + subjuntivo
  - *Es conveniente/aconsejable/recomendable* + infinitivo/*que* + subjuntivo
- Para **dar las gracias** puedes usar expresiones como:
  - Muchas gracias por todo/tu consejo.
  - Te agradezco mucho tu ayuda.
  - Me has ayudado mucho, ¡gracias!

1.1 [11] Escucha la conversación y comprueba tu respuesta anterior.

1.2 **En parejas** Elige uno de los papeles (A o B) y, por turnos, pide y da consejos a tu compañero/a. Comienza el estudiante A.

Estudiante A

- Preguntas a tu compañero/a qué quiere hacer después del bachillerato.
- Te parece que los idiomas tienen más posibilidades de trabajo que Historia.
- Le aconsejas que vaya a un país donde se hable el idioma que estudie. Crees que el chino es una buena opción.
- El fin de semana vas a hacer un curso en línea de programación de videojuegos.
- Deseas dedicarte a crear videojuegos. Esperas que una escuela importante te acepte.
- No sabes qué hacer en caso de que no te acepten. Le pides consejo a tu compañero/a.

Estudiante B

- No sabes muy bien qué estudiar: idiomas o Historia. Le pides consejo a tu compañero/a.
- Pídele también consejo sobre dónde estudiar: aquí o en otro país y, además, qué idioma tiene más futuro.
- Preguntas a tu compañero/a qué va a hacer el próximo fin de semana.
- Le preguntas si quiere dedicarse a eso y por qué.
- Quieres saber qué hará si la escuela no lo acepta.
- Le aconsejas que busque otra escuela, que se informe bien en internet porque seguro que hay muchas escuelas buenas.

2 Daniel te ha escrito un mensaje. Léelo y dale consejos sobre cada tema que plantea.

Hola. Es que estoy pensando en estudiar chino en la universidad, así mis padres se quedan contentos; al mismo tiempo, quiero hacer un curso de diseño gráfico en línea, sin decirles nada a ellos. Puedo pedir una beca o trabajar este verano para pagármelo. ¿A ti qué te parece? Por cierto, ¿sabes de algún trabajo? 😅

....

....

....

2.1 **En grupos pequeños** Comparte tu mensaje con tus compañeros. ¿Habéis coincidido en alguno de vuestros consejos? ¿Cuál crees que debe ser el criterio principal a la hora de elegir qué estudiar?

Interaccionar en una conversación

- Para indicar que **sigues con interés** lo que te cuentan, puedes usar:
  - Sí, sí, claro./Sí, ya.
  - ¿De verdad?/¿En serio?
  - ¡Vaya!
- Para **controlar la atención** de la persona con la que hablas, puedes decir:
  - Mira.../Oye...
  - ¿No?/¿Sí?
  - ¿Vale?/¿Me entiendes?

3 [12] Al final Daniel decide hablar con su tutora. Escucha y señala cuál de los dos, Daniel (D) o la tutora (T), expresa las ideas que tienes a continuación.

1. ☐ Las escuelas privadas de diseño gráfico cuestan mucho.
2. ☐ No se puede pagar el curso pidiendo una beca.
3. ☐ Su sueño es trabajar en el diseño de videojuegos y cómics.
4. ☐ Hay que perseguir lo que se desea.
5. ☐ Diseño Gráfico es una carrera con un gran futuro profesional.
6. ☐ Va a hablar con sus padres para explicarles sus planes.

3.1 **Todo el grupo** Mario Benedetti fue un escritor, poeta, dramaturgo y periodista uruguayo del siglo pasado. Lee la frase de Benedetti que cita la tutora; ¿qué crees que quiere decir?

Ojalá que la espera no desgaste mis sueños.

3.2 **En parejas** Y tú, ¿qué deseos tienes para tu futuro a corto o medio plazo? Piensa en tus estudios, en tu trabajo y en tu vida personal. Coméntalo con tu compañero/a.

3.3 **En parejas** ¿Qué le aconsejas a tu compañero/a para que consiga sus propósitos?

3.4 **Todo el grupo** ¿Crees que los sueños se pueden hacer realidad? ¿Te consideras una persona soñadora?

4 **En parejas** ¿Sabes qué significa la palabra *netiqueta*? Fíjate bien en cómo está formada y elige la definición correcta.

1. Reglas que se deben seguir para hablar con desconocidos en las redes sociales.
2. Normas que regulan el comportamiento de los usuarios cuando interactúan en internet.
3. Conjunto de sanciones relativas a comportamientos inapropiados en la red.

4.1 Lee el siguiente texto y comprueba tu respuesta anterior.

La netiqueta en el aula virtual

La *netiqueta*, palabra derivada del inglés *net* ('red') y del francés *etiquette* ('buena educación'), es el conjunto de normas que regulan el comportamiento de los usuarios en las diversas plataformas de internet. De la misma manera que existen protocolos[1] para los encuentros presenciales entre personas, la netiqueta describe protocolos que se deben utilizar en los encuentros virtuales.

Ajustarse a las normas de la netiqueta permite evitar malentendidos y problemas entre usuarios, al tiempo que impide que la actuación de un usuario pueda molestar a otros o que se usen los recursos del sistema de forma inapropiada.

Nuestra plataforma educativa tiene sus propias normas de netiqueta. Por ejemplo, está completamente prohibido que los usuarios utilicen la plataforma con fines comerciales. También les pedimos que en los chats y en los foros cuiden la ortografía o que en los mensajes enviados especifiquen siempre el asunto. Estas son solo algunas de las normas que mejoran notablemente la experiencia en nuestras aulas virtuales.

[1] Conjunto de reglas de cortesía que se siguen en las relaciones sociales y que han sido establecidas por costumbre.

Adaptado de http://datateca.unad.edu.co/contenidos/434206/434206/anexo_4_netiqueta_en_la_plataformas_de_unad_virtual.html

4.2 **En parejas** Con tu compañero/a, resume en una línea cada párrafo del texto.

1. ....
2. ....
3. ....

5 **En grupos pequeños** Piensa en cinco normas que, según tú, debe incluir la netiqueta de cualquier campus virtual.

Pedimos a los usuarios que... ....

....

....

....

5.1 **Todo el grupo** Compartid vuestras normas con la clase y, entre todos, elegid las diez más útiles para elaborar la netiqueta de una plataforma educativa virtual.

5.2 [13] Escucha a la profesora de un aula virtual que habla sobre las normas de netiqueta de su curso en línea y comprueba si las que has escrito con tus compañeros se encuentran entre ellas.

5.3 Escucha de nuevo y clasifica las normas en la tabla según corresponda.

[13]

Te pedimos que...	Te rogamos que...	Está prohibido que...	Está permitido que...

5.4 **Todo el grupo** En las aulas virtuales en las que has participado, ¿crees que los integrantes respetaban las normas de netiqueta? ¿Recuerdas alguna anécdota en este sentido? Coméntalo con tus compañeros.

6

En parejas Relaciona los siguientes iconos con las actividades que aparecen destacadas en las distintas áreas de un campus virtual.

Rincón del estudiante
a. Ver la ficha personal.
b. Chatear con los compañeros.
Recibir las notas.
Ver mensajes de los profesores.
Consultar el correo.

Secretaría
Ver el tablero de anuncios.
e. Solicitar un diploma o certificado.
Pedir información.
Matricularse.
Cancelar el curso.

Curso y contenidos
Participar en talleres.
Consultar el programa.
c. Ver las lecciones del curso.
Participar en foros.
d. Hacer test de evaluación.

Recursos
Ver enlaces de interés.
Consultar bibliografía.
Enviar trabajos al/a la profesor/a.
f. Descargar el material del curso.
g. Solicitar ayuda del servicio técnico.

6.1 **En parejas** Imagina un campus virtual de español. ¿Qué recursos y servicios crees que debe ofrecer en cada una de sus áreas (rincón del estudiante, secretaría, curso y contenidos y recursos)? Trabaja con tu compañero/a.

6.2 **Todo el grupo** Comparte con la clase tu campus virtual de español ideal. ¿Qué recursos y servicios os parecen imprescindibles?

6.3 **Todo el grupo** ¿Qué ventajas e inconvenientes crees que tiene la enseñanza virtual frente a la presencial? ¿Y en lo referente al aprendizaje de lenguas?

Expresar preferencia

Además del verbo ***preferir***, para decir que algo nos parece mejor podemos usar:

- ***Me gusta/interesa más que*** + presente de subjuntivo

  Me gusta más que *haya profesores en línea.*
  *¿**No te interesa más que** haya material descargable?*
- **Lo que más/menos me gusta/interesa es/son...**

  Lo que más me gusta es *el foro.*
  Lo que menos me interesa son *los talleres.*

LA ENSEÑANZA EN Hispanoamérica

1 **En parejas** Lee lo que los estudiantes de Chile, Colombia y México esperan de sus profesores. Ordénalo de más a menos importante según tu opinión.

- [ ] Que incorporen materiales novedosos en el aula.
- [ ] Que utilicen las nuevas tecnologías.
- [ ] Que sepan aplicar estrategias y metodologías diversas.
- [ ] Que crean en las capacidades de los estudiantes.
- [ ] Que sepan escuchar y nos permitan opinar.
- [ ] Que transformen las evaluaciones en un desafío para aprender.
- [ ] Que disfruten de lo que hacen.
- [ ] Que creen oportunidades para que todos puedan aprender.
- [ ] Que utilicen espacios de aprendizaje diversos.
- [ ] Que generen un ambiente de confianza y participación.

Adaptado de https://www.flipwit.com/blog/super-profesor/que-esperan-los-estudiantes-de-sus-profesores/

1.1 **Todo el grupo** Tu profesor/a te dirá el orden en que habían puesto los temas los estudiantes hispanoamericanos. ¿En qué habéis coincidido? ¿Te llama la atención especialmente alguno de los temas? ¿Por qué?

2 **En parejas** Lee el texto sobre los avances en la educación en Hispanoamérica y relaciona los fragmentos de las dos columnas para completar la información.

En los últimos años se han producido cinco avances muy significativos en la educación en Hispanoamérica que muestran, en buena parte, el desarrollo del sector en la región y plantean grandes desafíos para el futuro de la enseñanza en los países de habla hispana.

1. Más niños asisten a la escuela tanto en la educación preescolar como en la primaria y la secundaria.
2. La prueba PISA muestra que algunos países han mejorado sus niveles de aprendizaje.
3. En casi todos los centros los estudiantes tienen acceso a un ordenador.
4. Los Gobiernos de la región invierten cada vez más en educación.
5. Actualmente, el número de estudiantes que completan la secundaria es muy superior al de hace diez años.

a. Perú y Colombia han mejorado en Matemáticas, Ciencias y Lectura.
b. En los últimos años, el gasto público en educación ha pasado del 4.2 % del producto interior bruto al 5.9 % como promedio en estos países.
c. Se ha conseguido que más de un 95 % de niños de 6 a 14 años asistan al colegio.
d. Se ha aumentado del 51 % al 60 % en secundaria y del 33 % al 42 % en bachillerato.
e. Se ha mejorado notablemente, llegando en la actualidad a 14 estudiantes por ordenador en los centros públicos.

Adaptado de https://blogs.iadb.org/educacion/es/cima-5-avances-clave-de-la-educacion-en-america-latina-y-el-caribe/

3 **Todo el grupo** ¿Conoces los datos de tu país? ¿Cuántos estudiantes completan la secundaria? ¿De qué recursos tecnológicos disponen los centros públicos? Busca la información en internet y compártela con tus compañeros.

Cartelera DE CINE

Diario argentino

Sinopsis

Lupe, después de varios años, vuelve a Argentina desde España para hacer unos trámites. Allí se reencuentra con su madre, su padrastro y sus amigas.

Durante su viaje a Mar del Plata, rememora con ellos recuerdos de su infancia, de su padre fallecido y de la evolución política de Argentina. Desde un punto de vista autobiográfico, la película profundiza en las experiencias políticas de sus protagonistas y en el deseo de Lupe, como emigrante, de volver algún día a su país.

Antes de la secuencia

1 **Todo el grupo** Lupe visita Mar del Plata para pasar unos días de descanso. Buscad en internet información sobre esta ciudad y anotad los datos más importantes.

2 ¿Quién de estas personas crees que recibirá a Lupe? Marca las posibles respuestas.

3 **Todo el grupo** Imagina qué tipo de conversación puede mantener Lupe con sus seres queridos nada más llegar a Argentina después de varios años. ¿De qué temas crees que hablarán? Coméntalo con tus compañeros.

Durante la secuencia

4 Mira el fragmento 00:00 ▶ 02:07 y comprueba tus respuestas anteriores. ¿Has acertado?

4.1 **En parejas** Lupe llega a Mar del Plata desde Buenos Aires y allí es recibida por sus familiares. Lee las siguientes frases y decide si son verdaderas (V) o falsas (F). Luego visiona de nuevo el fragmento 00:00 ▶ 02:07 para comprobar tus respuestas.

1. Mario y su madre esperan a Lupe en el andén de la estación. .... V F
2. Mario dice que está más viejo desde que no ve a Lupe. .... V F
3. Desde que Lupe se marchó a España, la han pasado muy bien. .... V F
4. Mario dice que extraña a los hijos de Lupe, en especial a Ciro. .... V F
5. El tren no llegó puntual. .... V F
6. Mario llevaba más de una hora en la estación porque estaba nervioso. .... V F

5 Lupe llama a su familia a Barcelona. Visiona el fragmento 03:05 ▶ final, escucha la conversación que mantiene con Carlos, su marido, y escribe las palabras que faltan.

Lupe: Hola, [1] .... ¿Qué tal?
Carlos: Bien, acá estaba acostando a los chicos. Bueno, se levantó Yuri para [2] .... el teléfono, pero ahora lo acuesto enseguida. ¿Y allí qué tal?
Lupe: Bien, bastante frío.
Carlos: No, yo acá cagado de [3] ...., no se puede estar. ¿Dónde estás?
Lupe: Acá en Mar del Plata.
Carlos: ¿Cómo en Mar del Plata? ¿Ya te fuiste? ¿Y el turno del [4] ....?
(El teléfono comienza a pitar).
Lupe: No, es que no tengo más [5] ...., me parece, por eso hace ese [6] ....
Carlos: Bueno, llamame después.
Lupe: Bueno, bueno, después te llamo.

6 Visiona la secuencia completa y elige la opción correcta.

1. **En la estación...**
   a. hay mucha gente.
   b. no hay prácticamente nadie.
2. **En el coche...**
   a. Mario conduce.
   b. la madre de Lupe conduce.
3. **En la cabina de teléfono...**
   a. el hijo de Lupe contesta a la llamada.
   b. el marido de Lupe contesta a la llamada.
4. **Mientras Lupe habla por teléfono...**
   a. unos chicos juegan al tenis.
   b. unos chicos juegan al fútbol.

Después de la secuencia

7 **En grupos pequeños** Durante la secuencia, Mario le dice a Lupe "la pasamos muy dura", en referencia a los incidentes ocurridos en Argentina en diciembre de 2001 y en los meses posteriores. Busca en internet información sobre qué ocurrió exactamente en esa fecha en Argentina y escribe un resumen. Luego compara con tu compañero/a.

....
....
....
....

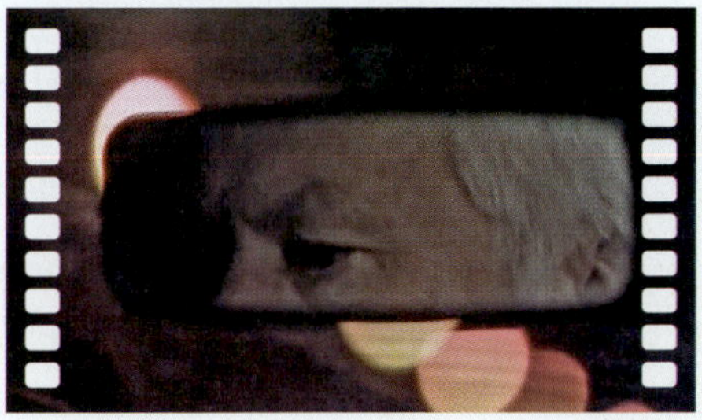

7.1 **Todo el grupo** En caso de tener que emigrar, ¿qué país crees que elegirías? ¿Por qué?

Evaluación

1 Completa el texto con las palabras del recuadro.

nota | beca | curso | aprobadas | matrícula | secretaría | prácticas | intercambio

Si quieres pedir una [1] .... para pagar la [2] .... del próximo [3] ...., debes acudir a [4] ...., donde te informarán de los trámites necesarios. Allí también puedes solicitar hacer [5] .... en alguna empresa o un [6] .... con alguna universidad de otro país. Para solicitar ayudas es fundamental tener todas las asignaturas [7] .... y haber alcanzado en el último curso una [8] .... media de 6.

2 Lee estas definiciones y escribe la palabra a la que se refieren.

1. .... Notas que se toman durante la clase.
2. .... Estudios que se hacen entre los 6 y los 12 años.
3. .... Estudios que preparan para realizar una profesión.
4. .... Últimos años de la enseñanza secundaria.
5. .... Curso de especialización que se hace después del grado.
6. .... Persona que ha obtenido el grado universitario.

3 Relaciona los elementos de las dos columnas para formar frases.

1. Hemos pedido...
2. Pablo aprobó...
3. Hoy he hecho...
4. Si suspende todo,...
5. En el trabajo de Historia...
6. Me matricularé solo...
7. La profesora aún no...
8. Eva ha sacado...

a. el examen.
b. buena nota en todas las asignaturas.
c. una beca de investigación.
d. he tenido muy buena nota.
e. un examen y creo que me ha salido muy bien.
f. de dos asignaturas.
g. tendrá que repetir curso.
h. ha corregido nuestros trabajos.

4 Conjuga los verbos entre paréntesis en la forma adecuada.

1. Te rogamos que nos .... (decir) la verdad, por favor.
2. Ojalá esta tarde .... (hacer) mejor tiempo y .... (dejar) de llover.
3. El director ha ordenado que el instituto .... (cerrar) una hora antes.
4. La profesora siempre nos aconseja .... (practicar) mucho.
5. ¿Dónde prefieres .... (ir) esta tarde?
6. Os he pedido que .... (venir) para contaros una cosa importante.
7. Os recomiendo que .... (alquilar) un coche para recorrer la región.
8. El profe nos ha prohibido .... (usar) el móvil durante el examen.

5 Relaciona las frases de la actividad anterior con estos usos del subjuntivo.

Expresar deseos y preferencias	Dar consejos y hacer recomendaciones	Hacer peticiones	Dar órdenes, dar permiso y prohibir

6 Fíjate en las imágenes y expresa un deseo usando ¡*Que* + presente de subjuntivo!

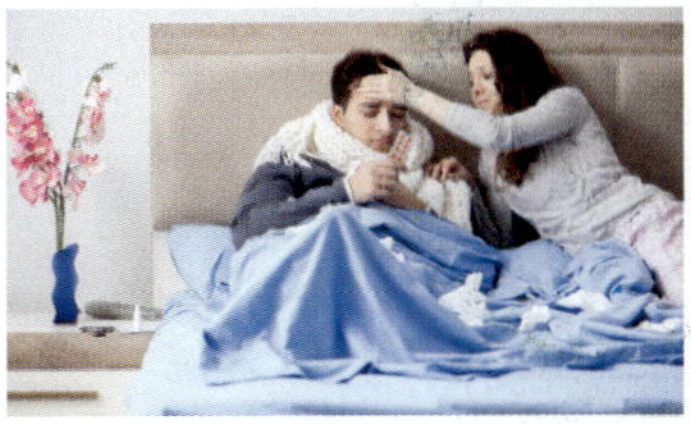

1. ....

2. ....

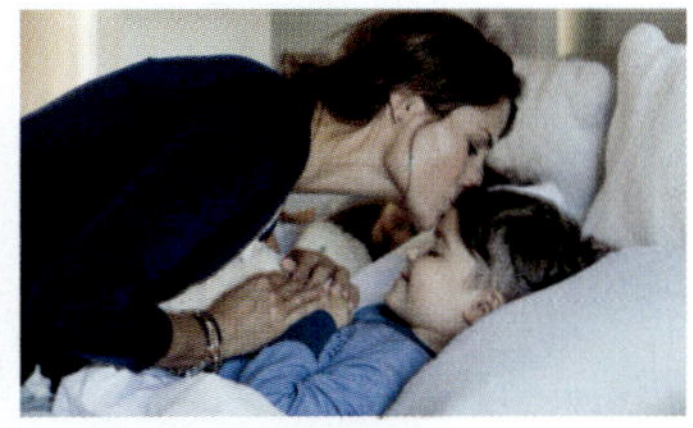

3. ....

4. ....

5. ....

6. ....

7 Imagina que un/a compañero/a de un aula virtual te pide consejo en el chat para aprovechar bien el curso y lo que ofrece el campus. Escribe en tu cuaderno una respuesta de unas cien palabras.

8 Imagina que eres profesor/a. Escribe tres cosas que permites que hagan tus estudiantes y otras tres que les prohíbes.

Os dejo que...

1. ....
2. ....
3. ....

Os prohíbo que...

1. ....
2. ....
3. ....

9 Reescribe las frases donde sea posible usar el infinitivo en lugar del subjuntivo.

1. Esperamos que el examen no sea muy difícil. › ....
2. Te recomiendo que vayas a ese restaurante, es muy bueno. › ....
3. En la piscina no te dejan que entres con perro. › ....
4. La secretaria me ha pedido que lleve una fotocopia del carné. › ....
5. Nos han ordenado que salgamos de la biblioteca. › ....
6. ¿Prefieres que hable yo con Laura? › ....

10 ¿Qué tipo de técnicas de estudio te resulta más útil para cada destreza o contenido? Márcalo en la tabla y luego explica tus razones al resto de la clase.

	Gramática	Vocabulario	Comunicación
De repaso: basadas en la práctica reiterada.	☐	☐	☐
De elaboración: basadas en la memorización.	☐	☐	☐
De organización: basadas en la reflexión.	☐	☐	☐

Unidad

4

Fíjate en la imagen principal y en el título de la unidad; ¿cuál crees que es el tema que se va a tratar?

¿Qué relación puedes establecer entre la imagen principal y el resto de las imágenes?

¿Crees que llevas un estilo de vida sostenible? Justifica tu respuesta.

¡Súmate!

En esta unidad vas a. . .

- Opinar sobre el medioambiente
- Expresar juicios de valor y certeza
- Debatir y posicionarte
- Expresar acuerdo y desacuerdo con una opinión
- Descubrir paraísos naturales de Latinoamérica en peligro

¿Qué sabes?

1 **Todo el grupo** ¿Sabías que la naturaleza está en peligro desde hace muchos años? Lee este fragmento de un libro que Miguel Delibes de Castro, famoso biólogo español, escribió en el año 2001. Luego responde a las preguntas y expresa tu opinión.

RAE

Vida. La naturaleza en peligro

Un canadiense medio precisa[1] casi ocho hectáreas para cubrir los requerimientos[2] que demanda su modo de vida actual, mientras que un ciudadano norteamericano necesita unas diez, un sueco alrededor de seis, un italiano y un español algo más de cuatro, un mexicano dos y media y un hindú menos de una hectárea. La Tierra produce y recicla en la actualidad el equivalente a dos hectáreas por habitante (si en el año 2050 la población alcanza los 10 000 millones, el espacio productivo caerá a 1.2 hectáreas por cabeza) y, sin embargo, la impronta promedio[3] de la humanidad es ya hoy superior a dos hectáreas y media. El conjunto de la humanidad está, por tanto, consumiendo más de lo que la naturaleza puede proporcionar sin deteriorarse[4].

> Fíjate:
> La *hectárea global* es una medida que se obtiene al dividir la biocapacidad de la Tierra (15 000 millones de hectáreas) entre el número de personas que habitan en ella. La cifra que resulta es el número de hectáreas que cada ser humano puede emplear para vivir sin reducir la capacidad de biogeneración del planeta.

[1] Precisar = necesitar, requerir.
[2] Requerimiento = exigencia.
[3] Impronta promedio = huella global o ecológica, el impacto que el ser humano produce en la naturaleza para satisfacer sus necesidades.
[4] Deteriorarse = estropearse, perder calidad.

Extraído de *Vida. La naturaleza en peligro*, Miguel Delibes de Castro, editorial Temas de Hoy, 2001. Incluido en el CREA (Corpus de Referencia del Español Actual)

1. ¿Por qué crees que algunas nacionalidades necesitan más hectáreas que otras para abastecerse?
2. ¿Cuántas hectáreas por habitante regenera la Tierra, según el texto?
3. ¿Por qué crees que consumimos más de lo que debemos?
4. El texto que has leído es del año 2001. En aquel momento la huella global era de unas 2.5 hectáreas. Actualmente la huella global está en 2.8. ¿Qué conclusiones se pueden sacar?

1.1 **En parejas** Haz esta encuesta a tu compañero/a para conocer sus hábitos. Después analiza el resultado.

Alimentación

1. **¿Qué comes normalmente?**
   a. Alimentos frescos, frutas y verduras de la zona donde vivo.
   b. Alimentos congelados, frescos y en conserva.
   c. Alimentos procesados.

2. **¿Con qué frecuencia comes pescado?**
   a. No como nunca pescado.
   b. De una a tres veces a la semana.
   c. Más de tres veces a la semana.

Vivienda y energía

3. **¿En qué tipo de casa vives?**
   a. En un apartamento pequeño o un estudio.
   b. En una casa mediana.
   c. En una casa grande.

4. **¿Cómo usas la electricidad?**
   a. Intento gastar lo mínimo posible.
   b. Gasto lo que necesito.
   c. No sé lo que gasto.

1.2 **Todo el grupo** Comparte tu análisis con el resto de la clase. ¿Crees que tenemos que cambiar nuestro modo de vida? Justifica tu opinión a la vista de los resultados obtenidos.

Ejemplo: *Yo creo que no podemos continuar con nuestro modo de vida, porque es evidente que, si seguimos así, en algún momento se agotarán los recursos…*

1.3 Fíjate en los verbos destacados en los resultados del test. ¿En qué modo aparecen? ¿Alguno corresponde a los usos de este modo que conoces? Si no es así, ¿por qué crees que aparece este modo aquí?

2 Relaciona los elementos de las dos columnas para saber cómo cambiar los malos hábitos con respecto a la conservación del medioambiente.

1. Tomar conciencia.
2. Dar la máxima vida a los objetos.
3. Utilizar el transporte público.
4. Reducir residuos.
5. Reutilizar los objetos.
6. Ahorrar energía.
7. Evitar dejar aparatos en *stand-by* o los cargadores enchufados.
8. No desperdiciar el agua.

a. Reparar lo que se estropee antes de tener que tirarlo.
b. Hay electrodomésticos y bombillas de bajo consumo que, además, duran más.
c. Toda acción que realizas tiene una consecuencia.
d. Un grifo que gotea desperdicia 50 litros de agua en una semana.
e. Y, si no hay más remedio que ir en coche, compartirlo.
f. Siguen gastando energía.
g. Optar por productos sin envoltorios ni envases.
h. Muchos pueden usarse de nuevo con otra función.

2.1 **Todo el grupo** Clasifica los consejos anteriores por orden de prioridad según tu opinión. Después compara tus respuestas con las de tus compañeros y expresa acuerdo o desacuerdo con lo que opinan ellos.

Ejemplo: ▶ *Según mi opinión, lo más importante es que empecemos a usar el transporte público o medios de transporte más ecológicos.*
▷ *Sí, yo estoy de acuerdo contigo, porque el coche es lo que más contamina…*

Papel

5. ¿Qué tipo de papel utilizas?
   a. Reciclado.
   b. No reciclado.
   c. El que tenga.

Consumo

6. ¿Con qué frecuencia compras ropa nueva?
   a. Cada seis meses o más.
   b. Cada dos a seis meses.
   c. Todos los meses.

Transporte

7. ¿Cuándo utilizas el transporte público?
   a. Siempre.
   b. Algunas veces.
   c. Siempre voy en coche.

Agua

8. ¿Normalmente te duchas o te bañas?
   a. Solo me ducho.
   b. Me ducho y alguna vez me baño.
   c. Me baño con frecuencia.

Fuente: https://www.vidasostenible.org/huella-ecologica/

Mayoría de a ¡Enhorabuena! Necesitas unas 2 hectáreas para mantener tu estilo de vida. Estás cerca de la media global del planeta y eso significa que estás actuando de forma sostenible. No creemos que **necesites** cambiar demasiado tus hábitos.

Mayoría de b Está claro que tus hábitos pueden mejorar. Necesitas ente 3 y 6 hectáreas de tierra para mantener tu modo de vida. Esta cantidad está por encima de la media del planeta. Es bueno que **pienses** en ello y **decidas** si quieres continuar usando más recursos de lo deseable.

Mayoría de c Definitivamente tus hábitos están muy por encima de la media. Necesitas entre 6 y 9 hectáreas de tierra productiva. Es importante que **cambies** tu forma de consumir si no quieres que los recursos del planeta **se agoten**.

Palabras

1 

2 

3 

1 **En parejas** Lee el texto y relaciona las palabras en negrita con su imagen correspondiente.

La Tierra pide ayuda

Cada día, la Tierra nos envía señales evidentes de que las cosas no están funcionando correctamente. En los polos, el [a] **deshielo** reduce cada vez un poco más su superficie y, por este motivo, el nivel del mar está también aumentando. Grandes desastres naturales, como los huracanes, los [b] **incendios** o las [c] **inundaciones**, son cada vez más frecuentes. En los últimos cien años la temperatura global de la Tierra ha subido casi un grado; la tendencia dice que seguirá subiendo si no reducimos las emisiones de [d] **dióxido de carbono** (CO_2). Este gas, que proviene del uso de combustibles como el [e] **petróleo** o el carbón, es el principal responsable del [f] **efecto invernadero**, un fenómeno que provoca el aumento de las temperaturas al impedir la salida de las radiaciones infrarrojas de la atmósfera. A estos problemas se une la [g] **deforestación**, motivada por la necesidad de usar el suelo para el cultivo masivo de alimentos. Sin bosques, muchos terrenos acaban convirtiéndose en desiertos y los animales, al perder su hábitat natural, desaparecen. Miles de personas en todo el mundo quieren que los Gobiernos obliguen a utilizar [h] **energías renovables** que no contaminen. Para muchos es necesario, además, que los ciudadanos consumamos solo lo que verdaderamente necesitamos y reciclemos nuestra [i] **basura**. La Tierra pide ayuda a gritos.

4 

5 

6 

7 

8 

9 

1.1 **En parejas** Vuelve a leer el texto y numera los temas según se mencionan. ¿Qué palabras claves te han ayudado a identificarlos?

- ☐ energías limpias
- ☐ agricultura intensiva
- ☐ huella ecológica
- ☐ calentamiento global
- ☐ animales en peligro de extinción

2 **En parejas** En un programa de radio, Luis Ramírez, vicepresidente del Gobierno, y Marta Fernán, presidenta de la asociación Salvemos la Tierra, debaten sobre el cambio climático. ¿Quién de los dos crees que ha hecho los siguientes comentarios? Justifica tu respuesta.

Quién	Comentario
1.	Vamos a trabajar para reducir los niveles de contaminación.
2.	A ustedes no les importan el planeta ni los ciudadanos.
3.	El aumento de la temperatura no ha sido excesivo.
4.	Me parece increíble que no busquen soluciones al problema.
5.	Necesitamos que se reduzca la emisión de gases.
6.	No creo que se pueda hablar de calentamiento.

2.1 [14] Escucha el audio y comprueba tus respuestas.

RAE

COMUNICACIÓN

- Tú y vos frente a usted. Tú es la forma empleada en España y en muchas zonas de América para el tratamiento informal o de confianza. El pronombre vos se usa en América, mayoritariamente en el Cono Sur y en amplias zonas de América Central. En algunos países, como Chile, vos alterna con tú:

  *¿Qué hace un tipo como **tú** despierto a estas horas?*

- Usted frente a tú y vos. Usted es la forma más empleada para el tratamiento formal. El pronombre usted implica cierto distanciamiento, cortesía y formalidad:

  *¿Cómo se puede uno poner en contacto con **usted** aunque sea por correo electrónico?*

- El mismo valor formal presenta la forma de plural ustedes frente a vosotros/as en la mayor parte de España; en cambio, en todo el territorio americano y, dentro de España, en Andalucía occidental y Canarias, ustedes es la única forma empleada para dirigirse a varios interlocutores, tanto en el tratamiento formal como en el informal.

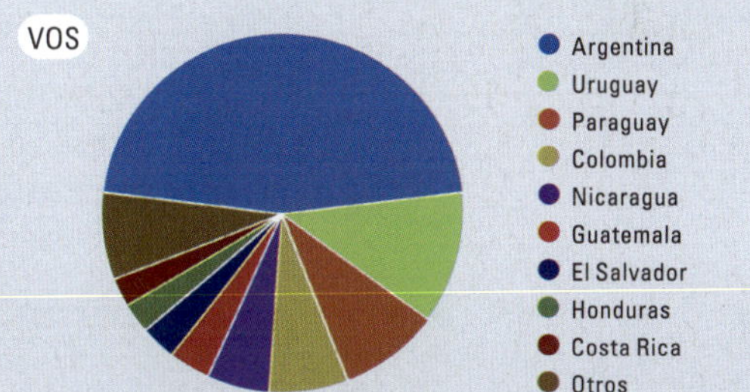

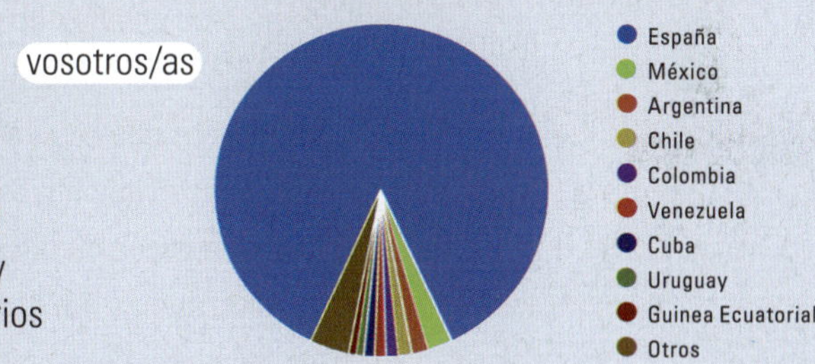

2.2 **En parejas** Lee estos titulares y explica el significado de las palabras en negrita. ¿Puedes deducirlo por el contexto?

1. Aparecen miles de **peces muertos** en el mar Mediterráneo.
2. Una gran masa de bolsas de plástico **flota** en medio del océano Pacífico.
3. Cada día hay más personas interesadas en la **energía solar** porque no contamina y es infinita.
4. Un **glaciar** de la Patagonia pierde hielo rápidamente debido a las altas temperaturas.
5. Mañana se espera una nueva **ola de calor**, con temperaturas superiores a los 42 °C.
6. Los simios de Borneo, en peligro por la **tala** de árboles.
7. Los partidarios de las tiendas de **segunda mano** creen que se compra demasiada ropa nueva.

2.3 **Todo el grupo** Lee de nuevo los titulares y comenta qué problema describe cada uno. ¿Cuál os parece más preocupante?

Gramática

1 Verbos de pensamiento + indicativo/subjuntivo

- Los verbos *pensar, creer* y *parecer* se construyen con *que* + **indicativo** cuando son **afirmativos**:

  ***Pienso que podemos** cuidar más el planeta.*
  ***Creo que** la Tierra **está** en peligro.*
  ***Me parece que hay** demasiadas catástrofes.*

- Estos verbos se construyen con *que* + **subjuntivo** si van en forma **negativa**. En este caso, se usa el subjuntivo para **rebatir una opinión** expresada anteriormente o que se sobrentiende:

  ***No creo que** los Gobiernos **hagan** mucho más por solucionar el problema.*
  ***No me parece que tengamos** tanto tiempo como los gobernantes dicen.*
  ***No pienso que haya** ningún país completamente concienciado con este tema.*

> Fíjate:
> Si el verbo de la oración principal va en **imperativo negativo** o es **una pregunta**, se usa **indicativo** en la oración subordinada:
> ***No pienses** que me **voy** a olvidar de esto.*
> *¿**No crees** que se **están** agotando los recursos?*

- Otros verbos de pensamiento *(opinar, saber, imaginar, recordar, suponer...)* no se suelen usar en forma negativa si van en presente de indicativo porque sirven para expresar un pensamiento u opinión sin contraponerlos a ningún otro:

  ***Opino** que la solución **tiene** que ser global.*

> Fíjate:
> Para que el verbo subordinado vaya en subjuntivo, la negación tiene que estar en la oración principal:
> ***Creo** que **llegan** mañana./**Creo** que **no llegan** mañana.*
> ***No creo** que **lleguen** mañana.*

1.1 Elige la opción correcta.

1. Yo no creo que hoy **comemos/comamos** pronto. Todo está sin hacer.
2. Nunca pienses que no **puedes/puedas** hacerlo. Al menos, tienes que intentarlo.
3. Me parece que hoy **va/vaya** a hacer buen tiempo.
4. ¿No piensas que hoy **va/vaya** a llover?
5. Me parece que no me **habéis/hayáis** felicitado.
6. Imagino que ya **ha/haya** llegado todo el mundo.
7. No me parece que esta cuestión **es/sea** importante ahora, la verdad.
8. No creáis que este debate se **ha/haya** terminado.

1.2 Completa las frases dando tu opinión sobre los siguientes temas.

uso de bolsas de plástico | ola de calor | bosques | emisiones de CO_2
cambio climático | inundaciones

1. Me parece que ....
2. No creo que ....
3. No pienso que ....
4. Opino que ....
5. Me imagino que ....
6. No me parece que ....

1.3 **En parejas** Lee las declaraciones de este político y reacciona expresando tu opinión. Utiliza las estructuras estudiadas.

Ejemplo: *Yo no creo en absoluto que sea una invención. Es más que evidente que se está produciendo: cada vez hay más huracanes, nevadas, inundaciones...*

1. La Tierra es importante sobre todo para el hombre.
2. Tenemos que continuar explotando nuestros recursos al máximo.
3. El consumo es necesario para mantener nuestra economía.
4. Es inevitable contaminar si queremos que el progreso siga adelante.
5. No hay tantos animales en peligro de extinción como dicen.

1.4 [15] **¿Qué crees que tienen en común estos dos animales? Escucha la entrevista a Javier Díaz, experto biólogo, y comprueba tu respuesta.**

1.5 [15] **Vuelve a escuchar la entrevista y escribe la opinión del biólogo sobre los siguientes temas.**

1. Sobre la situación de los simios › ....
2. Sobre la caza y el comercio de animales › ....
3. Sobre la idea de llevar a estos animales a un zoo › ....
4. Sobre el ecoturismo › ....

1.6 **Todo el grupo** ¿Y tú? ¿Qué opinas de los zoos? ¿Estás a favor o en contra? Utiliza las palabras propuestas para elaborar tus argumentos.

Argumentos en contra	Argumentos a favor
• espectáculo	• educación
• cautividad	• investigación
• animales salvajes	• conservación
• hábitat	• especies en peligro
• tráfico ilegal	• rescate
• maltrato	• longevidad

2 Construcciones para expresar juicios de valor

- Para **valorar un hecho** de manera **general** usamos estas estructuras:
  - *(No) Es/Me parece* + adjetivo/sustantivo **valorativo** + **infinitivo**
    Es/Me parece importante ser respetuoso con la naturaleza.
    Es/Me parece un peligro no tomar medidas medioambientales a tiempo.
  - *Está/Me parece* + *bien/mal* + **infinitivo**
    Está/Me parece bien reciclar la basura.
- Para **valorar un hecho personalizando** usamos estas estructuras:
  - *(No) Es/Me parece* + adjetivo/sustantivo **valorativo** + ***que*** + **subjuntivo**
    Es/Me parece bueno que se tomen medidas para frenar el cambio climático.
    Es/Me parece un horror que se usen tantos envases de plástico.
  - *Está/Me parece* + *bien/mal* + ***que*** + **subjuntivo**
    Está/Me parece bien que busquemos energías alternativas.

Gramaticalmente, hay un cambio de sujeto que obliga al uso del subjuntivo, como ya has visto en otros casos.

> Fíjate:
> ***Ser*** se construye con los adjetivos ***bueno/malo,*** y ***estar,*** con los adverbios ***bien/mal***:
> *Es malo desperdiciar el agua./Está mal desperdiciar el agua.*

- Algunos adjetivos y sustantivos **valorativos** son:

Adjetivos valorativos	
bueno/malo	justo
importante	sorprendente
increíble	intolerable
escandaloso	(...)

Sustantivos valorativos	
una vergüenza	una suerte
una pena	una tontería
un horror	un desastre
una buena/mala noticia	(...)

2.1 **En parejas** **El consumo de plástico está creando un gran problema en nuestros mares. Lee este artículo y complétalo con las palabras del recuadro. Luego compara tus resultados con los de tu compañero/a.**

humana | microplásticos | invaden | superficie | desconocen | degradación | toneladas

Las bolsas de plástico [1] .... los océanos. En su proceso de [2] .... se transforman en [3] .... que envenenan a los peces. Esto tiene consecuencias negativas aún desconocidas para la salud [4] ....

Se calcula que cada año se producen más de 300 millones de [5] .... de plástico en todo el mundo. Asia es el continente donde se produce la mayor cantidad de plástico, mientras que Estados Unidos, Japón y la Unión Europea son los mayores productores de desechos plásticos per cápita del mundo, según la ONU. En la [6] .... del mar se han detectado grandes extensiones de basura plástica, pero aún se [7] .... las cantidades que hay bajo el mar.

Fuente: https://news.un.org/es/story/2018/06/1435111

2.2 Varios participantes de un chat sobre medioambiente han leído el artículo y han opinado sobre este problema. Completa sus comentarios usando el infinitivo o el subjuntivo, según corresponda, y después escribe tú una entrada.

1. **Álvaro**

Es importante .... (concienciarse) de la necesidad de cambiar nuestros hábitos de consumo y dejar de comprar productos envasados en plástico.

2. **Nuria**

Es una pena que los Gobiernos no .... (invertir) más en investigar qué dimensión tiene el problema y que no .... (elaborar) leyes que limiten el consumo de plástico.

3. **Esteban**

Me parece estupendo que se .... (prohibir) el uso de microplásticos en cosméticos y pastas de dientes.

4. **Diana**

Está muy bien que la gente no .... (utilizar) nunca más bolsas de plástico de un solo uso.

5. ....

....

....

2.3 **Todo el grupo** ¿Qué comentario del chat te parece más interesante? ¿Qué otras cosas podemos hacer para evitar este problema?

3 Expresar certeza

- Cuando queremos dar nuestra opinión expresando **certeza** usamos las siguientes estructuras:

– *Es cierto/obvio/verdad/evidente/indiscutible...* – *Está visto/demostrado/claro...*	+ *que* + **indicativo**

Es obvio que la acción del hombre está afectando a la naturaleza.
Está claro que no estamos respetando el planeta.

- Estas estructuras se construyen con **subjuntivo** cuando van **en forma negativa**. En este caso, generalmente se usan para contradecir una opinión anterior o sobrentendida:
Bueno, bueno, no está tan claro que no respetemos el planeta; depende de los países y de las personas. No todos somos iguales.

3.1 **En parejas** ¿Qué ha pasado? Comenta las siguientes imágenes utilizando las estructuras de certeza que has estudiado.

Practica en contexto

> Fíjate:
> La economía sostenible desarrolla actividades que, de forma conjunta, son económicamente rentables y ambiental y socialmente sostenibles, haciendo un uso racional de los recursos naturales y favoreciendo un empleo de calidad. El fin último es satisfacer las necesidades de las generaciones presentes, pero sin poner en peligro las posibilidades de las generaciones futuras.

1 **En parejas** Lee el siguiente titular. ¿Qué crees que está pasando en la localidad de Villar de Arriba?

La economía sostenible salva a los vecinos de Villar

1.1 **En parejas** Lee el texto y comprueba si tu idea inicial es correcta. Después completa el mapa con las palabras en negrita.

La economía sostenible salva a los vecinos de Villar

Villar de Arriba era un pueblo abandonado, a punto de desaparecer. Pero su alcaldesa, Lara García, ha decidido ofrecer una serie de ventajas económicas a aquellos empresarios que instalen negocios en el pueblo. La principal condición es crear modelos de empresa sostenibles en armonía con el entorno. Entre las ventajas está el no pagar impuestos durante los primeros años y la posibilidad de comprar o alquilar locales y terrenos a la mitad del precio habitual. Otra condición importante que hay que cumplir es que los empleados contratados sean residentes de la zona.

Han llegado muchos proyectos a la oficina del Ayuntamiento y ahora es el momento de decidir cuáles son más convenientes y viables. Villar cuenta con cien habitantes y está situado a los pies de una **montaña**. En sus inmediaciones hay un **bosque de pinos** y también un **arroyo** y un pequeño **lago** que abastecen de agua al pueblo. También hay varios campos de **viñedos** que actualmente no se están explotando por falta de personal.

E. M.

Introducir una opinión

- ***Para*** + pronombre personal *(mí, ti, él, ella...)*/ nombre propio...
  Para mí/Pedro es importante que las empresas no sean contaminantes.
- **A mí/Pedro... me/le... parece que...**
  ***A mí/Pedro me/le parece** importante **que** las empresas no sean contaminantes.*
- ***Según*** + pronombre personal *(tú, él, ella...)*/ nombre propio/*mi idea*/*tu criterio*/*lo que ha dicho...*
  ***Según** lo que ha dicho el portavoz, no es verdad que todos los empleados tengan que ser del pueblo.*
- **En mi/tu/su opinión...**
  ***En su opinión**, no vale la pena realizar ningún cambio.*
- **Desde mi/tu/su punto de vista...**
  ***Desde mi punto de vista**, es bueno intentar recuperar la actividad en esta zona.*

1.2 Vuelve a leer el texto y subraya las condiciones que pone el Ayuntamiento a las nuevas empresas y las ventajas que ofrece.

1.3 **Todo el grupo** Mira el plano, valora el entorno y los recursos y comenta con tus compañeros qué tipo de empresas o negocios pueden ser interesantes para Villar teniendo en cuenta las condiciones que pone el Ayuntamiento.

1.4 **En parejas** Estos son los proyectos que han llegado al Ayuntamiento de Villar. Léelos y comenta con tu compañero/a el impacto que pueden tener en la zona. ¿Cuáles crees que no son buenos para el pueblo?

Empresa Todos Jugamos

Producto: Zona recreativa.

Descripción: La empresa quiere crear un centro recreativo junto al lago con un parque de atracciones y un casino.

Empleados necesarios: 100.

Instalaciones: Es necesario construir un nuevo recinto con distintas instalaciones. (La actividad puede crear riqueza indirecta, turismo, restaurantes…).

Empresa Divernáutica

Producto: Ocio.

Descripción: La empresa quiere explotar el lago con paseos en lanchas motoras, vela y otras actividades acuáticas, como la pesca.

Empleados necesarios: 7.

Instalaciones: Inicialmente solo es necesaria una pequeña caseta de información y un almacén para guardar el material.

Empresa Mil Olivas

Producto: Aceite de oliva.

Descripción: La empresa quiere comprar un terreno cerca del pueblo para plantar olivos y producir aceite.

Empleados necesarios: 5.

Instalaciones: Inicialmente no haría falta construir, ya que los olivos necesitan una media de 5 años para dar sus primeras aceitunas.

Empresa Ruralmenty

Producto: Hotel.

Descripción: La empresa quiere comprar una casa grande en el pueblo para hacer un alojamiento rural.

Empleados necesarios: 5.

Instalaciones: No es necesario construir, solo reformar una de las casas del pueblo.

Empresa Viñas Martín

Producto: Vino.

Descripción: La empresa quiere comprar varios viñedos para producir vino local.

Empleados necesarios: 10, con posibilidad de ampliar.

Instalaciones: Es necesario construir una bodega para la elaboración del vino.

Empresa Comebién

Producto: Alimentación.

Descripción: La empresa quiere comprar una casa para montar un bar-restaurante con una tienda de productos de la zona (vino, queso, carne…).

Empleados necesarios: 5.

Instalaciones: Inicialmente no es necesario construir, solo reformar.

1.5 **En grupos pequeños** Elegid uno de los proyectos y preparad su defensa. Utilizad para ello las estructuras gramaticales que habéis estudiado. Tomad notas de las aportaciones de todos los miembros del grupo para preparar una presentación.

Ejemplo: *Es evidente que este proyecto dará trabajo a muchas personas, pero no me parece bien que la empresa explote el lago con actividades que necesiten lanchas motoras… Creo que debemos utilizar barcos de vela, así el proyecto será más sostenible.*

Expresar acuerdo o desacuerdo con una opinión

- Habitualmente se utilizan las siguientes expresiones con el verbo *estar* para dejar clara **nuestra posición** concreta frente a una opinión:
  - (No) Estar de acuerdo con...
    Estoy de acuerdo con lo que dices. Tienes toda la razón.
  - (No) Estar a favor de...
    Yo no estoy a favor de esa propuesta. Me parece un error.
  - (No) Estar en contra de...
    Estamos en contra de todo lo dicho hasta ahora, estáis completamente equivocados.
- Para expresar **acuerdo parcial** con una opinión se utilizan estas expresiones:
  - No estoy totalmente de acuerdo con...
  - Estoy de acuerdo en parte, pero...
  - Estoy a favor, pero...

1.6 **Todo el grupo** Ha llegado la hora de elegir las tres empresas que se instalarán en Villar. Presentad vuestros proyectos al resto de la clase y entablad un debate para elegir los tres más convenientes.

2 [16] Rosa y Marcos tienen una tienda de compraventa de ropa de segunda mano. Un periodista les ha hecho una entrevista. Escucha y marca qué palabras dicen de las que aparecen a continuación.

☐ calidad	☐ gran superficie	☐ moda
☐ intercambio	☐ crisis	☐ coste
☐ precio	☐ prenda	☐ pequeña
☐ artículos	☐ concienciación	☐ sostenible
☐ transformarse	☐ convertirse	☐ fábrica

2.1 [16] En la entrevista, se habla de cuatro factores que están influyendo en la popularidad creciente de la ropa de segunda mano. Vuelve a escuchar y resume cada factor en una frase.

Factor 1: *La crisis económica...*

Factor 2: ....

Factor 3: ....

Factor 4: ....

2.2 **En grupos pequeños** ¿Qué sabes del movimiento *hippie*? Busca información en internet y contesta a las siguientes preguntas.

1. ¿Cuándo nace el movimiento *hippie*?
2. ¿Qué buscaba este movimiento?
3. ¿Cuál era su símbolo? ¿Y alguno de sus lemas?
4. ¿Cómo iban vestidos los *hippies*?
5. ¿Qué opinas de este movimiento? ¿Piensas que fue importante?

2.3 Según tus investigaciones anteriores, ¿qué relación crees que hay entre la ropa de segunda mano y el movimiento *hippie*? Lee el artículo y comprueba tu respuesta.

RAE

De Londres a Glòries, vía Ibiza

La idea de vender ropa de segunda mano como la entendemos hoy tiene más de un cuarto de siglo. A finales de los años sesenta los tenderetes de ropa usada empezaron a aparecer como setas en muchas ciudades europeas, pero especialmente en tres focos muy concretos: el interminable mercado de Portobello en Londres, el barrio de Beaubourg-Les Halles de París y las calles entre canales y junto a otros escaparates en Ámsterdam. Vestir de segunda mano era barato, pero sobre todo significaba rebeldía, originalidad y distinción respecto a los demás. A principios de los setenta, Ibiza (España) se convirtió en el paraíso del *hippismo*, una especie de centro de reunión de los jóvenes de Europa en busca de nuevas experiencias. La implantación de la venta de ropa de segunda mano no tardaría en desarrollarse. El ejemplo cundió casi inmediatamente en las playas de la costa mediterránea, como Sitges, y muy especialmente en Barcelona, donde, en 1973, un joven argentino llamado Quirós, interesado en la moda, montó un puesto de ropa de segunda mano en el mercado de los Encants de las Glòries de Barcelona que todavía hoy existe.

Mercado de los Encants de las Glòries de Barcelona

Extraído de *La Vanguardia*, "De Londres a Glòries, vía Ibiza". Incluido en el CREA (Corpus de Referencia del Español Actual)

2.4 **Todo el grupo** ¿Vas a los mercados o tiendas de segunda mano? ¿En tu ciudad hay alguno? ¿Qué tipo de gente va a comprar allí? ¿Tú consumes ropa u objetos de segunda mano? ¿Por qué?

3 **Todo el grupo** Responde a las siguientes preguntas y coméntalas con tus compañeros.

1. ¿Con qué frecuencia vas de compras?
2. ¿Qué tipo de productos compras normalmente?
3. ¿Crees que necesitas todo lo que compras?
4. ¿Tienes en tu armario prendas de vestir que no te pones?
5. ¿Prefieres comprar menos ropa, pero de calidad, o te gusta cambiar a menudo y comprar más aunque la ropa sea peor?

3.1 **En grupos pequeños** La bloguera Sara Garrido ofrece algunos datos interesantes sobre el consumo de ropa. Lee el texto y valora lo que dice; utiliza para ello las construcciones para expresar juicios de valor y posiciónate a favor o en contra de su opinión.

www.elblogdesarag.com

Tenemos demasiada ropa

¿Sabías que...

- solo usamos el 20 % de toda la ropa que tenemos?
- compramos mucha más ropa que antes, cuando no existían las tiendas de bajo coste?
- el 80 % de nuestras prendas se queda en el armario porque siempre hay algo que nos gusta más?
- la industria textil es una de las más contaminantes del planeta?
- las prendas de bajo coste son confeccionadas en el tercer mundo, donde los trabajadores hacen jornadas de 16 horas por dos dólares en condiciones infrahumanas?

Paraísos en PELIGRO

Río Amazonas a su paso por Iquitos (Perú)

Mariposas monarca en Michoacán (México)

Glaciar Perito Moreno en la Patagonia argentina

1 **En parejas** ¿Sabes por qué razón estos lugares se encuentran en peligro? Coméntalo con tu compañero/a.

2 **En parejas** Lee el texto y comprueba tus respuestas.

Patagonia: el Perito Moreno se derrite

La Patagonia es uno de los parajes de América Latina que están literalmente desapareciendo como consecuencia del aumento de temperatura de nuestro planeta y de las emisiones de gases de efecto invernadero. Su masa de hielo está sufriendo los efectos del cambio climático y la velocidad a la que se derrite es alarmante. Decenas de glaciares han desaparecido y el noventa por ciento de su extensión se ha visto afectada por el calentamiento. Uno de sus glaciares más conocidos, el Perito Moreno, también está en peligro.

Amazonas: el pulmón del planeta

La excesiva tala de árboles por parte de las industrias está destruyendo una zona que está considerada el pulmón de la Tierra. Sus árboles renuevan el aire que respiramos, por lo que esta tala indiscriminada supone una amenaza no solo para las especies que lo habitan, sino también para el hombre. El río Amazonas, que atraviesa tres países (Perú, Colombia y Brasil), contiene las dos terceras partes del agua dulce que hay en el planeta. A la amenaza de la tala se suma la contaminación por prácticas industriales irregulares, así como el turismo incontrolado.

Michoacán (México) se llena de mariposas

La mariposa monarca, con un llamativo color naranja, viaja miles de kilómetros desde los bosques de Canadá y Estados Unidos hasta el estado mexicano de Michoacán. En los bosques de oyamel, una especie de abeto de las montañas del país, se agrupan cada año estas mariposas. La Unesco ha declarado esta zona Reserva de la Biosfera para protegerla, aunque el espacio se ve amenazado por la agricultura y la deforestación.

3 **En grupos pequeños** ¿Qué paraísos naturales hay cerca de ti? ¿Están amenazados por algún tipo de peligro? Busca con tus compañeros información sobre lugares naturales amenazados por el cambio climático. Ilustra el tema con fotografías o imágenes.

4 **Todo el grupo** Presenta tu trabajo a la clase. ¿Qué paraje de los presentados está más amenazado? ¿Se está haciendo algo por solucionarlo?

Fuentes: http://www.jamesnava.com/26/06/2009/paraisos-naturales-en-peligro-de-extincion-i/ y https://elpais.com/elpais/2014/11/13/ciencia/1415859395_334557.html

Vídeo

Cartelera DE CINE

Las 13 rosas

Sinopsis

El 1 de abril de 1939 termina la guerra civil española. Muchos republicanos huyen del país, pero otros no pueden o no quieren, como las jóvenes protagonistas de esta historia real.

Cuando Franco sube al poder, promete que solamente serán castigados quienes tengan las manos manchadas de sangre. Y ninguna de esas jóvenes las tiene. Como Carmen, por ejemplo, de 16 años, que pertenecía a las Juventudes Socialistas, pero que nunca tuvo un arma. Ni su amiga Virtudes, que servía en casa de una familia rica y que pasó la guerra dando de comer a ancianos y a niños.

Las detuvieron al mes de acabar la guerra. Sufrieron duros interrogatorios policiales y, finalmente, fueron trasladadas a la cárcel de Ventas, donde había miles de mujeres. A las trece detenidas, a quienes sus compañeras bautizaron como "las menores" por su corta edad, las acusaron de ayudar a la rebelión y de haber planeado un atentado contra el dictador; un atentado que nunca se cometió, pero que sirvió de excusa para su ejecución.

Madrid durante la Guerra Civil

Antes de la secuencia

1 **En parejas** ¿Qué sabes ya de la guerra civil española? ¿Qué bandos pelearon? ¿Cuánto tiempo duró? ¿Qué pasó después? Busca información en internet y haz un breve resumen de este triste episodio de la historia de España.

Durante la secuencia

Desde el principio de la película hasta esta secuencia, se hace una presentación de las diferentes protagonistas y se muestra la rutina diaria en Madrid, una ciudad que acaba de ser ocupada por los nacionales. Con esta victoria, Franco ha ganado la guerra.

2 **Visiona el fragmento** 00:01 ▶ 01:30 **y contesta a estas preguntas.**

1. ¿Dónde están Blanca y su familia? ....
2. ¿Qué están haciendo? ....
3. ¿Por qué crees que tienen tanto dinero? ....

....

2.1 Ahora lee este resumen para comprobar tus respuestas anteriores.

Blanca Brisac es una de las "trece rosas". Católica, votante de la derecha y madre de un hijo. Con el dinero ahorrado antes de la guerra, ella y su marido deciden ayudar a Juan, músico, militante comunista y compañero de orquesta de su marido.

3 **En parejas** Lee el diálogo y completa los espacios en blanco con las palabras del recuadro.

no vuelvas más	¿Qué haces aquí?	en la cabeza	que te quedes	mala hora	somos amigos	Hasta

Blanca: Buenas tardes, ¿está Juan?
Cuñada: No, no, no, lo siento, no... No sabemos nada de él.
Blanca: No se preocupe, [1] .... Soy Blanca, la mujer de Enrique García.
Suegra: ¿No lo ha oído? *(A la cuñada).* ¡Cierra!
Juan: ¡Espera! Pasa, Blanca. Mi suegra y mi cuñada Manuela... [2] ....
Blanca: *(Le da un sobre con dinero).* Es todo lo que podemos darte.
Juan: Está bien.
Blanca: ¿Dónde vas a estar? Enrique dice que es peligroso [3] .... aquí.
Suegra: ¡Es peligroso! [4] .... tus amigos lo dicen.
Juan: No se preocupe que en cuanto pueda me iré, pero usted no me puede echar. ¡Este también es mi piso, de mi mujer!
Suegra: ¡En [5] .... os conocisteis! Tú le metiste todas esas ideas [6] ....
Cuñada: ¡Te tienes que ir!
Suegra: *(Blanca y Juan abren la puerta y salen).* Sí, ¡vete! ¡Vete con tus amigos bolcheviques! ¡Vete y [7] ....!
Blanca: Adiós.

3.1 **En parejas** Visiona el fragmento 01:31 ▶ 03:10 y comprueba tu respuesta anterior.

4 **En parejas** Visiona el fragmento 03:11 ▶ final y contesta a estas preguntas. Luego compara tus respuestas con tu compañero/a.

1. ¿Qué último favor le pide Juan a Blanca?
   ....
   ....
2. ¿Cómo reacciona Blanca?
   ....
   ....
3. ¿Por qué dice Juan "Quién puede pensar ahora en la música"?
   ....
   ....
4. ¿Qué consejo le da Juan a Blanca para continuar la vida con su marido?
   ....
   ....

Después de la secuencia

5 **Todo el grupo** Blanca Brisac fue fusilada tras la guerra por este episodio que acabas de ver. ¿Has hecho alguna vez algo bueno por alguien que haya tenido consecuencias negativas en tu vida? Cuéntaselo a tus compañeros.

6 **Todo el grupo** ¿Tu país ha pasado alguna vez por una guerra civil? ¿Crees que las consecuencias de una guerra civil son aún peores que las de otro tipo de guerra? ¿Por qué?

Evaluación

1 **Escribe a qué palabra se refiere cada definición.**

1. Pérdida de árboles y vegetación en un espacio. ....
2. Impacto que causa el hombre en la naturaleza. ....
3. Fenómeno que se produce como consecuencia de lluvias intensas. ....
4. Parte de un producto que no se utiliza y se tira. ....
5. Combustible fósil que emite CO_2. ....

2 **Relaciona las expresiones con la imagen a la que se refieren.**

a. agricultura intensiva | **b.** contaminación por microplásticos | **c.** tala
d. animales en peligro de extinción | **e.** energías renovables | **f.** gases de efecto invernadero

1 ☐

2 ☐

3 ☐

4 ☐

5 ☐

6 ☐

3 **Define con tus palabras qué entiendes por *sostenibilidad*.**

....
....
....

4 **Expresa una opinión en forma negativa sobre los siguientes temas.**

1. El medioambiente › *Yo no creo que* ....
2. Los animales › ....
3. El plástico en el mar › ....
4. El consumo › ....
5. Las energías tradicionales › ....

5 Completa las frases con las expresiones del recuadro.

a favor | bien | horror | increíble | muy positivo

1. Me parece un .... que destruyamos el hábitat de los animales para el beneficio del hombre.
2. Es .... que algunos países prohíban el uso de bolsas de plástico.
3. Está .... que cada vez haya más empresas sostenibles.
4. Es .... que muchas personas piensen que no existe cambio climático.
5. Estoy .... del consumo responsable. Gastamos más de lo que necesitamos.

6 ¿Indicativo o subjuntivo? Observa las estructuras y elige la forma correcta.

1. Creo que el ecoturismo **puede/pueda** ser una alternativa perfecta.
2. No pienso que los zoológicos **son/sean** la única solución para proteger a los animales del peligro de extinción.
3. Me parece razonable que se **frena/frene** la tala de árboles en el Amazonas.
4. Es importante que se **reducen/reduzcan** las emisiones de gases de efecto invernadero.
5. Es verdad que la gente **recicla/recicle** la basura.

7 Dos amigos debaten sobre sus compras. Completa la conversación. Puede haber varias soluciones en algunos casos.

Ana: ¿Tienes diez pares de zapatos? ¿No te parece exagerado?
Pedro: No, no [1] .... que [2] .... exagerado. Es lo normal hoy en día.
Ana: No estoy de [3] .... contigo. No necesitas tantos. Me parece que con la mitad [4] .... suficiente.
Pedro: Pues no entiendo por qué... Yo pienso que [5] .... positivo que la gente [6] ...., así la economía se activa y se crea riqueza.
Ana: Comprar no es positivo si lo que compras es innecesario. Piensa que todas nuestras acciones [7] .... un impacto en la naturaleza.
Pedro: Es evidente que [8] .... recursos suficientes. ¡No se van a terminar mañana!
Ana: Para nosotros sí hay recursos, pero ¿qué pasará con las próximas generaciones?
Pedro: Pues, es [9] .... lo que dices... Visto así, tienes toda la razón.

8 Escribe brevemente tu opinión sobre el consumo innecesario. Procura utilizar las estructuras que has aprendido para expresar lo que piensas sobre el tema.

....

....

9 Reflexiona sobre la unidad y valora tu aprendizaje.

	Sí	Un poco	No
1. Puedo hacer referencia a diferentes aspectos relacionados con el medioambiente.	☐	☐	☐
2. Puedo hablar brevemente sobre la economía sostenible y dar mi opinión.	☐	☐	☐
3. Puedo valorar cuestiones relacionadas con el consumo responsable dando mi opinión.	☐	☐	☐
4. Puedo hablar brevemente de algún espacio natural de Hispanoamérica amenazado por el cambio climático.	☐	☐	☐

Unidad

5 Para siempre

¿Qué te sugiere la imagen principal y el título de la unidad?

Fíjate en las personas de las fotos pequeñas; ¿cómo crees que se sienten?

¿Sabes dónde están y a qué estilo arquitectónico pertenecen los edificios de la derecha?

En esta unidad vas a. . .

- Hablar de las relaciones personales
- Expresar gustos, intereses, sentimientos, emociones y estados de ánimo
- Describir personas: carácter y personalidad
- Mostrar empatía
- Conocer el modernismo arquitectónico de Barcelona

¿Qué sabes?

1 **¿Crees que la cara es el espejo del alma? ¿Que es posible conocer la personalidad de alguien a través de sus rasgos? Lee el texto y subraya los adjetivos que sirven para describir el carácter y la personalidad.**

Lo que tu cara dice de ti

¿Eres una persona extravertida[1] o, por el contrario, introvertida? Para saberlo, solo tienes que ponerte frente al espejo; conocer bien tu rostro te ayudará a descubrir cómo es realmente tu personalidad.

Para empezar, es fundamental saber qué forma tiene tu cara. Si es redonda, seguramente eres una persona responsable y valiente, con mucha iniciativa. Las personas con la cara ovalada son soñadoras y creativas, suelen dedicarse al arte. En cambio, una cara cuadrada indica que eres optimista y paciente.

Los ojos dicen mucho de ti, pues a través de ellos expresas un sinfín de emociones. Si son pequeños, eres alguien trabajador e inteligente, mientras que los ojos más grandes son de personas sinceras, pero algo inmaduras. Los ojos que tienen forma almendrada indican una personalidad sensible y fiel, los tristes nos hablan de personas honestas e inseguras. Por otra parte, si los tienes hundidos, significa que eres inteligente e introvertido.

También la nariz muestra aspectos de tu personalidad. Cuando es pequeña, denota que eres una persona positiva, mientras que si es grande te convierte en orgulloso, a veces incluso un poco creído.

Por último, está la boca. Unos labios delgados muestran tu carácter seguro y decidido; si son gruesos, en cambio, serás una persona habladora y extravertida.

[1] En el lenguaje coloquial es más frecuente el uso de *extrovertido/a*.

Adaptado de http://www.teinteresa.es/ciencia/Descubre-personalidad-rasgos-cara_0_851315728.html

1.1 **En parejas** **¿Conoces los contrarios de los adjetivos que has subrayado? Anota los que sepas y busca en el diccionario los que no.**

Ejemplo: *valiente ≠ cobarde*

....

....

....

1.2 **Completa las frases con los adjetivos adecuados según la definición.**

1. Cuando das u ofreces lo que tienes, significa que eres ....
2. Alguien que es agradable y suele gustar a la gente es alguien ....
3. Cuando alguien se relaciona fácilmente, decimos que es ....
4. Una persona que se ríe poco y no hace bromas suele parecernos ....
5. Alguien que toma precauciones y actúa con cuidado es ....

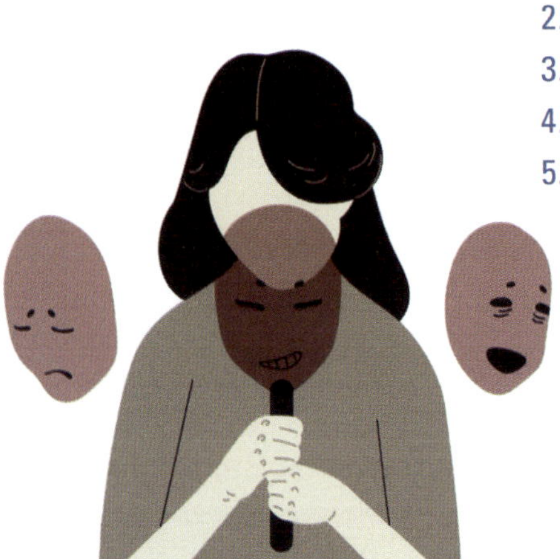

1.3 **En parejas** **De acuerdo con lo que has leído, ¿qué personalidad tiene tu compañero/a? ¿Estás de acuerdo con lo que dicen tus rasgos de ti?**

1.4 **Todo el grupo** **¿Crees que el aspecto exterior de una persona puede influirnos a la hora de juzgarla? ¿En qué sentido?**

2 **Todo el grupo** ¿Una persona puede ser alegre, pero estar triste? Justifica tu respuesta con un ejemplo.

2.1 **En parejas** Independientemente del carácter que tengamos, todos podemos pasar por diferentes estados de ánimo a lo largo del día. Fíjate en las imágenes; ¿qué les pasa a estas personas?

1. ....

2. ....

3. ....

4. ....

5. ....

2.2 **En parejas** ¿Qué otros estados de ánimo puedes expresar en español? Comparte lo que sabes con tu compañero/a. ¿Cómo estás tú ahora?

3 **En parejas** Hay situaciones que nos producen sentimientos o sensaciones que influyen en nuestro estado de ánimo. Fíjate en las imágenes y completa los diálogos expresando un sentimiento según la situación. Utiliza los verbos del recuadro en la forma adecuada.

dar miedo | gustar | molestar | alegrarse | dar igual | odiar | encantar

Sara, por favor, ya sabes que me .... mucho que entres cuando estoy trabajando.

▶ .... de que ya estés aquí.

▷ Y yo de verte.

¡Qué bien! Me .... que me traigáis el desayuno a la cama.

▶ Sabes que no me .... que dejes todo por en medio.

▷ Perdona, lo siento.

▶ Esta película me ....; quítala, por favor.

▷ No, que está muy bien.

▶ .... que no me digas la verdad.

▷ Me .... lo que pienses, ya no me importa.

4 **En grupos pequeños** ¿Cómo es tu mejor amigo/a? Cuéntales a tus compañeros cómo es su carácter, cuál suele ser su estado de ánimo, qué aficiones tiene, por qué lo/la consideras tu mejor amigo/a...

Palabras

> Recuerda:
> Para suavizar defectos o aspectos negativos de las personas es muy frecuente usar ***un poco, un poquito*** y el diminutivo ***-ito/a***:
>
> *Me ha parecido **un poco** creído.*
>
> *Es calla**dita**, pero muy maja cuando la conoces.*

1 [17] Ramón y Ana hablan de sus nuevos compañeros de clase. Escucha la conversación y escribe los adjetivos que usa cada uno para describirlos.

Linda	Raúl	Sara	David	Teresa

1.1 **En parejas** Lee estas definiciones y escribe los adjetivos de la actividad anterior donde corresponda. Luego compara con tu compañero/a.

1. Una persona se pone .... cuando pierde la calma.
2. .... es alguien prepotente, que se cree superior en algún aspecto.
3. Cuando una persona tiene poca paciencia, decimos que es ....
4. Si alguien es poco sociable, es .... Y, si además habla muy poco, es una persona ...., lo contrario de ....
5. Alguien es .... si sonríe, es agradable y tiene una actitud optimista.
6. Decimos que una persona es .... cuando no tiene buena actitud para trabajar.
7. Una persona .... es alguien que hace las cosas con cuidado y responsabilidad.
8. De alguien divertido, que cae bien a los demás, decimos que es ....
9. Alguien a quien le gusta relacionarse con los demás es una persona ....
10. Una persona es .... cuando trabaja mucho.

> Fíjate:
> La expresión ***pecar de*** indica una cualidad en principio positiva, pero que si se tiene en exceso resulta negativa:
>
> *Yo **peco de** sincero, y eso a veces me da problemas con mis amigos.*

2 **En parejas** Lee el perfil que Sandra ha colgado en una red social y subraya los adjetivos que usa para describir su carácter y el tipo de personas que le gustan.

Sandra

Me llamo Sandra, tengo 21 años y soy estudiante de Ingeniería Industrial. Me considero una persona optimista e inquieta; bueno, realmente soy muy nerviosa; también pienso que soy bastante prudente, aunque a veces peco de seria. Mis amigos dicen que soy generosa y sincera. Espero que sea verdad... Me gusta la gente tranquila y alegre. No me gustan demasiado las personas pesimistas, tampoco la gente falsa o egoísta. Bueno..., creo que en realidad las personas así no le gustan a nadie. 😊

2.1 **En parejas** ¿Cómo es tu compañero/a? Escribe en tu cuaderno un perfil tomando como ejemplo el de Sandra. Luego lee lo que ha escrito tu compañero/a sobre ti. ¿Estás de acuerdo?

2.2 En el perfil de Sandra hay varios adjetivos antónimos. Escribe las cinco parejas que encuentres y añade tú una más.

1. .... ≠ ....
2. .... ≠ ....
3. .... ≠ ....
4. .... ≠ ....
5. .... ≠ ....
6. .... ≠ ....

2.3 **En parejas** Algunos antónimos de los adjetivos de carácter se forman añadiendo un prefijo. Otros son palabras diferentes. Completa la tabla y luego usa el diccionario para comprobar tu respuesta. Trabaja con tu compañero/a.

	IN-, IM-, I-	DES-	Otro antónimo
1. maduro/a			
2. confiado/a			
3. responsable			
4. trabajador/a			
5. seguro/a			
6. honesto/a			
7. agradecido/a			
8. sociable			
9. agradable			
10. paciente			
11. valiente			
12. creído/a			

RAE

LÉXICO

- En una gran parte de Hispanoamérica se usa chévere con el significado de 'estupendo', 'bonito', y qué mala onda con el significado de '¡qué pena siento!': *¡Qué **chévere** que viniste! ¿Qué te parece mi fiesta? Linda, ¿verdad? Supe lo que les pasó. **Qué mala onda**. Qué cosa más terrible.*
- En Colombia, Honduras, Cuba y República Dominicana bacano significa 'muy bueno', 'estupendo', 'excelente'. Se usa en el lenguaje juvenil: *Nueva York, ¡qué **bacano**!, habían dicho los compañeros de la universidad.*
- En México chido significa 'bonito', 'lindo', y padre, 'estupendo': *"Estás bien bonita", le dice Sara. "Y está bien **chido** el vestido y la bandita. ¿Es de tu trabajo?" Ay, qué **padre**. Debe ser bien interesante todo lo que haces.*

3

En parejas Las expresiones que tienes a continuación sirven para reaccionar ante una información. Relaciónalas con su diálogo correspondiente.

a. ¡Qué estrés! | **b.** ¡Qué aburrimiento! | **c.** ¡Qué alegría! | **d.** ¡Qué casualidad! | **e.** ¡Qué noticia! | **f.** ¡Qué desastre! | **g.** ¡Qué tontería! | **h.** ¡Qué susto!

1. ▶ Tengo que estudiarme cien páginas para el examen de mañana.
   ▷ ☐
2. ▶ Solo se rompió una pierna, pero el accidente fue terrible.
   ▷ ☐
3. ▶ Estábamos visitando el Taj Mahal y me encontré con mi profesora de español, ¡en la India!
   ▷ ☐
4. ▶ ¡Uf! Ha estado hablando cuatro horas sin parar.
   ▷ ☐
5. ▶ Hemos perdido todo el dinero en ese negocio.
   ▷ ☐
6. ▶ ¡Mira quién ha llegado! ¡Mamá!
   ▷ ☐
7. ▶ Nos van a subir a todos el sueldo, ¿lo sabías?
   ▷ ☐
8. ▶ No me habla porque me olvidé de felicitarlo por su cumpleaños.
   ▷ ☐ Seguro que no es por eso.

Gramática

1 Expresar gustos, intereses y preferencias

- Recuerda que los verbos *gustar, encantar* e *interesar* se construyen casi siempre en tercera persona, acompañados de los pronombres de objeto indirecto. Esta construcción especial se conjuga en singular si a continuación hay un **sustantivo singular** y en plural si el **sustantivo** es **plural**:

  Me gusta/encanta/interesa este escritor.
  Me gustan/encantan/interesan las novelas históricas.

  – Cuando esta construcción va seguida de un verbo, se usa el **infinitivo** si las acciones se refieren al mismo sujeto y de *que* + **subjuntivo** si las acciones se refieren a sujetos diferentes:

  Me gusta/encanta/interesa trabajar aquí.
  Me gusta/encanta/interesa que vengas.

- El verbo *preferir* se construye como la mayoría de los verbos en español:

  Prefiero estos pantalones, son más cómodos.
  Mi hermana prefiere estudiar en la biblioteca por el silencio.
  ¿Prefieres que nos veamos en el centro?

Recuerda:
Los verbos *gustar* e *interesar* se pueden graduar en intensidad con ***muchísimo, mucho, bastante, no... demasiado, no... mucho, no... nada***; en cambio, el verbo ***encantar*** expresa el grado máximo de intensidad, por lo que no se puede graduar y se usa solo:

▶ *No me gustan nada las películas de terror, lo paso fatal.*
▷ *Uy, pues a mí me gustan muchísimo, ¡me encantan!*

1.1 **En parejas** Pregúntale a tu compañero/a qué dos cosas le gustan, qué dos actividades le interesa hacer y qué dos características le encantan de su mejor amigo/a.

1. Le gusta/n › ....
2. Le gusta/n › ....

1. Le interesa › ....
2. Le interesa › ....

1. Le encanta › ....
2. Le encanta › ....

2

En parejas Hay otros muchos verbos con la misma estructura que *gustar*. Lee el texto y subraya los que encuentres. Luego compara tus resultados con los de tu compañero/a y anota los que no tengas.

www.adolescenteshoyendia.com

Lo que tu hijo adolescente te reprocha

A tu hijo adolescente le preocupa no ser valorado. Le importa mucho más de lo que crees tu opinión, aunque, quizá, le molesta más que no cuentes con la suya para los asuntos de casa y que no pueda participar en las dinámicas familiares de una manera más activa. A menudo no le consultamos porque creemos que no le importa nada lo que sucede en casa y luego nos sorprende que le enfaden esas decisiones que hemos tomado sin contar con él. El adolescente, recuérdalo siempre, necesita sentirse importante.

Aunque no lo pida, le agrada que sus padres se interesen por sus aficiones, que le pregunten por la música que escucha o las series que ve, pero sin hacer juicios de valor ni ridiculizarlo por sus gustos. Pocas cosas le indignan más que sentirse despreciado por ellos. Es importante que seas empático con él.

Por último, no olvides que al adolescente le aburren y fastidian tanto los sermones que no suele escucharlos; por eso, siempre es mejor transmitirle mensajes a través de historias reales, propias o ajenas, que entenderá mejor y que no percibirá como una reprimenda.

2.1 **En parejas** Con tu compañero/a, piensa en otras cuestiones que, en tu opinión, fastidian, agradan y preocupan a los adolescentes. Tomad notas.

2.2 **Todo el grupo** Compartid vuestras notas con el resto de la clase. ¿Estáis de acuerdo? ¿En qué no coincidís?

3 Locuciones verbales con *dar* y *poner* para expresar sentimientos y emociones

- Las locuciones ***dar*** + **sustantivo** *(miedo, pena, lástima, vergüenza, rabia, asco...)* y ***poner*** + **adjetivo** *(triste, contento/a, furioso/a, nervioso/a...)* también expresan **sentimientos y emociones** y se construyen igual que el verbo ***gustar***:

  *Me **dan miedo** las alturas.*
  *Me **da vergüenza** hablar en clase.*
  *¿Te **pone nerviosa** que venga Esteban?*
  *Me **ha puesto triste** leer tu mensaje.*

- Estas construcciones pueden ir seguidas de ***cuando*** o ***si*** en lugar de ***que***. En este caso, el verbo que introducen va en **indicativo.** Además, el verbo ***poner*** se hace **reflexivo**:

  *Nos da mucha lástima **cuando/si oímos** esas noticias.*
  *Mi perra **se pone** muy contenta **cuando/si** te **ve**.*

Fíjate:
Otras locuciones muy usadas con ***dar*** y ***poner*** son ***dar igual/lo mismo*** (para mostrar indiferencia) y ***poner de buen/ mal humor***.

RAE

LÉXICO

- En Paraguay se usa hallarse con el significado de 'encontrarse en cierto estado emocional (triste, alegre...)' o 'no encontrarse a gusto en algún sitio o situación, estar molesto':

  *Desde que la providencia me dejó viudo, **no me hallo**.*

- En el español de América es más frecuente el uso de enojar(se) frente a enfadar(se), que se usa más en el español de España:

  *Será mejor que no hagamos **enojar** a tu papá.*

Fíjate en la frecuencia de uso del verbo ***enojar(se)*** por zonas lingüísticas:

Zona	Freq	Fnorm.[1]
México y Centroamérica	935	16.33
Río de la Plata	910	21.77
Chilena	294	16.57
Andina	177	7.57
España	137	1.32
Caribe continental	129	3.50
Antillas	65	3.06

[1] **Freq:** frecuencia conjunta (número total de ocurrencias obtenidas para la consulta realizada).

Fnorm.: frecuencia normalizada (número de ocurrencias de la consulta por cada millón de palabras de la categoría que le corresponde en la distribución).

3.1 Escucha la conversación de estos dos amigos y completa la información.

[18]

1. A los padres les da rabia que, a esa edad, ...
   ....
2. Les da miedo que ....
3. .... hablar con mis padres de algunos temas.
4. Les da pena ....
   ....
5. .... cuando .... que voy a estar allí sin la familia.
6. A mi madre le pone muy triste ....

3.2 **Todo el grupo** ¿Estás de acuerdo con Ricardo y Eva? ¿Qué otras cosas crees que molestan o preocupan a los padres de hijos adolescentes?

> Fíjate:
> Para expresar estados emocionales también se pueden usar los verbos ***sentirse*** o ***encontrarse***:
> *María **se siente/se encuentra** algo deprimida.*

4 Otros verbos que expresan sentimientos, emociones y estados de ánimo

- Además de los que has visto hasta ahora, hay otros verbos que expresan sentimientos y emociones en los que el sujeto es la persona que experimenta el sentimiento o la emoción, como ***soportar, sentir, temer, lamentar, odiar, aguantar*** o ***alegrarse***:

  *No **soporto** que haga tanto frío.*
  *Raquel **se alegra** de vernos.*
  ***Lamentamos** mucho esta situación.*
  ***Siento** que no lo comprendas.*

- Para expresar **estados de ánimo** se usa el verbo ***estar*** con las construcciones que ya conoces:

  *Estoy contenta de **ir**.*
  *Estoy contenta **cuando/si vienes**.*
  *Estoy contenta de **que vengas**.*

4.1 **En parejas** **Escribe frases en tu cuaderno expresando qué sentimientos o emociones te producen estas situaciones.**

1. Si un amigo te miente.
2. Si sacas una buena nota u obtienes un triunfo profesional.
3. Si ves un animal repugnante.
4. Si piensas en tu peor defecto.
5. Si te enteras de que alguien querido ha sufrido un accidente.
6. Si alguien se cuela en la cola del súper.

4.2 **En parejas** **Forma frases relacionando las partes de las tres columnas. Hay varias opciones posibles. Luego compara el resultado con tu compañero/a.**

1. Estamos encantados de		a. haber suspendido el examen.
2. Estoy triste		b. siempre hable mal de Jaime.
3. Alberto está deprimido		c. vengáis a nuestra fiesta.
4. Estamos hartos de	que	d. tu comportamiento infantil.
5. Estás aburrido de	por	e. se siente solo.
6. Estoy cansada de	porque	f. esperar tanto tiempo.
7. Usted está de mal humor	Ø	g. hace muy buen tiempo.
8. Estáis de buen humor		h. la entrevista de trabajo.
9. Paco está enfadado		i. el retraso del avión.
10. Estoy nerviosa		j. ha perdido su equipo de fútbol.

5 Oraciones de relativo con antecedente conocido y desconocido

- Recuerda que las oraciones de relativo sirven para unir frases que tienen un elemento en común (el **antecedente**) mediante los relativos. Los más habituales son el pronombre ***que*** y el adverbio ***donde***:

  Voy a hacer un intercambio con un chico. El chico es inglés. ›
  *Voy a hacer un intercambio con **un chico que** es inglés.*

- Cuando el antecedente es **conocido**, real, las oraciones de relativo se construyen con **indicativo**:

  ***La casa donde vivo** está bastante cerca.*

- Sin embargo, cuando el antecedente es **desconocido**, solo buscamos en este ciertas características, preguntamos por su existencia o la negamos, estas oraciones se construyen con **subjuntivo**:

  *Necesito **un libro que tenga** más ejercicios.*

  – Para preguntar y para responder negativamente se usan los pronombres indefinidos ***algo/nada, alguien/nadie***:

  ▶ *¿Conoce usted a **alguien que hable** bien japonés?*
  ▷ *Tengo un amigo que habla un poco de japonés, pero no conozco a **nadie que** lo **hable** bien.*

5.1 Completa las frases con el verbo en indicativo o en subjuntivo según corresponda.

1. Marta ha adoptado un perro muy pequeño que .... (caber) en un vaso.
2. Mi abuelo tiene una ferretería que .... (abrir) los sábados por la tarde.
3. En España casi no hay ríos donde se .... (poder) navegar.
4. ¿Todavía tienes el bolígrafo que .... (escribir) a cinco colores?
5. ¿Alguien tiene un cargador de móvil que .... (servir) para todas las marcas?
6. He comprado una aspiradora que no .... (hacer) mucho ruido.
7. No conozco a nadie que no .... (tener) móvil.
8. ¿No puedes cantar otra canción que no .... (ser) esa?
9. El español es una lengua que se .... (hablar) en muchos países.
10. No sé si hay robots que .... (saber) conducir.

5.2 **Todo el grupo** Fíjate bien en la imagen y responde a las preguntas usando los pronombres relativos.

Ejemplo: ▶ *¿Ves algo que sirva para limpiar?* ▷ *Sí, hay algo que sirve para limpiar: la escoba.*

1. ¿Hay alguien que lleve gafas de sol?
2. ¿Hay alguien que no tenga pelo?
3. ¿Ves a alguien que tenga una planta?
4. ¿Aparece algo que sirva para escribir o para hablar?
5. ¿Hay alguien que tenga menos de diez años?
6. ¿Ves a alguien que lleve ropa de color rosa?
7. ¿Hay alguien que tenga corbata?
8. ¿Aparece alguien que sea rubio?
9. ¿Ves a alguien que sepa cocinar?

5.3 **Todo el grupo** Lee los anuncios y averigua si alguien de la clase puede responder a alguno de ellos.

5.4 **Todo el grupo** Toma nota de los resultados.

Sí, hay gente que ....
....
....

No, no hay nadie que ....
....
....

Practica en contexto

1 **En parejas** ¿Conoces estas redes sociales? ¿Cómo se llaman? ¿Puedes explicar qué diferencia hay entre ellas? ¿Cuáles son más populares en este momento? ¿Cuáles usas tú?

1.1 [19] **En parejas** Ricardo se está registrando en una nueva red social. Escucha su conversación con Eva y, en el cuestionario que tienes a continuación, completa los datos que faltan y marca los adjetivos con los que Eva lo describe.

www.intercambios-estudiantes.com

Usuario	Ricardo		
Correo electrónico	.... correo.com		
Edad	18 años		
Tu personalidad: ¿Con cuáles de estos adjetivos te identificas más?	sincero | pesimista | alegre | introvertido | optimista | nervioso | prudente | tranquilo | arrogante | inseguro | extravertido | generoso | serio		
Tu carácter			
Tus gustos	Cosas que me gustan: - .... - .... -	Cosas que me gusta hacer: - .... - .... -	Me gusta que la gente... - .... - .... - ....

Fíjate:
Una persona puede tener *buen/mal* carácter o un carácter *fácil/difícil/fuerte/débil*.

1.2 [19] **En parejas** Escucha de nuevo y marca si las afirmaciones que hay a continuación son verdaderas o falsas.

1. Ricardo va a hacer en Valencia un curso de grabación de vídeo. .... V F
2. Ricardo se hace un perfil en la red porque busca información del curso. .... V F
3. En esa red encontró Eva el alojamiento cuando estuvo en Irlanda. .... V F
4. La red social donde se está registrando Ricardo se llama En Cambio. .... V F
5. Eva piensa que Ricardo es un chico muy nervioso. .... V F
6. A Ricardo le gustan las personas respetuosas con el medioambiente. .... V F

1.3 **En grupos pequeños** Completa el cuestionario con tus datos y luego compártelo con tus compañeros de grupo.

3.2 **Todo el grupo** Compartid vuestras conclusiones con el resto de la clase. ¿Habéis coincidido? Si no es así, justificad vuestras respuestas para llegar a un consenso.

Ejemplo: *Hay varias opciones, pero como a Ricardo le encantan especialmente los animales y le preocupa el medioambiente…*

Destacar un elemento del discurso

- **sobre todo/en concreto/en particular**
  *Le gustan los animales, **sobre todo** los perros.*
  *Me refiero **en concreto/en particular** a lo que dijiste anoche.*
- **especialmente/principalmente**
  *Me encanta la música, **especialmente** el jazz.*
- ***es importante*** + infinitivo
  ***Es importante** recordar lo que dijo sobre la contaminación.*

4 **En parejas** Spotahome, una página de internet dedicada al alquiler de casas y habitaciones, ha publicado el siguiente artículo, en el que habla del compañero de piso ideal. ¿Estás de acuerdo con lo que dice? Coméntalo con tu compañero/a.

www.spotahome.com

Spotahome

Hábitos, estilo de vida y en ocasiones hasta el tipo de música que nos gusta son suficientes para determinar si la convivencia será buena o no. Antes de elegir compañero de piso, haz una lista de las cosas que te gustan y las que no. De esta manera podrás tomar una decisión más objetiva. Para vivir con alguien no basta con conocerlo, también es necesario que sea una persona con la que te puedas comunicar y acordar el ambiente en el que quieras vivir.

Ser compañeros de piso no significa tener que tolerar todo lo que el otro haga. Por eso una de las primeras cosas que debemos poner sobre la mesa son los límites: horarios, privacidad, respeto por el descanso del otro, etc.

Otro de los criterios para compartir piso con alguien es el tema de la limpieza. Dejar la ropa en su lugar, cambiar la bolsa de la basura, mantener limpio el frigorífico, quitar el polvo, limpiar el baño a menudo… Te recomiendo que sigas esta máxima: lo que para mí es limpio puede no ser suficiente para el otro.

Es básico tener la confianza y la seguridad de que regresarás a casa y encontrarás tus pertenencias en su lugar. No hay peor temor que llegar a la nevera y que no esté eso que habías guardado para cenar. Es simple: si estáis de acuerdo en compartir absolutamente todo, adelante; si no, hay que decirlo para evitar malentendidos.

Y nuestra mayor recomendación: cuenta hasta diez antes de entrar en crisis y salir corriendo. Una buena convivencia en casa siempre es cuestión de comunicación. Recuerda hablar de todo y tener una mentalidad abierta para comprender las discrepancias.

Adaptado de https://www.spotahome.com/es/blog/guia-para-el-roomie-perfecto

Preguntar por preferencias

- ¿Qué es lo que más/menos te gusta de…?
- *¿Qué te interesa más?* + ¿Opción 1 + *o* + opción 2?
- ¿Cada cuánto tiempo prefieres…?

4.1 **En parejas** Revisa las actividades 2.3 y 2.4. ¿Con quién de tus compañeros te gustaría compartir piso? Poneos de acuerdo y, teniendo en cuenta el artículo que habéis leído, estableced vuestras propias normas de convivencia. ¿Sois compatibles?

5 **Todo el grupo** ¿Alguna vez has viajado a otra ciudad o país para estudiar? Cuenta al resto de la clase cómo fue la experiencia y, si compartías alojamiento con compañeros, qué tal fue la relación con ellos, cómo los conociste, etc.

LUGARES CON MAGIA

1 **En parejas** Fíjate bien en la fotografía que está debajo y elige las afirmaciones correctas referidas a este monumento.

1. ☐ Se encuentra en Barcelona.
2. ☐ Empezaron a construirlo en 1950.
3. ☐ Es una obra del arquitecto Antoni Gaudí.
4. ☐ El edificio es una basílica católica.
5. ☐ 2026 es el año previsto para su finalización.
6. ☐ La obra se terminó en el año 2000.
7. ☐ Se trata de la principal obra del modernismo catalán.
8. ☐ El nombre del edificio es Sagrada Familia.
9. ☐ El edificio se encuentra en Granada.
10. ☐ Es uno de los monumentos más visitados de España.

2 **Lee el texto y comprueba tus respuestas anteriores. Después relaciona las imágenes con los edificios indicados.**

La arquitectura modernista surgió a finales del siglo XIX y representa la transición del estilo historicista de ese siglo hacia la modernidad del nuevo, de ahí su nombre, *modernismo*, que expresa la idea de innovación y futuro.

El modernismo catalán es el más notable de España y uno de los más importantes del mundo. La característica más interesante del modernismo catalán es el rechazo a la simetría clásica y el gusto por las formas onduladas e irregulares, que expresan vitalidad y optimismo.

Otro aspecto muy atractivo de los edificios modernistas es que el diseño y la integración de todas las artes cobran una gran importancia; se cuidan, así, todos los detalles de la decoración, como el mobiliario, y no solo aspectos arquitectónicos.

1 ....

2 ....

3 ....

4 ....

Sin duda, la obra más importante del modernismo catalán y uno de los monumentos más visitados de España es la basílica de la Sagrada Familia en Barcelona, obra de Antoni Gaudí, que se empezó a construir en 1882 y que todavía no está terminada.

El Palau de la Música, del arquitecto Domènech i Montaner, fue inaugurado en 1908 y es la única sala de conciertos declarada Patrimonio Mundial por la Unesco. Este edificio modernista es una estructura central metálica recubierta de vidrio que, al recibir la luz natural, se convierte en una caja de música mágica donde se combinan todas las artes aplicadas: escultura, mosaico, vidrio y forja.

En el paseo de Gracia de Barcelona se encuentran tres de los más famosos edificios modernistas: la Casa Lleó Morera, que destaca por la riqueza ornamental de su fachada; la Casa Amatller, en cuyo interior podemos apreciar ese gusto por los detalles en el mobiliario y las lámparas, y la Casa Batlló, donde reconocemos el gusto por las formas onduladas y las vidrieras de colores de Gaudí. Estas casas son una clara muestra de cómo el modernismo contribuyó a embellecer y modernizar la capital catalana.

Adaptado de https://www.arteespana.com/arquitecturamodernista.htm

3 **Todo el grupo** ¿Conoces Barcelona? ¿Has visitado alguno de estos edificios?

4 **En parejas** Junto con tu compañero/a, busca información en internet sobre otros edificios modernistas en España o en tu país; tenéis que escribir un texto de diez líneas y adjuntar dos fotografías.

4.1 **Todo el grupo** Presentad los trabajos en clase. ¿Qué edificio os parece más interesante? ¿Cuál os gustaría visitar?

Vídeo

Cartelera DE CINE

Los amantes del círculo polar

Sinopsis

Ana y Otto son dos niños de 8 años que un día se conocen a la salida del colegio. En ese mismo momento nace una historia de amor secreta y circular que se cerrará 17 años después en Finlandia, en el mismo círculo polar ártico.

La película nos narra la hermosa y dramática historia de amor que viven los protagonistas, desde su primer encuentro en la infancia hasta los 25 años.

Antes de la secuencia

1 **En parejas** Los dos protagonistas se conocen a la salida del colegio. ¿Cómo crees que fue ese encuentro?

2 **Todo el grupo** Los nombres de los protagonistas son palíndromos. ¿Sabes qué significa eso? ¿Crees que los palíndromos o las cifras capicúas tienen alguna influencia en la vida de las personas o piensas que es solo una superstición? ¿Conoces otras palabras en español con esta característica?

3 Lee esta crítica de la película y marca la respuesta correcta.

> Fíjate:
> En realidad, *capicúa* es un término que se refiere a los números. Cuando se trata de palabras o frases, este fenómeno recibe el nombre de *palíndromo*.

Una deslumbrante historia de amor que gira en torno a las casualidades con las que se encuentran los protagonistas; esa es la mejor forma de definir esta película.
El film está relatado en forma de capítulos con el nombre de Ana o de Otto en cada uno de ellos. A partir de ahí, observamos dos visiones distintas de un mismo hecho. Es la historia de Otto y Ana, la historia de dos niños con nombres capicúas.
La historia se "lee" de igual forma del derecho que del revés, como sucede con el nombre de sus protagonistas. El círculo comienza a dibujarse en los primeros minutos de la película, para acabar cerrándose perfectamente cuando se aproxima el final. La narración cumple un círculo, acabando donde empieza.

1. Los protagonistas se encuentran con una gran cantidad de…
   a. cosas capicúas.
   b. casualidades.
   c. problemas.

2. La película está dividida en…
   a. capítulos.
   b. párrafos.
   c. dos historias.

3. La historia es como…
   a. una esfera.
   b. un rectángulo.
   c. un círculo.

Durante la secuencia

4 **Otto se encuentra por primera vez con Ana. Visiona el fragmento** 00:09 ▶ 01:47 **y elige la opción correcta.**

1. Otto, de niño, se sentía **solo/protegido**.
2. La escena tiene lugar una tarde de **verano/invierno**.
3. Otto corría tras **una pelota/una niña**.
4. Si ella no lo hubiera mirado así, él habría seguido **mirándola/corriendo tras el balón**.
5. No se habría encontrado con ella si **Otto/un niño** hubiera chutado bien.

> Fíjate:
> La forma ***hubiera*** + participio corresponde al pretérito pluscuamperfecto de subjuntivo y hace referencia a una acción del pasado que nunca se produjo.

5 **En parejas** **Ana se encuentra por primera vez con Otto. Visiona el fragmento** 01:48 ▶ 04:05 **y contesta a las preguntas.**

1. ¿Por qué la madre de Ana fue a buscarla al colegio?
2. ¿Qué hace Ana?
3. ¿Quién cree Ana que es ese niño?

6 **En parejas** **Visiona el fragmento** 04:06 ▶ final **y ordena los hechos siguientes según suceden. Luego compara el resultado con tu compañero/a.**

- ☐ A partir de entonces los protagonistas se ven muy a menudo.
- ☐ El padre de Otto le dice que no es momento para explicar su nombre.
- ☐ La madre de Ana le dice al padre de Otto que no es necesario que las lleve a su casa.
- ☐ El padre decide llevarlas a su casa aunque la madre de Ana dice que no es necesario.
- ☐ Ana dice que se siente mal y que está mareada.
- ☐ Ana le dice su nombre a Otto.
- ☐ Otto se presenta a Ana.
- ☐ Otto quiere explicar a Ana el porqué de su nombre.
- ☐ Otto decide bajarse del coche.
- ☐ Se despiden con un beso.
- ☐ Otto se da cuenta de que el nombre de Ana es "capicúa".

Después de la secuencia

7 **Todo el grupo** **Habla con tus compañeros sobre los siguientes temas relacionados con las escenas que has visto.**

1. ¿Crees en el destino? ¿Y en las casualidades?
2. ¿Crees en la buena o en la mala suerte? ¿Crees que, en general, tienes buena o mala suerte?
3. ¿Piensas que hay personas que están predestinadas a encontrarse y a tener una relación?
4. ¿Crees en el amor a primera vista? ¿Por qué?
5. ¿Es posible enamorarse cuando uno es pequeño? ¿Puede el amor de la infancia durar hasta cuando eres adulto?

Evaluación

1 Completa el texto con estos adjetivos.

pesimista | falso | sincero | callado | gracioso | cerrado | inseguro

Antonio siempre me había parecido antipático, pero el otro día estuve hablando un rato con él y me di cuenta de que, en realidad, lo que le pasa es que es un chico bastante [1] .... y que le cuesta hablar, es muy [2] ....; pero luego, cuando lo conoces mejor, te ríes mucho con él, es muy [3] .... Además se ve que es un chico [4] ...., no tiene mucha confianza en sí mismo. Es verdad que es un poco [5] ...., que tiene una visión algo oscura de la vida, pero al menos te dice siempre lo que piensa, es muy [6] .... y no un [7] .... como su hermano Miguel.

2 Escribe los contrarios de los siguientes adjetivos.

1. optimista › ....
2. nervioso/a › ....
3. serio/a › ....
4. generoso/a › ....
5. sincero/a › ....
6. vago/a › ....
7. maduro/a › ....
8. agradable › ....
9. cobarde › ....
10. modesto/a › ....
11. fiel › ....
12. desconfiado/a › ....

3 Describe el carácter de alguien a quien conozcas usando los adjetivos de las actividades anteriores.

....

....

....

4 Completa los diálogos. Fíjate bien en las reacciones.

▶ ....

▷ ¡Qué casualidad!

▶ ....

▷ ¡Qué susto!

▶ ....

▷ ¡Qué noticia!

▶ ....

▷ ¡Qué desastre!

▶ ....

▷ ¡Qué alegría!

▶ ....

▷ ¡Qué tontería!

5 Escribe los verbos entre paréntesis en la forma adecuada.

1. Antes me .... (interesar) más el cine, ahora .... (preferir) el teatro.
2. ¿Te preocupa que no .... (enviar, ellos) los informes a tiempo?
3. No debería sorprenderte que Lidia .... (estar) enfadada contigo.
4. Nos indigna .... (ganar) tan poco y que compañeros menos preparados que nosotras .... (tener) un sueldo mayor.
5. No me importa que .... (oír, tú) música con auriculares, pero no soporto que también .... (cantar), porque estoy estudiando.
6. Siento que .... (irse, tú) de la empresa, pero ya sé que .... (odiar) este trabajo.

6 Clasifica las palabras del recuadro donde corresponda.

nervioso/a | triste | rabia | pena | asco | contento/a | lástima | de mal humor | igual | miedo | furioso/a | de buen humor | vergüenza | lo mismo

Me da...	Me pone...

7 Elige seis locuciones de la actividad anterior y escribe en tu cuaderno una frase con cada una de ellas.

8 Selecciona la opción correcta.

1. Tengo una aplicación que **traduce/traduzca**, pero no tengo ninguna que **corrige/corrija**.
2. ¿Hay alguien que **sabe/sepa** para qué sirve este aparato?
3. Quiero una camisa como la que hemos visto antes, pero que no **tiene/tenga** bolsillos.
4. ¿Conoces al chico que nos **trae/traiga** los documentos?
5. Busca un lugar donde **puedes/puedas** estudiar tranquila.
6. Quiero un móvil que **es/sea** más pequeño, más o menos como el que **tienes/tengas** tú.

9 Observa el monumento de la imagen y completa la información.

Lugar: .... Autor: ....

Nombre: .... Época: ....

Estilo: ....

10 Cuando hablas español, tu lengua u otras que conozcas influyen de dos maneras; relaciona cada una de ellas con su significado. Luego responde a las preguntas.

1. Transferencia	a. Los esquemas de esa lengua contaminan tu español.
2. Interferencia	b. Lo parecido de esa lengua con el español te ayuda.

– En tu aprendizaje, ¿cuál de estas dos influencias crees que está más presente?
– Piensa en situaciones, relacionadas con ambos casos, que has experimentado en tu proceso de aprendizaje y coméntalas con el resto de la clase.

Unidad 6

Fíjate en las imágenes; ¿qué etapa de la vida es mejor según tu opinión?

¿Crees que puede haber entendimiento entre diferentes generaciones? Justifica tu respuesta.

¿Conoces alguna generación de artistas españoles o hispanos?

Esta es mi generación

En esta unidad vas a...

- Hablar de diferencias entre distintas generaciones
- Recordar diferentes etapas de la vida
- Enumerar tus puntos fuertes y débiles
- Hablar de la formación y los trabajos con más futuro
- Conocer a la generación del 27

¿Qué sabes?

1 **En parejas** Lee la siguiente conversación en Twitter. ¿Cómo crees que termina la etiqueta?

#Elmejorrecuerdode..............................

@ffernan
#Elmejorrecuerdode... eran las clases de Historia del Pensamiento; la mayoría de las veces no entendía nada, pero creo que me gustaban justamente por eso... Bueno, también porque me sentaba al lado de @mmaría. ❤️

@mmaría
😂 No te enterabas de nada porque no dejabas de intentar ligar conmigo. Para mí, #Elmejorrecuerdode... fueron las prácticas en el Museo Picasso. Me ayudaron mucho a entender qué quería hacer después de terminar. También me acuerdo de las tardes en la cafetería con @ffernan.😜

@elenamp
Ni las clases de Contabilidad, ni las de Métodos de Decisión, ni las de Comportamientos del Consumidor, que eran muy interesantes y han sido muy útiles después...; yo de lo que siempre me acordaré es del viaje de fin de carrera y de todo lo que hicimos para conseguir dinero. Para mí, ese es #Elmejorrecuerdode...

@pccito
Yo recuerdo el primer año; volvía a casa alucinando con lo que hacíamos en clase de Programación y se lo contaba a mis padres, que me miraban como si les hablara de otro planeta. Fuimos la primera promoción de España. ¡Ay! ¡Ese es sin duda #Elmejorrecuerdode...! 😃

RAE

ORTOGRAFÍA

El *Diccionario panhispánico de dudas* aclara que los sustantivos y adjetivos terminados en **consonante distinta** de *-l, -r, -n, -d, -z, -j, -s, -x* o *-ch*, ya sean onomatopeyas o voces procedentes de otras lenguas, hacen el plural en *-s*: tuit › tuits, crac › cracs, zigzag › zigzags, esnob › esnobs, cómic › cómics, robot › robots, web › webs...:

*La inversión en la construcción de **robots** se incrementó en un 25 por ciento en todo el mundo.*

1.1 **En parejas** ¿Qué estudiaron las personas que han escrito estos tuits? ¿A qué rama pertenecen sus estudios?

1.2 **Todo el grupo** En la conversación anterior todos hablan de recuerdos. ¿Con qué verbos lo hacen? ¿Conoces otras formas para decir lo que recuerdas y lo que no recuerdas?

2 **En parejas** Mira las imágenes. ¿Qué etapa de la vida representan? ¿Cuál es el momento más importante en cada una de ellas, según tu opinión?

1. *Infancia. Primer día de colegio.*
2. ....
3. ....
4. ....
5. ....

3 **Todo el grupo** Lee esta publicación de un blog que ha abierto Emilio, un español que está en Francia. ¿En qué etapa de la vida crees que se encuentra? ¿Qué ha hecho este año?

El blog de Emilio

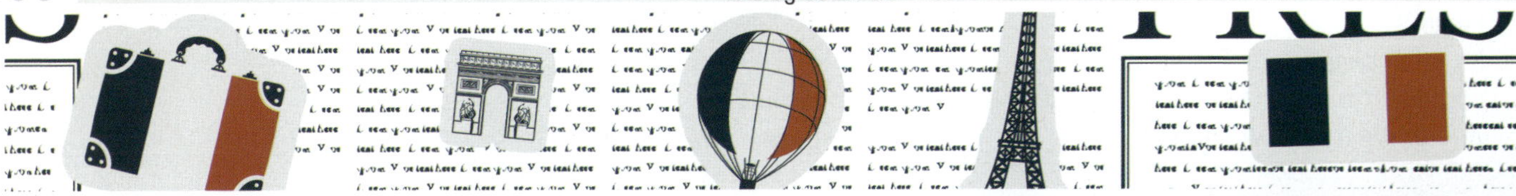

Estoy a punto de volver de mi Erasmus en París y he decidido abrir este blog para ayudar a todos los que os animéis a estudiar en Francia el próximo año. Voy a compartir con vosotros algo de ese saber acumulado que te da la experiencia y que no encontraréis en las guías de la universidad.

Antes de llegar, entrad en la web del CNOUS (Centre National des Œuvres Universitaires et Scolaires); allí encontraréis todo tipo de información para los estudiantes extranjeros. Os vendrá bien un poco de ayuda porque, cuando estéis aquí, veréis que la burocracia francesa puede ser un poco compleja.

Si decidís alojaros en una residencia, tenéis que solicitar la plaza en cuanto podáis, porque vuelan. Es un tipo de alojamiento muy demandado porque ofrece muchísimas ventajas; la más importante, que estará cerca de la universidad donde vayáis a estudiar. En cualquier caso, debéis solicitar la CAF (Caisse d'Allocations Familiales), una ayuda mensual al alojamiento que da el Gobierno francés. Eso sí, no lo intentéis hasta que estéis aquí, será inútil. Solo la podréis solicitar cuando tengáis ya un alojamiento.

Por último, perfeccionad vuestro francés antes de llegar; no es fácil estudiar una carrera en un idioma que no es el tuyo si no lo dominas. Por otro lado, es bueno que os presentéis a los profesores cuando empiece el curso y que les comentéis vuestra situación; suelen ser comprensivos y os ayudarán.

Ya os iré haciendo otras sugerencias interesantes cuando tenga más tiempo, ahora me voy a preparar mi fiesta de despedida. *Au revoir!*

3.1 **En parejas** Emilio da consejos para preparar una estancia de estudios en Francia. Separa los que se refieren a lo que hay que hacer antes del viaje y los que se refieren a la estancia allí.

Antes de ir	Durante la estancia

3.2 **En parejas** Vuelve a leer la entrada del blog y marca todas las expresiones temporales que aparecen. Emilio dice en el texto: *(...) tenéis que solicitar la plaza en cuanto podáis*. ¿Qué significa *en cuanto*?

4 **En grupos pequeños** Mira estas dos imágenes. ¿Qué diferencias y similitudes crees que hay entre los niños de ahora y los de antes? ¿Qué crees que es lo mejor de cada época?

Palabras

Fíjate:
La palabra *viejo/a* en España puede considerarse despectiva; en su lugar se usa ***anciano/a*** o ***persona mayor***.

1 **En parejas** ¿Con qué edades asocias las diferentes etapas de la vida?

Infancia: ....
Adolescencia: ....
Juventud: ....
Madurez: ....
Tercera edad o vejez: ....

RAE
LÉXICO
En Hispanoamérica el término viejo/a se usa para dirigirse o referirse afectuosamente a alguien, especialmente al padre, a la madre, a la pareja o a los amigos:
*Solo sé que entonces mi **viejo**, mi papá, Julián García Miralles, cobró para mí una dimensión colosal.*

1.1 **En parejas** Relaciona estas acciones con su correspondiente etapa de la vida, según tu opinión. Trabaja con tu compañero/a. ¿Estáis de acuerdo?

estar embarazada | independizarse | empezar a trabajar | casarse | cuidar a los nietos | ir al colegio | enamorarse por primera vez | cambiar de trabajo | ir a la universidad | jubilarse | nacer | comprar una casa | desobedecer a los padres | ir de campamento | morir | hacer un curso en el extranjero | cuidar de los padres | tener pareja | graduarse

1.2 **En parejas** Ordena cronológicamente las acciones de la actividad anterior. ¿Coincides con tu compañero/a? ¿Habéis vivido alguno de esos momentos? ¿Cuándo?

2 Lee estas afirmaciones sobre la sociedad española actual y marca las que te parecen verdaderas.

1. ☐ Las mujeres son madres más jóvenes que antes.
2. ☐ Hay más nacimientos que muertes.
3. ☐ El número de hijos que tienen las mujeres ha bajado.
4. ☐ Cada vez hay más bodas.
5. ☐ Los españoles prefieren casarse en una iglesia.
6. ☐ La vida laboral es más larga que antes.
7. ☐ El primer contrato se firma a los 16 años.

2.1 [21] Escucha la noticia y comprueba tus suposiciones anteriores. ¿Has acertado?

2.2 **Todo el grupo** Compara los datos que has escuchado sobre los españoles con los de tu país. Busca información, si la necesitas, e informa al grupo. ¿Hay muchas diferencias?

2.3 [21] Vuelve a escuchar la noticia y marca qué expresiones de las siguientes se mencionan.

☐ Tener un hijo.
☐ Hacer unas prácticas.
☐ Casarse por la Iglesia.
☐ Contraer una deuda.
☐ Estudiar una carrera.
☐ Contraer matrimonio.
☐ Encontrar empleo.
☐ Comprar una casa.
☐ Firmar un contrato.
☐ Ahorrar para la jubilación.
☐ Estar en paro.
☐ Jubilarse.

2.4 **En parejas** Clasifica las expresiones anteriores en las siguientes categorías. Alguna de ellas puede pertenecer a más de una categoría. Luego añade una expresión más en cada caso.

Trabajo	Estudios	Familia	Dinero

3 **Todo el grupo** Mira estos gráficos sobre los estudios y el paro en España y elige un titular para cada uno. Hay un titular que sobra, ¿cuál es? ¿Son similares los datos en tu país?

1. Las carreras con más futuro | **2.** La formación profesional, a la cabeza del *ranking*
3. Más estudios: más empleo | **4.** Los españoles: o sin estudios o muy formados

- Universidad o FP superior.
- Bachillerato o FP de grado medio.
- Ni bachillerato ni FP.

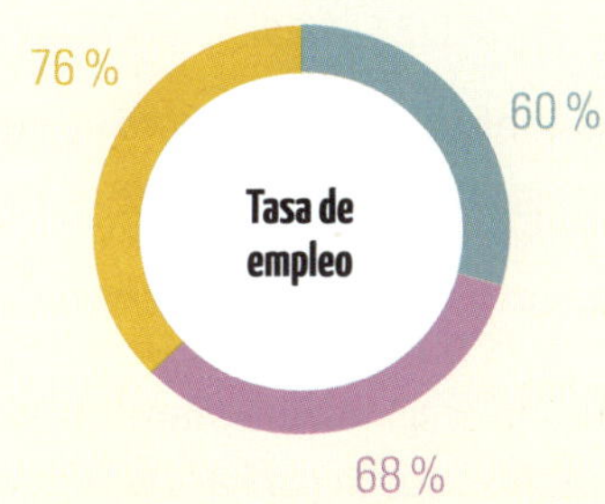

- Universitarios.
- Bachillerato o FP.
- Ni bachillerato ni FP.

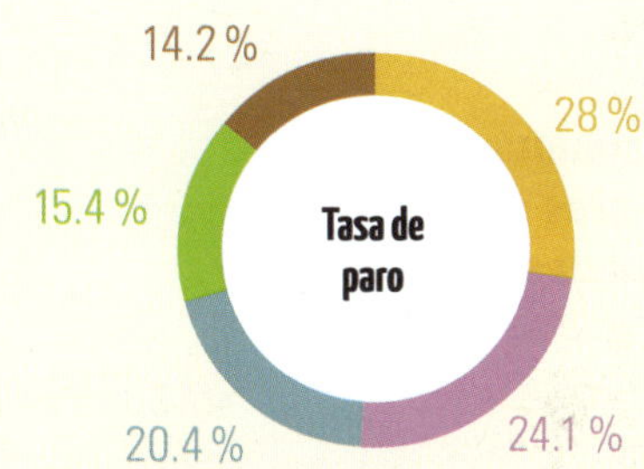

- Artes y Humanidades.
- Ciencias.
- Ciencias Sociales y Jurídicas.
- Ingeniería/Arquitectura.
- Ciencias de la Salud.

Datos extraídos de https://www.elmundo.es/sociedad/2017/09/12/59b79c6de2704e35498b45c9.html y de https://www.ine.es/prensa/np957.pdf

3.1 **En grupos pequeños** Clasifica las siguientes carreras universitarias en la tabla y complétala con otras que conozcas. Puedes usar el diccionario. ¿En qué tipo de empresas se puede trabajar con estas titulaciones?

Derecho | Filología | Administración y Dirección de Empresas | Periodismo
Telecomunicaciones | Tecnologías Ambientales | Comercio y *Marketing* | Física | Enfermería
Historia del Arte | Farmacia | Urbanismo | Matemáticas | Fisioterapia

Artes y Humanidades	
Ciencias	
Ciencias Sociales y Jurídicas	
Ingeniería/ Arquitectura	
Ciencias de la Salud	

3.2 **Todo el grupo** Imagina que tienes que elegir una carrera. ¿Cuál elegirías en la actualidad? ¿Por qué?

Gramática

1 Nexos temporales

- Existen varios **nexos temporales** que establecen relaciones de **simultaneidad**, **anterioridad** o **posterioridad** entre dos o más acciones, o el **inicio** o **límite temporal** de las mismas.
- *Cuando* y *al* + infinitivo expresan relaciones de **simultaneidad** entre las acciones o **posterioridad** de una acción respecto a otra:

  *Siempre escuchaba música **cuando** estudiaba.*

  ***Cuando** terminé (1.ª acción) la universidad encontré (2.ª acción) trabajo.*

  ***Al** abrir (1.ª acción) la puerta me encontré (2.ª acción) con Paco.*

  – ***Nada más*** + infinitivo y ***en cuanto*** expresan una **posterioridad inmediata**:

  *El examen empezó (2.ª acción) **nada más** llegar (1.ª acción) el profesor.*

  ***En cuanto** terminamos (1.ª acción), fuimos (2.ª acción) corriendo a la piscina para bañarnos.*

- ***Mientras*** indica que las acciones son **simultáneas**:

  ***Mientras** tú reservas la habitación, yo voy a comprar algo para comer.*

- ***Después de*** indica la **posterioridad** de la acción expresada por la oración principal:

  *Fuimos (2.ª acción) unos días a la costa **después de** pasar (1.ª acción) por la capital.*

- ***Antes de*** indica la **anterioridad** de la acción expresada por la oración principal:

  ***Antes de** preparar (2.ª acción) la maleta hago (1.ª acción) una lista con las cosas que necesito.*

- ***Desde que/Hasta que*** indican el **inicio** y el **límite temporal** de una acción respectivamente:

  *Estuvimos en el hospital **desde que** empezó la operación **hasta que** terminó.*

Fíjate:
Siempre que y ***cada vez que*** indican acciones **simultáneas o posteriores** que son **habituales**:
***Siempre que** tenemos la oportunidad nos vamos a pasar el día al campo.*
***Cada vez que** el profesor le preguntaba, se ponía muy nervioso.*

1.1 **En parejas** Transforma las siguientes frases utilizando el nexo *cuando*.

1. Lo contrataron nada más recibir su currículum. › ....
2. Iba siempre a correr al salir del trabajo. › ....
3. Al volver a mi país encontré todo muy cambiado. › ....
4. Nada más casarse perdió el contacto con sus amigos. › ....

1.2 **En parejas** Completa este texto donde Mateo narra un recuerdo. Utiliza los nexos temporales del recuadro. Luego compara el resultado con tu compañero/a. ¿De qué momento de su vida habla?

mientras	hasta que	en cuanto	después de	antes de

Recuerdo perfectamente aquel día; ha sido uno de los más importantes de mi vida. Me acuerdo de que [1] .... desayunaba empecé a pensar en cómo sería nuestra vida a partir de ese momento, si seríamos capaces de vivir juntos. [2] .... desayunar, ducharme y vestirme con aquel traje tan ajustado que me quité [3] .... pude, salí en el coche que habíamos alquilado: un descapotable rojo; creo que nunca más me he sentido tan importante como en aquel momento. Luego llegamos a la iglesia, cogí a mi madre de la mano y subimos juntos las escaleras. [4] .... entrar, mi madre me preguntó si estaba nervioso. Yo le mentí, le dije que no, pero estoy seguro de que ella se dio cuenta, porque no paré de temblar [5] .... llegó ella, preciosa con el traje que llevaba. Recuerdo cómo nos miramos, esa mezcla de ilusión y vértigo que teníamos. ¡Fue tan bonito!

2 Oraciones temporales

- Las oraciones temporales ponen en relación dos o más acciones indicando **en qué momento** tiene lugar la acción de la oración principal.
- Con *cuando, siempre que, cada vez que, hasta que, desde que* y *en cuanto* se usa **indicativo** en **presente** y **pasado:**

  *Cuando **llego** a casa después del trabajo, **me pongo** un rato a leer.* (El presente indica que son acciones habituales: *cuando* equivale a *siempre que*).

  ***Me llamó** para felicitarme **en cuanto se enteró** del nacimiento de mi hija.*

  – Para hablar de una **acción habitual** en **pasado** se usa el **pretérito imperfecto**:

  ***Cada vez que podíamos, nos íbamos** a nuestra casa de campo.*
- Todos estos nexos temporales se construyen con **subjuntivo** para expresar **futuro**:

  *No **pensaré** en mi futuro **hasta que** (no) **termine** el curso.*

  *Os **daremos** las notas **en cuanto corrijamos** los exámenes.*
- Con *antes de* y *después de* se utiliza el **infinitivo** cuando el sujeto de las oraciones es el mismo y el **subjuntivo** si son diferentes:

  *Me tomé un año sabático **después de terminar** la universidad.*

  *Es mejor tomar tus propias decisiones **antes de que** otros las **tomen** por ti.*

Fíjate:

- No se puede usar el futuro con estos nexos, solo el **subjuntivo**:

  Cuando ~~vendrá~~ mamá, haré los deberes ›

  *Cuando **venga** mamá, haré los deberes.*
- Si *cuándo* es **interrogativo** o **interrogativo indirecto**, se puede construir con **futuro**:

  *¿**Cuándo verás** a tu familia?*

  ***No sé cuándo podré** irme de vacaciones.*

RAE

GRAMÁTICA

- La construcción no… hasta que (no)… indica que una acción no se produce antes de que otra suceda:

  *La abuela **no** dejó de chillar **hasta que** el niño atrapó al bicho y lo metió en el bote.*

  *Le he dicho que **no** lo voy a tocar **hasta que no** lo ponga quien tiene la obligación de hacerlo.*

  Ambas frases son correctas según indica la RAE. La segunda negación tiene un valor enfático. Esta construcción es más usual en el español de España.
- En algunas zonas de América, especialmente en México, en el área costera de Ecuador, en América Central y en Colombia, se produce el siguiente fenómeno: **se suprime la negación** delante del verbo en las oraciones con hasta, por lo que el enunciado se interpreta como a partir de:

  *El licenciado estará disponible mañana jueves **hasta** las diez horas.* ('A partir de las diez horas')

2.1 **Relaciona los elementos de las dos columnas y conjuga los verbos correctamente añadiendo *que* si es necesario.**

1. Salimos para el hospital…
2. Cuando .... (terminar, tú) los estudios…
3. Vivieron juntos…
4. Después de .... (jubilarse, yo)…
5. Tenemos que hablar contigo…
6. Tuve varios trabajos…

a. mientras .... (estudiar, yo).
b. antes de .... (irse, tú).
c. encontrarás trabajo sin problema, ya lo verás.
d. hasta que su hija .... (cumplir) 18 años. Luego se separaron.
e. quiero dedicarme a la jardinería.
f. en cuanto nos .... (decir, ellos) que había nacido.

2.2 **Transforma las siguientes frases en tu cuaderno utilizando el nexo que aparece entre paréntesis.**

1. Iré a correr después de terminar este trabajo. (cuando)
2. Recibimos la noticia y te pusimos un mensaje. (al)
3. De pequeña iba a la sierra si hacía buen tiempo. (siempre que)
4. No volveré si no me dices la verdad. (hasta que)
5. Primero recibirás la información. Luego terminará el curso. (antes de)
6. Salí de casa. Llamaron por teléfono. (en cuanto)

3 Futuro simple y condicional simple

Fíjate:
Comparar los tiempos verbales relacionados te ayuda a memorizar su morfología más fácilmente.

En parejas Lee la información del cuadro y completa las formas que faltan.

- El **futuro simple** y el **condicional simple** son dos tiempos relacionados. Ambos se construyen añadiendo al infinitivo sus terminaciones o desinencias correspondientes:

Futuro simple			Condicional simple		
Hablar	**Comer**	**Vivir**	**Hablar**	**Comer**	**Vivir**
hablaré	comeré	....	hablaría	....	viviría
hablarás	comerás	....	hablarías	....	vivirías
hablará	comerá	....	hablaría	....	viviría
hablaremos	comeremos	....	hablaríamos	....	viviríamos
hablaréis	comeréis	....	hablaríais	....	viviríais
hablarán	comerán	....	hablarían	....	vivirían

- Los **verbos irregulares** en condicional simple son los mismos que en futuro simple:
  - caber › **cabré** › **cabría**
  - haber › **habré** › **habría**
  - poder › **podré** › [1] ....
  - querer › [2] .... › **querría**
  - saber › [3] .... › [4] ....
  - poner › **pondré** › [5] ....
  - salir › **saldré** › **saldría**
  - tener › **tendré** › [6] ....
  - valer › **valdré** › **valdría**
  - venir › [7] .... › **vendría**
  - decir › [8] .... › [9] ....
  - hacer › [10] .... › **haría**
- El **condicional simple** expresa **posterioridad** respecto a un momento del **pasado** (futuro de pasado):

  "Llegaré a las seis". › ***Dijo que llegaría** a las seis y son menos cinco.*
- También se usa para **hacer suposiciones** sobre un hecho o situación del pasado:

  ***Tendría** 5 o 6 años cuando lo conocí, no lo recuerdo bien.*
- El condicional también se puede usar con **valor presente** para:
  - Hacer **peticiones con cortesía**: *¿**Podría** repetirlo, por favor?*
  - Hacer **sugerencias**: ***Deberías** comer más sano.*

Fíjate:
- El condicional se puede usar para hablar de situaciones **imaginarias**: *Yo no **viviría** nunca en un pueblo, me **aburriría** muchísimo.*
- También se usa para expresar **deseos**: *¡Qué hambre! Me **tomaría** un bocadillo.*

3.1 Completa las frases con la forma correcta del condicional de los verbos entre paréntesis y di cuál es su uso en cada caso: futuro del pasado (FP), suposición (S), cortesía (C), sugerencia (SG) o situación imaginaria (SI).

1. ☐ Yo que tú .... (ir) más tarde, normalmente a estas horas hay mucha gente.
2. ☐ ¿Qué .... (hacer) Juanjo ayer en la oficina hasta tan tarde?
3. ☐ Nos dijeron que hoy a primera hora .... (estar) las notas.
4. ☐ Ayer me prometieron que lo .... (hacer, ellos) todo esta mañana, no te preocupes.
5. ☐ No sé... Yo creo que anoche cuando llegamos .... (ser) las once o las once y media.
6. ☐ En mi mundo ideal todos .... (tener, nosotros) una casa para vivir.
7. ☐ Me .... (gustar) pediros un favor: ¿.................... (poder) hablar más bajo? Es que estoy estudiando.
8. ☐ Con un buen trabajo, ... (vivir, tú) sin tantos agobios.
9. ☐ ¿Te .... (importar) abrirme la puerta, por favor? Tengo las manos ocupadas.

3.2 Fíjate en una de las frases anteriores: *En mi mundo ideal todos tendríamos una casa para vivir.* Escribe un texto en tu cuaderno en el que describas cómo sería tu mundo ideal según los temas que se proponen.

3.3 **Todo el grupo** Comparte tus ideas anteriores con tus compañeros. ¿Habéis coincidido en algún tema?

4 Comparar y acotar cantidades

- Para decir que dos elementos son **equivalentes** usamos:
  - elemento + verbo + ***igual de*** + adjetivo/adverbio ***que***...

    *Los jóvenes de hoy son **igual de** trabajadores **que** los de antes.*

    *Lo haces **igual de** bien **que** María.*
- Para **destacar un elemento** frente a todos los demás de un conjunto usamos el **superlativo relativo**:
  - ***el/la/los/las*** (+ sustantivo) + ***más/menos*** + adjetivo + ***de*** + grupo

    *Marisa es **la** (persona) **más** trabajadora **del** mundo.*
  - ***el/la/los/las*** (+ sustantivo) + ***que*** + ***más/menos*** + verbo + ***de*** + grupo

    *Este bolígrafo es **el que menos** dura **de todos los que tengo**.*
- Para **acotar cantidades** usamos esta estructura:
  - ***(No) más/menos de*** + cantidad

    *Esta chica tendrá **más de** 20 años y **no más de** 25.*

> Fíjate:
> En esta estructura ***igual*** es un adverbio y, por tanto, es invariable.

> Fíjate:
> Si el grupo se ha mencionado antes o se sobrentiende, no es necesario repetirlo:
> *Ana tiene la nota más baja de la clase, pero no sé quién tiene la más alta.*

4.1 **En parejas** Fíjate en los datos de Estrella y Tomás y completa las frases con alguna de las estructuras anteriores.

1. Estrella .... 40 años.
2. Tomás es .... hijos tiene.
3. Para Tomás .... importante .... para Estrella.
4. Estrella es .... gana de los dos.
5. Tomás es .... horas trabaja.
6. Estrella es .... horas trabaja.

	Estrella	Tomás
Edad	41	26
Familia	Casada, 2 hijos	Casado, 1 hijo
Prioridades	Familia, trabajo, amigos	Familia, trabajo, amigos
Salario/mes	1600 €	1200 €
Contrato	8 horas/día	6 horas/día

Practica en contexto

1 ¿Sabes qué caracteriza a estas generaciones? Escucha y ordena las imágenes según la generación a la que se refieran.

[22]

☐ Generación Z

☐ Milenial o generación Y

☐ *Baby boomer*

☐ Generación X

1.1 **Todo el grupo** Actualmente se está hablando ya de una nueva generación. ¿Sabes cómo se llama y por qué la han nombrado así? ¿Qué edad tienen actualmente las personas de esta nueva generación?

1.2 **Todo el grupo** Lee el texto y comprueba tus respuestas anteriores.

Después de la generación Z, formada por aquellos nacidos entre 1995 y 2010, los expertos comienzan a hablar de la generación alfa (α), formada por los nacidos a partir de 2010: los hijos de la generación Y o milenial. No es casualidad que hayan escogido el nombre de "alfa" para referirse a ella, ya que es la primera letra del abecedario griego, lo que parece dar a entender, de forma metafórica, un nuevo renacer de la humanidad.

Adaptado de
https://saposyprincesas.elmundo.es/consejos/psicologia-infantil/caracteristicas-generacion-alpha/ y
https://www.elconfidencial.com/alma-corazon-vida/2019-05-30/generacion-alpha-demografia-social-digital_2042446/

1.3 **En grupos pequeños** Mira esta infografía sobre la generación alfa. ¿Qué similitudes y diferencias tiene con su generación anterior? ¿Cómo crees que será la nueva generación en otros aspectos: futuras relaciones de pareja, medioambiente...?

Comparar

Recuerda que para comparar puedes usar las siguientes expresiones:

- **el/la más/menos... de...**
- **igual de... que...**
- **más/menos... que...**
- **tan... como...**

1.4 **Todo el grupo** ¿A qué generación perteneces tú? ¿Con qué características te identificas más y con cuáles no te identificas en absoluto? Cuéntaselo a tus compañeros.

2

[23] **En parejas** Escucha este pódcast en el que cuatro personas hablan de un episodio de su vida. Anota en tu cuaderno a qué generación pertenece cada una y de qué época de su vida habla.

2.1 [23] Escucha de nuevo y marca qué persona hace cada afirmación.

	Persona
1. Formó una familia justo después de encontrar trabajo.	a b c d
2. Conoció a su pareja cuando vivía en el extranjero.	a b c d
3. Decidió qué estudiar después de un viaje.	a b c d
4. Pronto dejará de trabajar.	a b c d
5. Echa de menos la libertad de aquella época.	a b c d
6. No está seguro/a sobre su futuro académico.	a b c d
7. No se hizo realmente adulto/a hasta que salió de su país.	a b c d
8. No ha encontrado trabajo relacionado con sus estudios.	a b c d

2.2 **Todo el grupo** ¿Recuerdas el primer día del curso de español? ¿Cómo fue? ¿Qué pasó?

Fíjate:
Digo que algo ***me suena*** cuando tengo un recuerdo vago de un episodio, persona, dato... Si algo ***no me suena*** o ***no caigo*** es que no lo recuerdo de ninguna manera. Digo ***ya caigo*** cuando consigo acordarme de algo que no recordaba:

- ▶ *¿Te acuerdas de cuando te pusiste a imitar a don Manuel y él estaba detrás?*
- ▷ *¿Don Manuel?* ***No me suena****...*
- ▶ *Sí, mujer, el profesor de quinto, el que hablaba con un acento tan gracioso.*
- ▷ *¡Ah, sí! Don Manuel,* ***ya caigo****... Era muy majo, empezó a reírse él también con la imitación. No se enfadó ni nada.*

Evocar recuerdos

- Para expresar que **se recuerda** algo se usa:
  - ***Recordar/Acordarse de*** + sustantivo/***que***...

    Recuerdo *ese día./****Me acuerdo de*** *ese día.*

    Recuerdo que *cuando entré todos me miraron.*
  - ***No olvidar/No olvidarse de*** + sustantivo/***que***...

    No he olvidado el/No me he olvidado del *primer día de colegio.*

    No me he olvidado de que *fuiste tú quien me ayudó.*
- Para expresar que **no se recuerda** algo podemos usar las estructuras anteriores en forma negativa y afirmativa, respectivamente:

  No recuerdo *bien/****No me acuerdo*** *bien* ***de*** *ese día, pero sí de lo contenta que estaba.*

  Me he olvidado del *nombre de mi primer jefe.*

Fíjate:
La estructura **me recuerdo* es incorrecta.

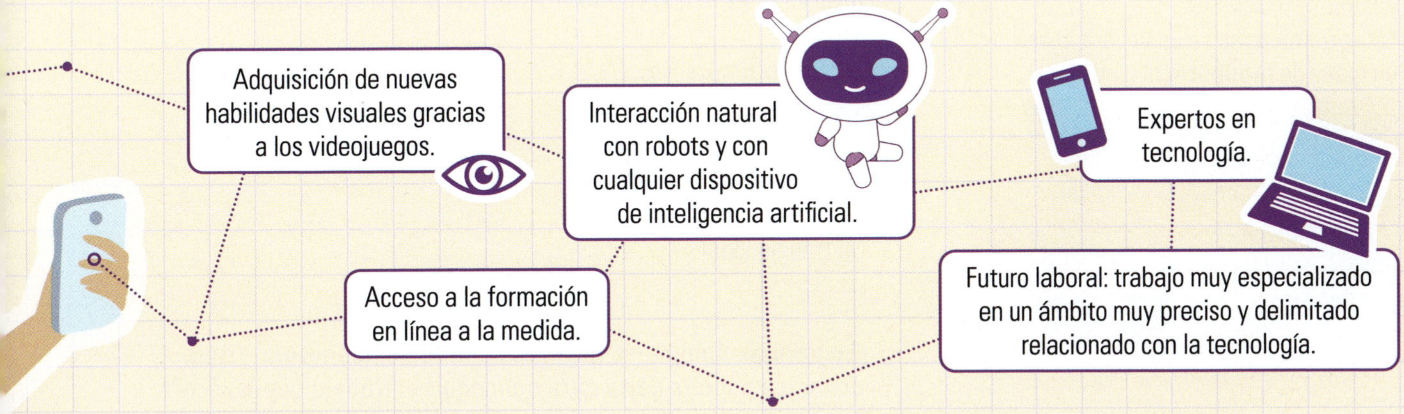

2.3 **Todo el grupo** Fíjate en estas imágenes; ¿te evocan algún recuerdo? Compártelo con tus compañeros.

3 [24] Escucha esta entrevista de trabajo y di si las siguientes afirmaciones son verdaderas o falsas.

1. A Sergio le gusta ayudar a la gente. .... V F
2. Sergio es muy bueno en todo lo relacionado con la burocracia. .... V F
3. Trabaja en una asociación especializada en el tratamiento de todo tipo de problemas psicológicos. .... V F
4. En su trabajo tiene que tratar también con la familia directa del paciente. .... V F
5. Olga cree que Sergio puede realizar cualquier trabajo. .... V F
6. Sergio aún no ha intervenido en conflictos de parejas con niños. .... V F

3.1 [24] Vuelve a escuchar y completa el cuadro.

- Para hablar de **capacidades y habilidades** usamos:
  - *Soy* [1] .... */un genio/malo(a)/un desastre/(un/a)*
    [2] .... + *para.../en ...*/gerundio
    *Es un **genio** para las matemáticas.*
    *Soy **un desastre** gestionando cuestiones burocráticas.*
  - (No) Tengo [3] .... para...
    [4] .... *para empatizar con personas con problemas.*
  - *Se me* [5] .... */dan* [6] .... */mal/fatal...* + sustantivo/infinitivo
    [7] .... *resolver conflictos familiares.*
- Para expresar **preferencias** usamos:
  - [8] .... **más/menos me gusta/interesa es/son...**
    [9] .... *menos me gusta es la burocracia.*

Fíjate:
Es muy común utilizar la expresión ***no se me da/dan mal...*** para decir con modestia que algo se nos da bien.

Dar consejos y hacer sugerencias

- Otras fórmulas para dar consejos y hacer sugerencias son ***podría(s)/debería(s)/tendría(s) que*** + infinitivo:
  Podrías hacer un curso intensivo de alemán en Berlín.

  Fíjate:
  Estas estructuras se usan para añadir un matiz de **modestia** al consejo.

- También puedes usar ***yo que tú/yo en tu lugar/yo*** + condicional:
  *Si quieres trabajar en recursos humanos, **yo que tú** haría un máster.*
  Con estas expresiones el hablante se pone **en el lugar del otro** para dar su recomendación; por eso, en estos casos, el condicional se construye siempre en primera persona.

3.2 Piensa en tus capacidades y habilidades. ¿Para qué tienes facilidad? ¿En qué eres un desastre? ¿Qué es lo que más te interesa? ¿Y lo que menos? ¿Cuál sería tu trabajo ideal?

Soy bueno/a en...	Soy un desastre para...

Mi trabajo ideal › ....

3.3 **En parejas** Comparte tus notas con tu compañero/a. ¿Qué consejos puedes darle para conseguir el trabajo que quiere?

3.4 **En parejas** En tu empresa hay un puesto vacante con el perfil de tu compañero/a. Hazle una entrevista de trabajo. Sigue el modelo de la audición anterior.

4 **En parejas** Lee los siguientes titulares sobre cómo será el futuro en algunos aspectos. ¿Qué crees que pasará cuando se hagan realidad?

Ejemplo: ***Cuando*** *se puedan prever las enfermedades, viviremos más años y tendremos mejor calidad de vida.*

> Recuerda:
> Para relacionar dos acciones futuras se usa ***cuando*** + subjuntivo.

La energía solar será la principal fuente de energía.

Todo estará conectado digitalmente.

Se confeccionarán mapas de ADN al nacer para prever el riesgo de padecer enfermedades.

El 47 % de los trabajos manuales será sustituido por robots en una o dos décadas.

La población mundial llegará a los 10 000 millones de habitantes según Naciones Unidas y, por esta razón, habrá que aumentar la producción agrícola en un 70 %.

4.1 **Todo el grupo** ¿Qué profesiones representan las siguientes imágenes? Responde después a las preguntas teniendo en cuenta los titulares anteriores y tu experiencia. Justifica tus respuestas.

1. ¿Cuáles de estas profesiones tienen más futuro y cuáles están condenadas a desaparecer?
2. ¿Cuándo desaparecerán estas últimas?
3. ¿Cuáles tendrán que reinventarse para sobrevivir?
4. ¿Qué otras profesiones actuales se encuentran en esta situación?

4.2 **En parejas** Elige una profesión con futuro y prepara una presentación para explicar a tus compañeros por qué crees que tiene tantas posibilidades. Luego, entre todos, elegid las cinco profesiones con más futuro en los próximos diez años.

LA GENERACIÓN DEL 27

Es, sin duda, la fotografía más célebre de la literatura española. En ella posan los poetas –tímidos, frágiles en apariencia– tras la mesa del salón de actos de la Sociedad Económica de Amigos del País de la calle Rioja, en Sevilla. Allí están ocho de las más firmes promesas literarias de la época: Rafael Alberti, Federico García Lorca, Juan Chabás, Mauricio Bacarisse, Jorge Guillén, José Bergamín, Dámaso Alonso y Gerardo Diego. Junto a ellos, los anfitriones Manuel Blasco Garzón y José María Romero Martínez.

José María Rondón, *Diario de Sevilla*, Sevilla, 18 de diciembre de 2016

1 **En grupos pequeños** Los poetas de la foto forman parte de una de las generaciones más importantes de la literatura española: la generación del 27. ¿Sabes qué es una *generación literaria*? ¿Por qué se agrupa a los escritores en generaciones? Discútelo con tus compañeros de grupo.

1.1 **Todo el grupo** Exponed vuestras conclusiones y comparadlas con las del resto de la clase. ¿Coincidís? Ahora, leed esta definición y comprobad vuestras respuestas.

Una generación literaria es un grupo o conjunto de escritores que tienen en común vivir en la misma época y compartir estilos, técnicas, gustos y preocupaciones. En la literatura española contemporánea se estudian dos grandes generaciones: la generación del 98 y la generación del 27.

2 **En parejas** ¿Cuáles de estas afirmaciones sobre la generación del 27 crees que son ciertas? Compara tus respuestas con las de tu compañero/a.

1. ☐ La generación tiene ese nombre porque coincide con el año de nacimiento de los artistas.
2. ☐ Los miembros de esa generación son solamente escritores.
3. ☐ Muchos miembros de esa generación tienen entre ellos relaciones de amistad.
4. ☐ La generación del 27 aparece con posterioridad a la guerra civil española.
5. ☐ Federico García Lorca es uno de los miembros más famosos de esta generación.
6. ☐ La generación del 27 es famosa por su odio al arte antiguo y su amor por el arte moderno.

2.1 Lee el texto y comprueba tus respuestas anteriores.

El Pabellón Transatlántico de la Residencia de Estudiantes de Madrid

En 1927 un grupo de escritores se reúne en Sevilla para conmemorar el tercer centenario de la muerte de Góngora, un célebre escritor clásico español de los siglos XVI-XVII. Entre los escritores de la generación del 27 destacan poetas como Pedro Salinas, Rafael Alberti, Federico García Lorca o Jorge Guillén. Pero este grupo literario integra a otros artistas de la época con los que trabajan en los proyectos artísticos más modernos y vanguardistas de su tiempo. Directores de cine como Luis Buñuel, músicos como Manuel de Falla y pintores como Dalí son famosos en la historia del arte y comparten con la generación del 27 las siguientes características:

- Muchos de ellos son amigos y estudian en la Institución Libre de Enseñanza. La mayoría vive y se reúne en la Residencia de Estudiantes de Madrid.
- Tienen los mismos gustos e intereses por los escritores clásicos y son, al mismo tiempo, muy innovadores y originales en sus creaciones artísticas.
- Están muy preocupados por la realidad social y política del país, pero también sienten mucha atracción por temas filosóficos universales.
- La gran mayoría apoya al bando republicano durante la guerra civil española y por ese motivo abandonan el país durante la dictadura de Franco.

2.2 Vamos a conocer más a algunos de estos artistas y escritores. ¿Con quién asocias estas informaciones? ¿Con Buñuel, Lorca, Dalí o Falla? Puedes utilizar internet para investigar.

Buñuel

Lorca

Dalí

Falla

1. Es conocido también por sus obras de teatro. ________
2. Es famoso por ser el primer director español en ganar un premio Óscar, con una película francesa. ________
3. Su biografía habla de su hábito de desinfectar el piano antes de tocarlo y lo define como un maniático de la limpieza. ________
4. Muere asesinado al principio de la guerra civil española. ________
5. Trabaja con Hitchcock en *Spellbound* y es el diseñador del logotipo de unos caramelos. ________
6. Hacen juntos una película: *Un perro andaluz*. ________

3 **En parejas** Elige a un miembro de la generación del 27, busca información e imágenes sobre él y preséntaselo a la clase.

Vídeo

Cartelera DE CINE

Sus ojos se cerraron y el mundo sigue andando

Sinopsis

La película tiene lugar en Buenos Aires en los años treinta. Juanita es una joven y bella modista española que admira a Carlos Gardel con obsesiva pasión. Un día conoce a Renzo, un fracasado cantante, de quien se enamora por el simple hecho de tener un gran parecido físico con su ídolo. Por este amor es capaz de abandonar a su antiguo novio e intentar convertir por todos los medios al joven Renzo en una copia perfecta de Carlos Gardel. Su fijación conducirá a su amado a un desenlace tan trágico como el del propio Gardel.

Antes de la secuencia

1 **Todo el grupo** Renzo sabe que a Juanita le gusta el cantante Carlos Gardel. ¿Cómo crees que conseguirá enamorar a la protagonista?

Renzo

Juanita

Gustavo, el novio

2 **Todo el grupo** De los siguientes escenarios, ¿cuál crees que es el más idóneo para enamorarse: una playa, un salón de baile o un supermercado? ¿Por qué?

3 **Todo el grupo** En la secuencia que vamos a ver, Juanita abandona a su novio por Renzo. ¿Cómo crees que reaccionará el novio ante esa situación?

Durante la secuencia

4 **En parejas** Renzo canta su canción *Amores de estudiante*. Visiona el fragmento 00:59 ▶ 02:45 y decide si las siguientes afirmaciones son verdaderas o falsas. Luego compara con tu compañero/a.

1. Renzo interpreta la canción mirando solo a Juanita. ..... V F
2. Las amigas de Juanita se dan cuenta de que ella presta más atención al cantante que a su novio. ..... V F
3. El novio de Juanita, Gustavo, disfruta de la canción. ..... V F
4. La letra de la canción dice: "Amores de estudiante, flores de una noche son". ..... V F
5. A los músicos les sorprende recibir aplausos del público tras la canción. ..... V F

5 Juanita y Renzo bailan un tango. Esta es parte de la conversación que mantienen. Visiona el fragmento 03:38 ▶ 04:30 y escribe las palabras que faltan.

Juanita: No me dirá que lo hizo por mí.
Renzo: Por supuesto. Usted fue la [1] .... que me dijo lo de Gardel.
Juanita: Claro, porque Gardel es grande.
Renzo: Yo también.
Juanita: Es puro [2] ....
Renzo: Yo igual.
Juanita: Y va a llegar a lo más alto porque es un [3] ....
Renzo: Yo también.
Juanita: Me está pareciendo un poco vanidoso.
Renzo: No, vanidoso no, [4] .... Yo soy pura ambición.
Juanita: Yo también.

6 **En parejas** Visiona ahora la secuencia completa y ordena estas frases por orden de aparición. Luego compara con tu compañero/a.

- ☐ Las amigas de Juanita comentan la situación.
- ☐ Los músicos discuten con el propietario del local.
- ☐ A Gustavo le molesta que Renzo esté hablando con su novia.
- ☐ Renzo y Juanita charlan mientras bailan un tango.
- ☐ El propietario quiere cerrar y les pide que terminen.
- ☐ Renzo canta un tango mientras mira fijamente a Juanita.
- ☐ Gustavo abandona el bar enojado.

Después de la secuencia

7 **Todo el grupo** Lee las preguntas y coméntalas con tus compañeros.

1. ¿Por qué Renzo no acompaña a sus amigos al terminar la canción?
2. ¿Qué problema tienen el propietario del local y los músicos?
3. ¿En qué tres cosas dice Renzo que coincide con Carlos Gardel?
4. Cuando Juanita y Renzo bailan, ¿en qué cualidad dicen los dos coincidir?

Las amigas

8 **En parejas** En la secuencia se dicen las siguientes dos frases, en las que aparecen algunas expresiones típicamente argentinas. ¿Sabes qué significan?

"Jamás le podría hacer una cosa así a **la gallega**".
"¿Cuántas veces te he dicho que **esa mina** no es para vos?".

9 **En grupos pequeños** La canción que interpreta Renzo, *Amores de estudiante*, es solo uno de los éxitos que popularizó Carlos Gardel, un mito en Argentina. Busca en internet información sobre su figura y discute con tus compañeros los ingredientes de su éxito eterno. ¿Con qué figura actual se puede comparar?

Evaluación

1 Escribe debajo de cada imagen qué hacen o qué les pasa a estas personas.

1. ....

2. ....

3. ....

4. ....

5. ....

6. ....

2 Escucha a estas personas comentando acontecimientos importantes de su vida. ¿De qué momento habla cada una? ¿De cuál no habla ninguna?

[25]

- ☐ Cuando compró su primera casa.
- ☐ Su traslado a la ciudad.
- ☐ El día que nació su nieta.
- ☐ Cuando se independizó.
- ☐ Cuando se graduó.
- ☐ Su jubilación.

3 Escribe un recuerdo para la situación que no se comenta en la actividad anterior.

....

....

4 Observa estos datos sobre dos titulaciones universitarias y corrige la información que no sea correcta.

Grado en Filología Hispánica

Duración: 4 cursos **Prácticas:** 3 meses
Nota de entrada: 5/10
Tasa de empleo de titulados: 56 %
Tiempo medio entre finalización de estudios y empleo: 18 meses

Grado en Administración de Empresas

Duración: 4 cursos **Prácticas:** 3 meses
Nota de entrada: 7.5/10
Tasa de empleo de titulados: 78 %
Tiempo medio entre finalización de estudios y empleo: 3 meses

1. El grado en Filología no dura igual que el de Administración de Empresas. › ....
2. Las prácticas de Administración de Empresas son las más largas. › ....
3. Necesitas al menos un 5 para entrar en Filología y no menos de un 7.5 para entrar en Administración de Empresas. › ....
4. La carrera con más futuro es Filología. › ....
5. El tiempo para encontrar un trabajo con Filología no es igual que con Administración de Empresas. › ....

5 Une los elementos de las dos columnas para formar frases y completa con los verbos entre paréntesis en la forma correcta.

1. Ojalá encuentre trabajo de lo mío...
2. Desde que (nacer) .... Marta...
3. Cuando nos (subir, ellos) .... el sueldo...
4. Mientras (estar, ellos) .... dormidos...
5. No volveré a trabajar...
6. Necesitaremos otra casa...

a. hasta que el niño (comenzar) .... el colegio.
b. después de (terminar, yo) .... la carrera.
c. en cuanto (nacer) .... su hermanita.
d. nos casaremos.
e. no tenemos tiempo para nosotros.
f. podremos hablar de nuestras cosas; ¡hace tanto que no lo hacemos!...

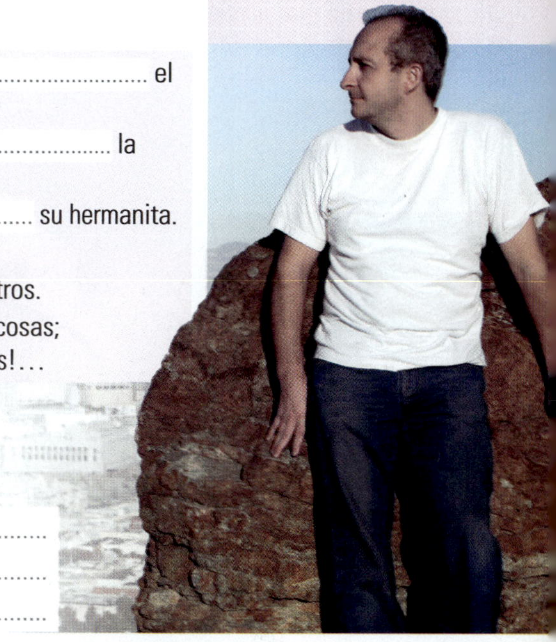

5.1 Las frases de la actividad anterior son los pensamientos de Antonio en distintos momentos de su vida. Ordénalos y escribe la historia.

....

....

....

6 Transforma las siguientes frases para que signifiquen lo que se indica entre paréntesis usando el condicional o el nexo temporal adecuado.

1. Volverás. Saldremos a tomar algo. (acciones sucesivas)
   ....
2. Quiero hablar un momento por teléfono. (petición cortés)
   ....
3. Anoche el niño cenó ensalada y salchichas. (hipótesis)
   ....
4. Tengo un bebé y no puedo dormir. (inicio de la acción)
   ....
5. Recibí un correo y a continuación me llamaron por teléfono. (acción sucesiva inmediata)
   ....
6. Tengo muchas ganas de tomar un café. (deseo)
   ....
7. Sal con los amigos y relaciónate, pasas mucho tiempo solo. (consejo)
   ....
8. Yo pongo la mesa. Tú haces la comida. (acciones simultáneas)
   ....

7 ¿Cómo recuerdas lo que has aprendido? Marca las opciones con las que te identifiques.

1. Soy **bueno(a)/malo(a)** recordando lo que es más diferente a mi lengua.
2. Soy **un genio/un desastre** recordando los ejemplos.
3. **Tengo/No tengo** facilidad para recordar lo que está relacionado con conocimientos anteriores.
4. Se me da **bien/mal** recordar lo que me emociona/divierte/enfada...
5. Soy **bueno(a)/malo(a)** recordando lo que experimento.

Unidad

7

¿A través de qué medios recibes información?

¿Te resulta complicado distinguir entre noticias falsas y noticias reales?

¿Te parece que la imagen del padre y el hijo es habitual hoy en día?

¿Con qué tipo de noticia relacionas al niño que aparece detrás de la reja?

Todo es noticia

En esta unidad vas a. . .

- Expresar cambios relacionados con una acción y sus causas
- Rectificar o matizar una información o suposición previa
- Redactar y titular acontecimientos informativos
- Descubrir qué palabras han sido noticia en los últimos años

¿Qué sabes?

1 **En grupos pequeños** ¿Cuánto sabes sobre medios de comunicación? Juega con tus compañeros de grupo. El que más respuestas acierte gana.

1. ¿En qué siglo empezaron a publicarse los primeros periódicos?
   - ○ a. En el siglo XVI.
   - ○ b. En el siglo XVII.
   - ○ c. En el siglo XVIII.

2. ¿Cómo se llama la parte de la noticia que resume lo más importante?
   - ○ a. Título.
   - ○ b. Titular.
   - ○ c. Titulación.

3. ¿Qué periódico empezó a publicarse en España al mismo tiempo que se iniciaba el periodo democrático (1976)?
   - ○ a. *El País*.
   - ○ b. *ABC*.
   - ○ c. *La Vanguardia*.

4. En el lenguaje periodístico, una situación está *al rojo vivo* cuando...
   - ○ a. alcanza su mayor interés.
   - ○ b. es muy complicada.
   - ○ c. tiene que ver con un asesinato.

5. El hombre/La mujer del tiempo informa sobre...
   - ○ a. economía.
   - ○ b. meteorología.
   - ○ c. actualidad.

6. ¿Qué acontecimiento deportivo fue seguido por más telespectadores?
   - ○ a. Final de la Copa del Mundo de Críquet en 2011.
   - ○ b. Final de la Copa del Mundo de Fútbol de Brasil en 2014.
   - ○ c. Ceremonia de apertura de los Juegos Olímpicos de Sídney en 2000.

7. ¿Qué medio de comunicación es más fiable según los usuarios?
   - ○ a. El periódico.
   - ○ b. Las redes sociales.
   - ○ c. La radio.

8. Si uso *televisión a la carta*, significa que...
   - ○ a. veo la tele en un restaurante.
   - ○ b. puedo elegir cuándo y qué ver.
   - ○ c. puedo elegir entre varios canales.

9. ¿En qué medio trabaja normalmente un/a locutor/a?
   - ○ a. En la prensa escrita.
   - ○ b. En la radio.
   - ○ c. En la televisión.

10. ¿A qué se dedica un crítico de cine?
    - ○ a. A ver películas.
    - ○ b. A comentar películas.
    - ○ c. A dirigir películas.

11. Los jóvenes prefieren internet para informarse, ya que...
    - ○ a. es más inmediato.
    - ○ b. es menos aburrido.
    - ○ c. es más fiable.

12. ¿Cuál de estas series españolas ha sido la más vista en el mundo en los últimos años?
    - ○ a. *El secreto de Puente Viejo*.
    - ○ b. *Médico de familia*.
    - ○ c. *La casa de papel*.

1.1 **Todo el grupo** Tu profesor/a va a dar las respuestas a cada pregunta. ¿Hay algo que te sorprenda o que no sabías? Cuéntaselo a tus compañeros.

2 **En parejas** El siglo XXI ha revolucionado la forma de hacer periodismo. Lee las frases y adivina qué palabra falta en cada una de ellas. Ayúdate del contexto y de tu experiencia para hacerlo. Luego compara con tu compañero/a.

El usuario ha dejado de ser solo espectador para [1] .... activamente en el proceso informativo.

Los ciudadanos han empezado a colaborar en el trabajo de los [2] .... aportando fotos, vídeos y testimonios.

El periodismo ciudadano añade un punto de vista diferente frente a los grandes medios, que defienden [3] .... comerciales.

La participación [4] .... en internet está provocando un exceso de información o sobreinformación.

Los rumores se convierten habitualmente en [5] .... y se pierde la perspectiva de lo que es verdadero o falso.

2.1 Escucha y comprueba tus respuestas. [26]

2.2 **En parejas** Comenta ahora con tu compañero/a cómo es tu relación con los medios informativos. ¿Coincidís en algo?

1. ¿Qué medios utilizas para estar informado/a? ¿Por qué?
2. ¿Has participado alguna vez en una información o en un programa con tus fotos, vídeos o comentarios? ¿Dónde?
3. ¿Qué medio te parece más fiable para informarte? ¿Por qué razón?
4. ¿Crees que en la actualidad hay demasiadas noticias falsas? ¿Podrías poner algún ejemplo?

2.3 **Todo el grupo** Lee la conclusión del audio anterior. ¿Estás de acuerdo con ella? Justifica tu respuesta.

"Lo cierto es que estos cambios ya no tienen vuelta atrás y el periodismo de este siglo seguirá transformándose con la ayuda de todos, profesionales y usuarios".

Palabras

1 **En parejas** Observa las imágenes. ¿Qué profesión relacionada con la comunicación tienen estas personas? ¿En qué medio crees que trabajan?

1. ....

2. ....

3. ....

1.1 **Lee lo que han escrito estas tres personas sobre su trabajo y comprueba si tus respuestas de la actividad anterior son correctas. Después completa los textos con las palabras adecuadas del recuadro.**

cartelera | lectores | espectadores | última hora | informativo | estrenos | reportero críticas | estudio | oyentes | cámara | información meteorológica

(1) Soy crítica de cine porque desde niña mi pasión son las películas. Es un verdadero placer para mí trabajar en algo que me gusta tanto, pero eso no significa que no tenga que esforzarme. Para empezar, necesito ver todos los [1] .... importantes para poder estar al día. A veces no todo lo que veo es de calidad u original. Tampoco mis [2] .... gustan a todos los [3] .... Y el periódico me exige que tenga terminados mis artículos a veces en el día. Además, en vacaciones sigo escribiendo porque la [4] .... no se detiene y siempre hay nuevas películas de las que hablar.

(2) Empecé a trabajar en la televisión como [5] .... Cada día salía a la calle para buscar noticias, acompañado por un [6] .... Un día tuvimos que cubrir una inundación y descubrí que la [7] .... me gustaba más que otros temas. Como tengo un grado en Física, hice un máster en Climatología y me ofrecí para ser el hombre del tiempo. Gracias a mi trabajo anterior tenía contactos y conseguí mi propio programa después del telediario. Como soy una cara conocida, muchos [8] .... me paran por la calle para mostrarme sus fotos de nevadas o simplemente para preguntarme si mañana va a llover. El tiempo es un tema que nos interesa a todos.

(3) De lunes a viernes tengo que estar en el [9] .... muy temprano. Empiezo a trabajar a las cinco de la mañana, pero no me importa. Cada día, nuestros [10] .... se levantan con la [11] .... gracias a nuestro [12] .... Yo soy la presentadora; mi voz es lo que se escucha, pero detrás de mí hay un gran equipo que trabaja muy organizado para que todo sea perfecto cuando estoy en el aire. Llevo muchos años trabajando en la radio, pero cada día sigue siendo muy emocionante.

1.2 **En parejas** Observa las imágenes y completa cada frase con una perífrasis de infinitivo.

Paco [1] .... por las noches.

El jarrón [2] ....

Miguel [3] ....

Paula [4] .... al colegio.

Matías [5] .... está lleno.

Elisa [6] .... su regalo.

2 Perífrasis de gerundio

- Las perífrasis de gerundio son **aspectuales**: independientemente del tiempo en el que esté el verbo auxiliar, indican que la acción principal está **en desarrollo**. La perífrasis de gerundio más común es ***estar* + gerundio**:

  *Ahora **estoy viviendo** en Madrid.*
  *Ayer **estaba viendo** una serie cuando me llamaste.*
  *La semana pasada **estuve trabajando** hasta las tantas porque tenía muchísimo que hacer.*
  *En agosto **estaremos tomando** el sol en la playa.*

> Fíjate:
> En cada uno de los ejemplos anteriores el tiempo verbal es diferente (presente, pasado, futuro), pero en todos ellos se presenta la acción en desarrollo.

- La perífrasis ***seguir/continuar* + gerundio** expresa una acción en desarrollo que comenzó anteriormente:

  *Mi trabajo en la radio **sigue/continúa siendo** muy emocionante.*

- La perífrasis ***llevar* + (cantidad de tiempo) + gerundio** expresa la duración de una acción que empezó en el pasado (indicando su comienzo) y que continúa en el presente:

  ***Llevo dos años trabajando** como locutora.*

  En pasado indica solo la duración de una acción:

  ***Llevaba** dos horas **estudiando** cuando me llamaste.*

- La perífrasis ***ir* + gerundio** expresa una acción que se desarrolla progresivamente:

  *Ya **voy entendiendo** estas ecuaciones de segundo grado.*

- La perífrasis ***andar* + gerundio** indica discontinuidad, despreocupación y algunas veces tiene un matiz negativo:

  ***Anda contándoselo** a todo el mundo; es muy indiscreto.*

RAE

GRAMÁTICA

- En Argentina *estar* + gerundio expresa una acción en su transcurso, al igual que en el español peninsular, pero también puede expresar futuro cuando hay una referencia temporal de futuro: *"Buenísimo, ¿cuándo?" "En febrero". Me aclara que **se está yendo** a Nueva York por un mes y lo tranquilizo: "Tenemos tiempo".*
- En México *andar* + gerundio tiene una frecuencia de uso mucho mayor que en ningún otro país hispanohablante, sobre todo en el habla informal: *–¿Qué **andaba haciendo** ese nagual en esta parte del mundo? ¿**Andaba curando**?*

2.1 **En parejas** Elige la opción más adecuada fijándote bien en el contexto de la frase.

1. Empieza la segunda parte del partido. **Vamos/Continuamos/Estamos** retransmitiendo en directo.
2. **Estoy/Voy/Llevo** participando en este concurso más de tres meses y aún **sigo/estoy/ando** ganando.
3. ▶ ¿Qué **estás/vas/llevas** haciendo, Jaime? Te veo muy serio…
   ▷ Es que **vengo/estoy/llevo** dos horas con este ejercicio y no me sale.
4. **Está/Continúa/Anda** trabajando en varias novelas al mismo tiempo sin terminar ninguna.
5. **Llevo/Voy/Estoy** haciendo la comida y mientras tú **vas/estás/llevas** poniendo la mesa, ¿vale?

2.2 [28] **En parejas** Escucha y contesta a estas preguntas. Luego compara tus respuestas con tu compañero/a.

1. ¿Dónde está el periodista? ....
2. ¿De qué está informando? ....
3. ¿En qué momento se encuentra? ....

2.3 [28] **En parejas** Completa con la perífrasis de gerundio adecuada según el contexto. Luego escucha de nuevo para comprobar tu respuesta.

Aunque [1] .... (llover) con fuerza en el estadio, esto parece no importar ni a los jugadores ni a los asistentes. ¡Qué gran partido [2] .... (ver)! Increíble cómo [3] .... (jugar) estos deportistas. El partido está al rojo vivo, máximo interés. El equipo blanquiazul [4] .... (buscar) la victoria mucho tiempo y acaba de meter el tercer tanto. Faltan tan solo cinco minutos para el final, estamos a punto de terminar y los blanquiazules [5] .... (ganar). El resultado, de momento, Blanquiazules 3, Rojillos 2.

3 Oraciones causales

- Las oraciones **causales** indican la **razón o motivo** de una acción o situación y se construyen en **indicativo**:

  *Voy a dejar mi trabajo **porque quiero volver a estudiar**.*

- Los conectores causales más habituales son ***porque*** y ***como***. ***Como*** se usa para expresar la causa en primer lugar. En este caso, el hablante quiere hacer más hincapié en la causa que en la consecuencia:

  *Le hemos preguntado a su mujer **porque** no sabemos bien qué regalarle.*

  ***Como** no sabemos bien qué regalarle, le hemos preguntado a su mujer.*

- El conector ***por*** equivale a ***porque***, y se construye con un **sustantivo** o un **infinitivo**:

  *Hay mucho tráfico **por la lluvia**. = Hay mucho tráfico **porque llueve**.*

  *Le han castigado **por llegar tarde**. = Le han castigado **porque ha llegado tarde**.*

- Otros conectores causales son:

  – ya que – puesto que – dado que – en vista de que

  Estos conectores expresan una **causa** que **ya es conocida** por el interlocutor y pueden aparecer antes o después de la consecuencia:

  ***Ya que** no puedes venir a la fiesta, te invitaré el domingo a comer.*

  *Te invitaré el domingo a comer, **ya que** no puedes venir a la fiesta.*

- El conector ***a causa de*** es formal y suele ir seguido de un **sustantivo**:

  *No puedo trabajar **a causa de mi enfermedad**.*

3.1 **En parejas** Transforma estas oraciones causales utilizando el nexo propuesto. Haz los cambios de orden y categoría gramatical que sean necesarios.

1. Tengo hambre porque no he comido nada. (como)
2. Como veo mucho la televisión, me sé de memoria la programación. (porque)
3. No sé qué ha pasado porque no he visto las noticias. (por)
4. Puesto que tienes tiempo, ayúdame con mis deberes. (ya que)
5. Como ya la conocía, no la invité a mi presentación. (en vista de que)
6. Hubo una fuerte tormenta y tuvieron que cancelar el concierto. (a causa de)
7. Han convocado una reunión urgente porque han destituido al entrenador. (dado que)

4 Oraciones concesivas

- Las oraciones concesivas se usan para **presentar un obstáculo** que no impide que la acción principal se cumpla. ***Aunque*** es el nexo concesivo más común.
- Se usa ***aunque*** con **indicativo** cuando el obstáculo se presenta como un **hecho objetivo** o como **información nueva**:
  - ▶ *¿Quieres un trozo de tarta?*
  - ▷ *Bueno, probaré un poco, **aunque** a mí no me **va** mucho el dulce, la verdad.*
- Se usa ***aunque*** con **subjuntivo** cuando el obstáculo es una información compartida o el hablante no lo considera importante:
  - ▶ ***Aunque** no te **vaya** mucho el dulce, seguro que te gusta, apenas lleva azúcar.*

4.1 Relaciona las columnas para formar frases con sentido.

1. No voy a dejarte mis llaves aunque...	a. las predicciones son de mal tiempo.
2. Mañana iremos a la playa aunque...	b. siempre va a su trabajo caminando.
3. Aunque vive bastante lejos,...	c. yo nunca te veo hacerlo.
4. Mi hermana es más joven que yo, aunque...	d. todo el mundo me echa menos años a mí.
5. Aunque dices que te gusta mucho cocinar,...	e. me prometas que no vas a perderlas.

4.2 Transforma las siguientes frases en tu cuaderno usando *aunque* con indicativo o subjuntivo. Fíjate en el ejemplo.

Ejemplo: *Parece despistado en clase, pero saca muy buenas notas.* ›
Aunque parece despistado en clase, saca muy buenas notas.

1. Era el mejor candidato, pero le dieron el puesto a otra persona.
2. Lleva muchos años en España, pero no habla muy bien español.
3. Sí, estás muy ocupada, pero tienes que recoger tu cuarto igualmente.
4. Ana y Bea se pasan el día discutiendo; sin embargo, siempre están juntas.
5. Es el más pequeño de todos los hermanos, pero es el más responsable.
6. Tienes mucha confianza con Juan, pero eso no te da derecho a hablarle mal.
7. Te vas a enfadar; sin embargo, no pienso hacerte caso.

Practica en contexto

1 **En parejas** Observa las siguientes imágenes. ¿Qué está pasando? ¿Por qué son noticia?

1.1 **En parejas** Relaciona los siguientes datos con las imágenes anteriores. ¿Has acertado en tus suposiciones? Después escribe un titular para cada una de las informaciones.

1 ☐ ______

- Incendio en fábrica.
- No se conocen las causas.
- No hay víctimas.
- Grandes daños materiales.
- Los bomberos trabajan más de 24 horas.

2 ☐ ______

- Maratón (42 km).
- Gran número de participantes.
- Victoria atleta desconocido.
- Celebración en la ciudad para apoyar a los deportistas en su recorrido.

3 ☐ ______

- Una semana de lluvias sin parar.
- Inundaciones en diferentes puntos del país.
- Sin cambios para los próximos días.
- Recomendaciones de seguridad para la población.

4 ☐ ______

- Festival de cine.
- Participan películas de géneros y nacionalidades distintos.
- Gran asistencia de actores y actrices famosos.
- Película española entre las favoritas de los críticos.

Recomendaciones para escribir una noticia

- El titular de una noticia suele ser **breve** e intenta captar la atención del lector/oyente/espectador.
- La información debe explicar la **causa** o **razón** de la noticia (junto al **qué**, **dónde**, **cuándo** y **cómo** sucedió):
  *Se han registrado varias inundaciones, **ya que** la lluvia continúa cayendo sin parar.*
- Las acciones se narran normalmente en presente o pretérito perfecto para indicar la **inmediatez** de la noticia:
  ***Continúan** las altas temperaturas y el tiempo se mantendrá sin cambios al menos durante esta semana.*
- Son habituales **las perífrasis** que especifican el comienzo, desarrollo, interrupción o repetición de una acción:
  *El Real Madrid **ha vuelto a ganar** en el Bernabéu.*
- Se usan conectores que ayudan a organizar la información: ***además*, *también*, *por una parte*, *por otro lado*, *sin embargo***, etc.

1.2 **En parejas** Elige uno de los acontecimientos anteriores y elabora una noticia con la información de la que dispones. Añade otros datos inventados.

1.3 **Todo el grupo** Leed vuestra noticia al resto de los compañeros. ¿Cuál es la mejor organizada? ¿Y la que mejor explica la información? ¿Cuál está mejor escrita?

2 **Todo el grupo** Observa las fotografías que ilustran la siguiente entrevista. ¿Con qué noticia de la actividad 1 las relacionas? ¿Por qué crees que estas mujeres van vestidas de rosa?

2.1 **En grupos pequeños** Como puedes ver, en la entrevista faltan el titular, parte de las preguntas y los pies de foto. Trabaja con tus compañeros para completar los huecos. Luego compara el resultado con la entrevista original que te va a mostrar tu profesor/a.

"[1] ...."

Fíjate:
En las entrevistas es muy común encontrar como titular una frase relevante extraída del texto.

[2] ....
J. F.

▶ [3] ....

▷ Es una buena pregunta. En primer lugar porque me gusta, pero también porque para mí es una forma de vida, una filosofía. No entiendo la vida sin deporte.

▶ Para ganar una maratón, que es una competición de 42 kilómetros, [4] ....

▷ ¿Sacrificios? No, no es que se tengan que hacer sacrificios, llevo practicando deporte toda mi vida, es una pasión; pero sí es verdad que hay cosas que no me puedo permitir. Me levanto cada día muy temprano para correr. Llevo una dieta estricta y no tengo vacaciones. Hago ejercicio 365 días al año, nunca dejo de hacer deporte.

▶ Es muy interesante. Hace unos años correr era una actividad que pocos hacían. [5] ....

▷ Me parece bien que esté de moda. Creo que es una actividad sana y barata, no se necesita nada más que ropa deportiva y unas zapatillas. En ese sentido, creo que es un deporte muy fácil de practicar.

▶ [6] ....

▷ Aún no lo he pensado. Supongo que sí. Todavía estoy como en una nube, estoy disfrutando de mi victoria y no, por el momento no tengo planes para el futuro. No sé si volveré a repetir esta experiencia.

[7] ....

Expresiones idiomáticas con *estar*

- **Estar al día** › Estar bien informado, con la información actualizada.
- **Estar al rojo (vivo)** › Se refiere a una situación o acontecimiento que está en su momento de máximo interés.
- **Estar de moda** › Estar de actualidad o marcar tendencia.
- **Estar al caer** › Estar a punto de llegar o a punto de ocurrir.
- **Estar en el aire** › En radio o televisión, estar retransmitiendo en directo. También se dice cuando algo está pendiente y no se sabe si va a suceder o no.
- **Estar (como) en una nube** › Estar viviendo un sueño, un momento muy feliz.

RAE

LÉXICO

La expresión estar al caer cambia en las siguientes variantes:

- En el español de Argentina se usa estar por pasar: *Tenemos que irnos, Michel –dijo Chemir–, **está por pasar** el patrón y si nos encuentra aquí vamos a tener que pagar la consumición.*
- En el español de México y Centroamérica se usa estar por caer: *No sé qué hacer, es de noche y para salir de aquí es demasiado largo. Para ir al pueblo más cercano tenemos que esperar a Willy, **está por caer.***

3 **Todo el grupo** ¿Conoces a estas personas? ¿Sabes de dónde son y a qué se dedican? ¿Qué tienen todos en común?

3.1 Relaciona cada información con el personaje al que crees que se refiere.

1. ☐ Aunque todos la conocen como "la Reina de la Televisión Hispana", esta periodista puertorriqueña es también una activista muy comprometida con el medioambiente y los derechos de los animales.
2. ☐ Esta cantante española ha obtenido reconocimiento mundial gracias a su original estilo, que mezcla el flamenco con el trap, el hiphop o la música electrónica. Aunque ha recibido ya varios premios Grammy, con 15 años se presentó a un programa musical y no logró pasar las pruebas.
3. ☐ Aunque apenas ronda los 40, es el director de la Orquesta Filarmónica de Los Ángeles y está considerado como la máxima representación de la música clásica y la dirección de orquestas.
4. ☐ Es "el Príncipe del Reguetón", pero este cantante y productor colombiano escuchaba a los 10 años grupos de *rock* como Sepultura, Red Hot Chili Peppers y Nirvana.
5. ☐ Aunque nació y se crio en el Bronx, esta jueza de origen puertorriqueño se convirtió en la primera persona de origen hispano en ocupar una bancada en la Corte Suprema de Estados Unidos.
6. ☐ Está considerado uno de los mejores deportistas de la historia. Tiene varias manías: alinear siempre de la misma forma sus botellas de agua o no pisar nunca las líneas de la pista cuando la pelota no está en juego son algunas de ellas.

3.2 **En parejas** Dos de los personajes anteriores han trabajado juntos, ¿quiénes crees que son? Coméntalo con tu compañero/a. Justifica tu respuesta.

3.3 **En parejas** Decide a cuál de estos personajes te gustaría entrevistar. Investiga sobre su vida y elabora un cuestionario de unas cinco o seis preguntas. Luego elige un papel, entrevistador/a o personaje, y con tu compañero/a representa la entrevista ante la clase. ¿Cuál ha sido la más interesante? ¿Y la más divertida?

Fuente: www.que.es

4 **En grupos pequeños** Lee los titulares de estas noticias y debate con tus compañeros cuál puede haber sido la causa.

4.1 [29] Escucha y comprueba si has acertado en tus hipótesis.

5 **En parejas** ¿Qué imagen de las siguientes te identifica a la hora de ver la tele? ¿Siempre ha sido así? ¿Por qué ha cambiado? Coméntalo con tu compañero/a.

1

2

3

5.1 **En parejas** ¿Estamos ante una nueva era en la forma de ver la televisión? Marca las afirmaciones que se correspondan con la tendencia actual según tu opinión.

1. ☐ La tele se ve en familia, en el sofá, a la hora de cenar.
2. ☐ La tele se ve solo en un móvil o tableta.
3. ☐ Las series de televisión se comentan en las redes sociales.
4. ☐ Las series se comentan solo con los amigos en el trabajo o en la escuela.
5. ☐ El espectador puede elegir cuándo y qué ver.
6. ☐ El espectador se adapta a los contenidos de una programación fija.

5.2 **En grupos pequeños** Lee el texto y comprueba tus respuestas anteriores. Si no estás de acuerdo con alguna afirmación, rectifícala o matízala con la información que tú creas correcta y coméntalo con tus compañeros.

La nueva era de la televisión

Antes la tele se veía en familia, en el sofá, y luego se hablaba de lo que se había visto con los compañeros del trabajo o en la escuela. Ahora la tele se ve solo, en la tableta o en el móvil, y se comenta en las redes sociales. La televisión es uno de los medios que en poco tiempo ha vivido una revolución.

La llegada de internet ha cambiado la forma de ver la televisión, su audiencia, el modelo de negocio, pero también la experiencia. Ahora el usuario puede elegir qué ver, cuándo lo ve y en qué dispositivo.

Hay mucha más libertad para el espectador, que puede decidir, por ejemplo, qué serie ver y cuántos capítulos ver en una sola sesión.

Además, en su experiencia televisiva puede elegir los subtítulos o el idioma, pero también opciones de contenidos basadas en sus gustos.

Las cadenas tradicionales buscan una salida entre el modelo clásico y el moderno ofreciendo contenidos a la carta a través de su página web. Esto quiere decir que se pueden ver los programas de la cadena en el momento en que se desee. Para ello es necesario tener una televisión "inteligente" con conexión a internet.

Fuente: https://www.uoc.edu/portal/es/news/actualitat/2017/195-aniversario-netflix.html

Rectificar o matizar una información o suposición previa

- *no porque* + subjuntivo, *sino porque* + indicativo
  *Voy al cine **no porque** me **guste**, **sino porque quiero** acompañarte.*
- *no es que* + subjuntivo, *es que* + indicativo
  ***No es que** no te **crea**, **es que necesito** una confirmación oficial.*

5.3 **Todo el grupo** Comenta tus gustos a la hora de ver la televisión y qué series son tus preferidas.

La palabra del año

1 ¿Qué crees que tienen estas palabras en común? Marca las opciones correctas según tu opinión.

selfi | populismo | refugiado | escrache

1. ☐ Son palabras que se han empezado a usar recientemente.
2. ☐ Son palabras que han aparecido frecuentemente en los medios informativos.
3. ☐ Las cuatro han ganado un concurso anual de palabras.
4. ☐ Son palabras muy populares.

2 **Todo el grupo** Entre todos, definid las cuatro palabras anteriores. Fijaos bien en las imágenes para deducir su significado. Luego leed el texto para comprobar vuestras respuestas.

La palabra del año

Anualmente, desde 2013, la Fundación del Español Urgente (FundéuRAE) elige una palabra, *la palabra del año*, entre aquellas que han marcado la actualidad informativa del año en curso. Eligen términos que han estado presentes en los medios de comunicación y que ofrecen interés desde el punto de vista lingüístico. Son términos que han sido objeto de alguna de las recomendaciones que diariamente publica la FundéuRAE.

Hay veces en las que la palabra elegida es de nueva creación, pero en otras ocasiones son palabras adaptadas de lenguas extranjeras o que simplemente han adquirido un nuevo uso.

En los últimos años han ganado este honor los términos *escrache* (palabra que se forma a partir del verbo *escrachar*, propio del español de Argentina, que significa 'dejar en evidencia a alguien' y que se usa para aludir a las manifestaciones que se convocan frente a los domicilios de los políticos y otros personajes públicos para protestar por algo), *refugiado* ('persona que, a consecuencia de guerras, revoluciones o persecuciones políticas, se ve obligada a buscar refugio fuera de su país'), *populismo* (palabra que ha evolucionado a lo largo del tiempo y que ha tomado últimamente connotaciones negativas, pues se refiere a la tendencia de algunos políticos de cualquier ideología a recurrir a los sentimientos del ciudadano y ofrecer soluciones simples a problemas complejos), *selfi* (adaptación española de la palabra inglesa *selfie*), *aporofobia* ('rechazo a los pobres') o *microplástico* (palabra que designa los pequeños fragmentos de plástico que se han convertido en una amenaza para el medioambiente y la salud).

Adaptado de https://www.fundeu.es/

La Fundación del Español Urgente –FundéuRAE– es una institución sin ánimo de lucro que tiene como principal objetivo impulsar el buen uso del español en los medios de comunicación.

Mediante recomendaciones diarias y respuestas a las consultas que recibe, pretende ser una herramienta que ayude a quienes utilizan el idioma en su actividad diaria en los medios de comunicación, las redes sociales o las nuevas plataformas digitales.

Adaptado de https://www.fundeu.es/Sobrefundeubbva/quienes-somos/

3 **Todo el grupo** **Juega en clase a *la palabra favorita*. Presenta una palabra candidata, justificando tu elección. La que reciba más votos será la palabra ganadora.**

Vídeo

Cartelera DE CINE

AzulOscuroCasiNegro

Sinopsis

El padre de Jorge sufrió un infarto cerebral hace siete años y no ha podido recuperarse. Jorge ha heredado su trabajo de portero. Desde entonces, este lucha contra un destino que parece inevitable. En los últimos años se ha esforzado por hacer su trabajo: cuidar de su padre y estudiar una carrera. Ahora que ha terminado Empresariales, su deseo es encontrar un puesto acorde a sus estudios. A través de su hermano Antonio, que está en prisión, conoce a Paula, con quien iniciará una extraña relación que lo impulsará a dejar de sentirse responsable de todo y a enfrentarse a sus deseos.

Antes de la secuencia

1 **En parejas** Observa las imágenes que tienes a continuación. Describe cada una de ellas y relaciónalas con la información correspondiente de la sinopsis de la película. Trabaja con tu compañero/a.

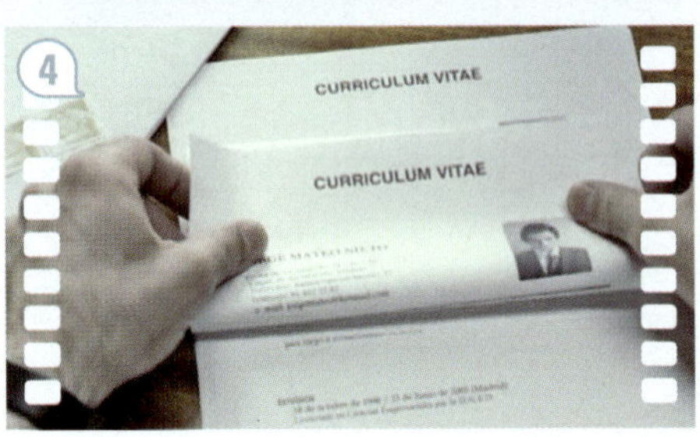

1.1 **En parejas** Fíjate en la imagen 3. ¿Crees que a Jorge le gusta lo que está haciendo? ¿Cuáles crees que son los inconvenientes de trabajar como portero?

Durante la secuencia

2 **En grupos pequeños** Visiona la secuencia completa. ¿Cuántos personajes podemos ver? ¿Dónde están? ¿Qué les pasa?

3 Ordena la entrevista de trabajo que hace Jorge y luego mira el fragmento 02:50 ▶ 03:20 para comprobar tus respuestas.

- [11] Entrevistador: ¡Ah!
- [ ] Jorge: Estoy trabajando.
- [ ] Entrevistador: ¿Con qué?
- [ ] Entrevistador: Aquí no aparece experiencia laboral.
- [ ] Jorge: Bueno, soy portero.
- [ ] Entrevistador: ¿De fútbol?
- [ ] Jorge: Es que he estado compaginándolo.
- [1] Entrevistador: Siete años para terminar la carrera.
- [ ] Jorge: No, de portería, de vivienda.
- [ ] Entrevistador: ¿Y en qué trabaja? ¿En qué sector?
- [ ] Jorge: Es que no está relacionado con el sector.

4 Mira el fragmento 03:57 ▶ final y contesta a las preguntas.

> Recuerda:
> El condicional se usa para hablar de situaciones imaginarias o hipotéticas.

1. ¿Qué le puede pasar a Jorge, según el entrevistador, si lo aceptan en ese nuevo trabajo?
2. ¿Dónde tendría que ir a vivir?
3. ¿Cuántas horas semanales tendría que trabajar en ese puesto?
4. ¿Qué opina el director de la empresa sobre el cuidado del padre?
5. ¿Qué condiciones laborales tiene su trabajo como portero?
6. ¿Por qué no le gusta trabajar como portero?
7. ¿Qué respuesta recibe por parte de la empresa?

Después de la secuencia

5 **Todo el grupo** Has visto dos entrevistas de trabajo a las que ha asistido Jorge. ¿Crees que es apropiado hacer preguntas personales en este tipo de entrevistas? ¿Por qué?

6 **Todo el grupo** Jorge es rechazado repetidas veces en su búsqueda de empleo. ¿Qué consejos le darías para que por fin logre superar una entrevista?

7 **Todo el grupo** Como has visto, Jorge tiene expectativas debido a su cualificación, pero finalmente no alcanza todo lo que desea en la vida. ¿Piensas que esto refleja la situación actual de los jóvenes en el mundo? ¿Cómo es la situación en tu país?

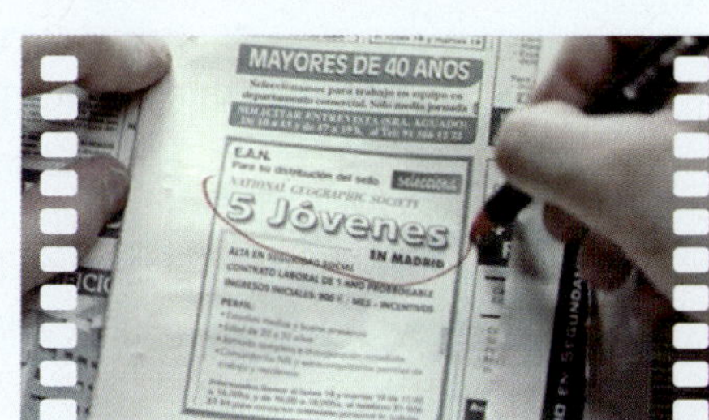

Evaluación

1 **Completa las frases con los verbos del recuadro en el tiempo correcto.**

informar | enterarse | desmentir | estar | fiarse

1. Hace unos minutos el portavoz del Gobierno .... la noticia acerca de la subida del precio del petróleo. No es cierto lo que te han dicho.
2. ¿........................... (tú) del resultado del partido de fútbol de esta tarde?
3. Yo normalmente no .... de las noticias que aparecen en chats.
4. Algunas redes sociales .... de noticias falsas.
5. El debate sobre el cambio climático en televisión .... al rojo vivo. Hay división de opiniones.

2 **Escribe una definición de las siguientes palabras.**

1. Locutor/a › ....
2. Crítico/a de cine › ....
3. Estreno › ....
4. Telediario › ....
5. Oyente › ....
6. Rumor › ....

3 **Completa la conversación entre dos amigas formando las perífrasis apropiadas en el tiempo correcto.**

volver | estar | empezar | acabar | seguir | dejar

Virginia: ¿Qué serie [1] .... viendo?

Raquel: La misma que la semana pasada, [2] .... viendo *Aburridos*. Está muy bien. ¿Y tú?

Virginia: El otro día [3] .... a ver una serie nueva sobre una familia que viaja por el espacio, pero [4] .... de verla porque era demasiado lenta. Prefiero cuando hay un poco más de acción.

Raquel: Yo también, pero mis series favoritas son las históricas. Recuerdo una que vi sobre la vida de los reyes. Creo que, si la encuentro en mi canal, [5] .... a verla.

Virginia: ¡Qué coincidencia! Justo [6] .... de empezar a ver una serie histórica. Solo he visto el primer capítulo.

Raquel: Pues, si me dices qué serie es, podemos verla juntas.

Virginia: ¡Venga! Se llama *Castillos en la arena* y está genial, de verdad.

4 **Lee el texto y completa con el conector causal adecuado. En algunos casos hay varias opciones posibles.**

El periodismo del siglo XXI ha cambiado por completo, no [1] .... hayan pasado los años, sino [2] .... el usuario ya no es solo receptor de la información, también opina e informa. Esta nueva situación trae consigo ventajas e inconvenientes [3] .... permite a los medios ser más dinámicos, pero extiende los rumores a través de las redes [4] .... lo fácil que resulta publicar cualquier noticia. [5] .... todo el mundo puede crear información, saber distinguir entre lo que es real y lo que es falso resulta en muchos casos una misión imposible.

5 **Completa las frases con las expresiones idiomáticas con *estar* que has estudiado.**

1. A mi padre le gusta estar .... de la información deportiva.
2. Las gafas que compré parece que están .... porque todo el mundo las lleva.
3. Pedro no ha llegado aún pero debe estar ....
4. Desde que mi hermano sale con Alicia, está ...., lo veo muy feliz.
5. No es seguro que vayamos a Barcelona de vacaciones. La decisión está todavía ....

6 **Completa libremente las siguientes oraciones concesivas.**

1. Hay gente que se informa de lo que sucede a través de las redes, aunque ....
2. Muchos jóvenes prefieren ver las películas en su tableta u ordenador, aunque ....
3. Aunque en mi casa se compra el periódico todos los días, ...
4. Aunque la televisión de hoy en día ofrezca muchas posibilidades, ...
5. Dicen que la radio es un medio de comunicación un poco anticuado, aunque ....
6. Aunque en casi todas las casas tenemos televisión, ...

7 **Observa esta fotografía. ¿Qué está pasando? ¿Por qué? Escribe en tu cuaderno una historia basada en la imagen. En tu texto deben aparecer dos perífrasis de infinitivo, dos de gerundio y una frase con *aunque* + subjuntivo.**

8 **Define con tus palabras los siguientes términos.**

1. Refugiado/a: ....
2. Populismo: ....
3. Escrache: ....

9 **Analiza tu aprendizaje y marca la opción que más se acerca a tu experiencia.**

Después del trabajo con la unidad, soy capaz de...	Mucho	Bastante	Un poco	Nada
1. hablar de los medios de comunicación en la actualidad.	☐	☐	☐	☐
2. escribir una noticia.	☐	☐	☐	☐
3. explicar y entender la causa de lo que sucede.	☐	☐	☐	☐
4. rectificar una información o suposición previa.	☐	☐	☐	☐
5. expresar un obstáculo que, sin embargo, no impide la realización de un hecho.	☐	☐	☐	☐
6. expresar valores de modo y aspecto mediante las perífrasis verbales.	☐	☐	☐	☐

Unidad

8

Fíjate en la imagen principal; ¿quiénes crees que son? ¿Qué ha pasado?

¿Cómo serán las ciudades del futuro?

¿Crees que desaparecerán los objetos que usamos ahora? ¿Cuándo?

¿Sabías que a los madrileños se les llama *gatos*? ¿Imaginas por qué?

¿Qué habrá pasado?

En esta unidad vas a...

- Hacer hipótesis sobre el presente y el pasado
- Hacer predicciones sobre el futuro
- Expresar posibilidad
- Hablar de la finalidad de objetos y acciones
- Conocer datos curiosos de Madrid (España)

¿Qué sabes?

1 **Todo el grupo** Mira estos objetos antiguos. ¿Sabes cómo se llamaban y para qué servían?

1	2	3
....	....	....

1.1 **En parejas** Estos son los objetos actuales que sustituyen a los anteriores. Describe las diferencias que observas entre ellos en cuanto a la forma, el material, su uso, etc. Trabaja con tu compañero/a.

	Bicicleta	Lápiz de memoria	Consola
Antes	Forma: .... Material: .... Uso: .... Otros:	Forma: .... Material: .... Uso: .... Otros:	Forma: .... Material: .... Uso: .... Otros: ....
Ahora	Forma: .... Material: .... Uso: .... Otros:	Forma: .... Material: .... Uso: .... Otros:	Forma: .... Material: .... Uso: .... Otros: ....

1.2 **Todo el grupo** Comenta con tus compañeros cuál de estos objetos es el que ha experimentado un mayor avance según tu opinión. Justifica tu respuesta.

2 **Todo el grupo** Imaginar el futuro es algo propio del ser humano. ¿Cómo crees que imaginaban nuestra época las personas de principios del siglo XX? Haz hipótesis con tus compañeros sobre estos temas: sociedad, salud, transporte y entretenimiento.

2.1 **En parejas** Lee el siguiente artículo y compara lo que realmente pensaban con vuestras hipótesis anteriores. ¿Habéis coincidido en alguna? ¿Acertaron en alguna predicción?

Cómo imaginaban el SIGLO XXI en los AÑOS 30

Coches voladores, catástrofes climáticas, igualdad de derechos para todos, revolución robótica… La humanidad siempre ha tendido a mirar hacia el futuro, arriesgarse y hacer predicciones que bien pueden cumplirse o no. En el año 1932, en España, las figuras más prestigiosas de cada actividad imaginaron cómo serían los 2000 e hicieron sus propias predicciones. Ha sido la Biblioteca Nacional la que ha compartido algunos de estos testimonios a través de su cuenta de Twitter.

Una de las predicciones que comparten es la de Catalina Bárcena, actriz, que creía que "mucho antes del año 2000, el cine habrá dado muerte al teatro […] y entonces habrá que reinventar el teatro nuevamente", afirmaba.

En cuanto al desarrollo científico y tecnológico, se hablaba ya entonces de un asistente personal en forma de "hombre mecánico": un robot que "por poco dinero […] lo mismo nos llevará la contabilidad que nos encenderá el fuego de la cocina".

En el campo de la tecnología, creían que "se podrá volar a 1500 kilómetros por hora" y que "los aparatos podrán quedarse quietos en el aire".

También dio su opinión el doctor Gregorio Marañón, que lo veía muy claro: "No se morirá nadie por enfermedades infecciosas y solo habrá enfermos del sistema nervioso, el corazón y las arterias".

Visto este tema desde el exterior, de España se creía que sería un país de "cuarenta millones de habitantes, nudo de las comunicaciones internacionales y país de grandes riquezas". Todas estas y muchas más predicciones se pueden ver en la cuenta de @BNE_biblioteca.

Adaptado de https://www.eldiario.es/rastreador/corridas-igualdad-genero-monarquias-imaginaban_6_802179778.html

2.2 **En parejas** Fíjate en la siguiente frase que aparece en el texto: "el cine habrá dado muerte al teatro". Analiza la forma verbal y con tu compañero/a responde a estas preguntas.

1. ¿A qué momento se refiere ese tiempo verbal? ....
2. ¿Para qué se usa en el texto? ....
3. ¿Cómo crees que se llamará este tiempo si analizas su forma? ....

2.3 **En grupos pequeños** Haz predicciones con tus compañeros sobre cómo imagináis el mundo dentro de cien años en relación con los siguientes temas: sociedad, salud, transporte y entretenimiento. ¿Qué predicciones te parece que es más probable que se cumplan?

Palabras

1 **En parejas** ¿Sabes el nombre de estos objetos? ¿Para qué sirven?

A 

B 

C 

D 

E 

F 

G 

H 

1.1 **En parejas** Relaciona estas palabras con su definición correspondiente. ¿En qué objetos de la actividad anterior se encuentran?

Objeto(s) ____	1. mango	a. Parte extrema de un objeto que puede pinchar.
Objeto(s) ____	2. boca	b. Parte abierta que hace de entrada y salida.
Objeto(s) ____	3. tapa/tapón	c. Abertura circular que atraviesa algo de parte a parte.
Objeto(s) ____	4. asa	d. Parte alargada por la que se puede agarrar un objeto.
Objeto(s) ____	5. punta	e. Parte con forma semicircular que sirve para agarrar utensilios.
Objeto(s) ____	6. agujero	f. Pieza que cierra los recipientes por la parte superior.

1.2 **En parejas** Clasifica estas palabras en la tabla. Luego, con tu compañero/a, añade tres más a cada categoría. Puedes usar el diccionario.

rectangular | plástico | triangular | corto/a | piedra | horizontal | estrecho/a | madera | vertical | cuadrado | diagonal | tela | plano/a | cartón | círculo | recto/a | aluminio | rectángulo | circular | ancho/a | largo/a | alargado/a | metal | cuadrado/a | triángulo

Formas y figuras		Materiales
Sustantivos	Adjetivos	

Fíjate:

- Para hablar de la **forma**:
  - ***Tiene forma de*** + sustantivo
    *Esa caja **tiene forma de** huevo.*
  - ***Tiene forma/Es*** + adjetivo
    *La mesa **tiene forma/es** triangular.*
- Para hablar del **material**:
  - ***Está hecho(a)/Es de*** + material
    *Este jersey **está hecho/es de** lana.*
- Si no se sabe el nombre o la forma del material puedes usar ***es como/similar a... pero...***:
  Es como un plato, pero ovalado y más grande.

1.3 **En grupos pequeños** Elige un objeto de la clase y descríbeselo a tus compañeros sin decir para qué sirve. Usa las palabras que has aprendido. Tus compañeros tienen que adivinar de qué objeto se trata.

2 La *reutilización creativa* consiste en dar otro uso a cosas viejas, usadas o estropeadas. Vas a leer algunos ejemplos de creaciones hechas con material reciclado. ¿Qué han usado? Relaciona algunos de estos objetos con su texto correspondiente.

☐ cajones	☐ corchos de botella de vino	1 botes de cristal
☐ mangos de sartén	☐ latas	☐ etiquetas de ropa
☐ tapones de tubo de crema	☐ estanterías de frigorífico	☐ cajas de zapatos
☐ tapones de bolígrafo	☐ botellas de plástico	☐ tambores de lavadora
☐ cordones de zapatillas usadas	☐ pinzas para la ropa	☐ ruedas de coche

1. Lara Yo, después de comerme la mermelada, los empleo para hacer lámparas. Un pequeño agujero en la tapa para pasar el cable y listo.

2. Fer Yo no las tiro nunca; hago muchísimas cosas con ellas: las utilizo de macetas para plantas, para hacer coches de juguete…, incluso como figuras para decorar el jardín. Son muy útiles y, como son de plástico, son muy fáciles de manipular.

3. Tomás No es lo más ingenioso, en el colegio ya lo hacíamos, pero yo siempre las guardo para utilizarlas como botes para lápices, pequeñas macetas, portavelas… Mis hijos se lo pasan genial pintándolas.

4. Sara Cuando tengo que cambiarlas, les pongo un trozo de madera en el agujero y unas patas, y sirven como sillas para el jardín. Son muy resistentes, como son de goma…

5. Juan Acababa de ver la idea en internet cuando se estropeó la nuestra, así que se lo quité para usarlo como barbacoa. Eso fue lo más difícil. Luego solo tuve que ponerle una parrilla encima y unas patas debajo y ya estaba listo. Facilísimo y barato.

6. Tania Iba a tirar un mueble y me fijé en su capacidad. Los saqué, los llené de tierra y planté hierbas aromáticas. Los puse en la terraza uno encima de otro. Un amigo me dijo que había visto una idea parecida en un restaurante muy famoso. ¡A todo el mundo le encantan!

2.1 **En grupos pequeños** Elige dos objetos de la lista anterior e inventa un uso que les permita alargar su vida. Trabaja con tus compañeros de grupo.

2.2 **Todo el grupo** Presentad vuestras creaciones a la clase. ¿Qué son ahora y para qué sirven? Después, entre todos, elegid la reutilización más original de las que se han presentado.

> A mí se me ha ocurrido que las pinzas de la ropa, las que son de madera, ¿sabéis?; pues que se pueden pintar de colores y pegarles, cuando estén ya secas, un pequeño imán por detrás. Así se podrían utilizar en una pizarra magnética para colgar fotos o notas.

Gramática

1 Futuro compuesto

- El **futuro compuesto** es un tiempo verbal que se forma con el verbo auxiliar *haber* en **futuro simple** y el participio del verbo principal:

	Estudiar	Entender	Repetir
yo	**habré** estudiado	**habré** entendido	**habré** repetido
tú	**habrás** estudiado	**habrás** entendido	**habrás** repetido
él, ella, usted	**habrá** estudiado	**habrá** entendido	**habrá** repetido
nosotros/as	**habremos** estudiado	**habremos** entendido	**habremos** repetido
vosotros/as	**habréis** estudiado	**habréis** entendido	**habréis** repetido
ellos, ellas, ustedes	**habrán** estudiado	**habrán** entendido	**habrán** repetido

> Recuerda:
> - El participio no cambia de género ni de número:
>   *yo habré* ***leído****/ella habrá* ***leído****/ellos habrán* ***leído****...*

- Recuerda que algunos participios irregulares son:

abrir	› **abierto**	hacer	› **hecho**	romper	› **roto**
decir	› **dicho**	morir	› **muerto**	ver	› **visto**
escribir	› **escrito**	poner	› **puesto**	volver	› **vuelto**
cubrir	› **cubierto**	resolver	› **resuelto**	descubrir	› **descubierto**

- El futuro compuesto se usa para indicar una **acción futura anterior** a otra **acción** o **momento** también **futuros**:
  El lunes que viene haré un trabajo de historia con María en la biblioteca. Antes de que cierre ya ***habremos terminado****.*
- Se usa también para **expresar hipótesis** sobre sucesos del **pasado reciente**, es decir, dentro de un marco temporal que no se considera aún terminado. En este caso, el futuro compuesto equivale al pretérito perfecto:
  Se habrá enfadado *con su novia y por eso tiene esa cara.*
  ¿Dónde ***habré puesto*** *el móvil?*

RAE GRAMÁTICA
En el español de América (Uruguay, Argentina, Paraguay...) es posible usar el pretérito indefinido en lugar del futuro compuesto para expresar una acción futura anterior a otra acción o momento futuros:
De seguir así, a la semana que viene ya ***corrí*** *los 40 kilómetros.*

1.1 Completa las siguientes oraciones con la forma correcta del futuro compuesto y marca si se refieren al futuro (F) o al pasado hipotético (P).

1. Llámame luego, que ya .... (yo, hablar) con Pedro y sabré qué pasa. .... F P
2. .... (Nosotros, hacer) algo mal, porque ahora no funciona. .... F P
3. .... (Ella, perderse); ya debería estar aquí. .... F P
4. Cuando llegues, ... (ellos, terminar), no te preocupes. .... F P
5. Parece nervioso, ... (él, ver) algo raro. .... F P
6. Mañana, a estas horas, ya se .... (ellos, casarse). .... F P

1.2 **En parejas** ¿Qué crees que les ha pasado a estas personas? Haz hipótesis usando el futuro compuesto.

2 Hacer predicciones: futuro simple/futuro compuesto

Se pueden hacer **predicciones** tanto con el futuro simple como con el compuesto:

- **Con el futuro simple** situamos la predicción **en el futuro**:

  *Según algunos estudios, en 2050 la población mundial **será** el triple de la actual.*

- **Con el futuro compuesto** se expresa **la anterioridad** de la predicción con respecto al **futuro**:

  *Algunos creen que en 2050 ya **habremos descubierto** un planeta con condiciones suficientes para desarrollar la vida.*

2.1 Completa estas predicciones científicas con la forma correcta del futuro simple o compuesto según corresponda.

Me atrevo a pronosticar qué [1] **ocurrirá/habrá ocurrido** y qué no cuando lleguemos a la década de los sesenta. No [2] **conoceremos/habremos conocido** cómo se originó el universo, pero sí [3] **resolveremos/habremos resuelto** el misterio de la energía oscura y [4] **sabremos/habremos sabido** por qué el universo se expande de forma acelerada. Se [5] **viajará/habrá viajado** a la Luna de vacaciones, pero no se [6] **llegará/habrá llegado** a Marte todavía. El petróleo barato se [7] **acabará/habrá acabado** y [8] **usaremos/habremos usado** energías alternativas como la solar.

2.2 **En parejas** Piensa qué habrá ocurrido en el mundo en la década de los sesenta respecto a estos temas y escribe tus predicciones. Luego compáralas con las de tu compañero/a. ¿Coincidís?

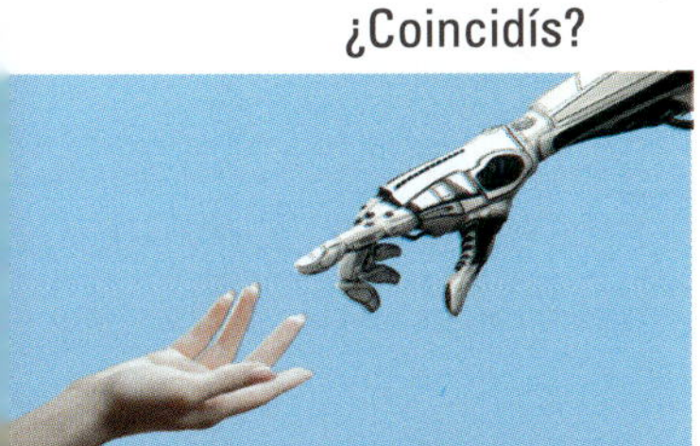

1. Relaciones entre humanos y robots

   ....

   ....

2. Clima

   ....

   ....

3. Transporte

   ....

   ....

3 Hacer hipótesis y expresar probabilidad con indicativo y subjuntivo

Cuando queremos hacer **hipótesis** y expresar **probabilidad**, usamos las siguientes expresiones:

- Con **indicativo**:
  - a lo mejor
  - lo mismo
  - igual
- Con **indicativo y subjuntivo**:
  - quizá(s)
  - tal vez
  - probablemente
  - posiblemente
  - seguramente
- Con **subjuntivo**:
  - puede (ser) que
  - (no) es + posible / probable / imposible + que

A lo mejor Laura no viene porque está enferma.
Tal vez hay/haya menos tráfico porque es domingo.
***Probablemente tengamos/tenemos/tendremos** buen tiempo este fin de semana.*
***Puede que le dé** vergüenza y por eso se **haya puesto** rojo.*

Fíjate:
En las expresiones que pueden llevar indicativo o subjuntivo, si el hablante usa el indicativo, cree que su suposición es más probable que si usa el subjuntivo.

RAE
GRAMÁTICA
En el español de América (R. Dominicana, Uruguay y Venezuela) también se usa de repente con el significado de posiblemente: *Por mi barrio hay un joyero que **de repente** lo puede arreglar... Mañana mismo se lo llevo.*

Fíjate:
Para referirte a un pasado reciente en subjuntivo, puedes utilizar el **pretérito perfecto de subjuntivo**, que se construye con el verbo *haber* en presente de subjuntivo y el participio del verbo principal. Equivale, en subjuntivo, al pretérito perfecto de indicativo:

▶ *¿Por qué está enfadado Antonio?*
▷ *Ha llegado tarde y le han llamado la atención.*
▷ *Puede que **haya llegado** tarde y que le **hayan llamado** la atención.*

3.1 **En parejas** Completa estas hipótesis con el tiempo verbal correcto. ¿Con qué misterio de los representados en las imágenes las relacionas?

1. ☐ Tal vez .... (ser) los espíritus de personas del pasado.
2. ☐ A lo mejor los espíritus .... (querer) asustarnos.
3. ☐ Es posible que .... (ser) aviones secretos del ejército.
4. ☐ Puede que .... (ser) alucinaciones de gente que echa de menos a sus familiares.
5. ☐ Probablemente .... (venir) para comunicarse con nosotros.
6. ☐ Lo mismo .... (ser) luces producidas por satélites.

A

B

3.2 Ahora escribe en tu cuaderno una hipótesis sobre cada uno de los temas anteriores usando otros marcadores de probabilidad.

4 Contraste futuro simple/futuro compuesto/condicional para expresar hipótesis

- Con el **futuro simple** se expresan hipótesis referidas al **presente**:
  ▶ *¿Cuántos años tiene?* ▷ *No sé, no **tendrá** más de 30.*
- Con el **futuro compuesto** se expresan hipótesis referidas al **pasado reciente**:
  ▶ *¿Sabes dónde está Javier? No ha venido todavía.*
  ▷ *Se **habrá puesto** enfermo; él nunca llega tarde.*
- Con el **condicional** se expresan hipótesis referidas al **pasado**:
  ▶ *¿Por qué no vino Eloísa a la reunión?*
  ▷ ***Estaría trabajando** o **se le olvidaría**, últimamente está muy estresada.*

4.1 **En parejas** Piensa en una persona famosa y, con tu compañero/a, describe cómo creéis que es su vida normalmente y cómo pueden haber sido sus dos últimos días: ayer y hoy. El grupo tiene que adivinar de qué persona se trata analizando vuestras hipótesis.

5 Oraciones finales

- Para expresar la **función de un objeto** o el **objetivo de una acción**, se usa la preposición *para*. Hay dos construcciones diferentes:
  - Si ambos verbos tienen el **mismo sujeto**, se usa *para* + infinitivo:
    *La NASA viajará a Marte **para** explorar el planeta.* (La NASA quiere explorar Marte).
  - Si los verbos tienen **diferentes sujetos**, se usa ***para que*** + subjuntivo:
    *La ciencia está trabajando **para que** tengamos un futuro mejor.*
    (La ciencia quiere que nosotros tengamos un futuro mejor).
- Además de *para*, existen otras **expresiones de finalidad**:
  - En **contextos formales** puedes usar ***con el fin/el objetivo/el propósito/la finalidad de (que)***:
    *Se realizarán obras **con el fin de que** los clientes disfruten de mejores instalaciones.*
  - Con **verbos de movimiento** es frecuente utilizar la preposición ***a***:
    *Vinieron ayer **a** verte, pero no estabas.* *Ve al médico **a** que te recete algo para la gripe.*

> Fíjate:
> Estos marcadores siguen la misma estructura que *para*, es decir, infinitivo si los sujetos son iguales y subjuntivo si son diferentes.

5.1 Transforma estas oraciones causales en oraciones finales con *para*.

1. Están trabajando porque quieren mejorar el funcionamiento de las máquinas.
   ....
2. Llevan la comida en una nevera porque quieren que se mantenga fresca.
   ....
3. Organizarán una reunión porque quieren que los miembros se conozcan.
   ....
4. Estudian la materia oscura porque quieren conocer su funcionamiento.
   ....
5. Quieren tomar medidas porque no quieren que la temperatura aumente.
   ....

5.2 Teniendo en cuenta el contexto, elige la opción correcta.

1. Los países miembros de la Unión Europea se reúnen .... establecer una política educativa común.
   a. para b. con la finalidad de c. con el fin de que
2. Papá, no vengáis .... recogerme a la escuela; al final viene a buscarnos la madre de Óscar.
   a. a b. con el fin de c. para que
3. He puesto esta planta cerca de la ventana .... reciba más sol.
   a. con el propósito de que b. para c. para que
4. Señores y señoras, hemos organizado esta visita .... conozcan la esencia de la ciudad.
   a. con el objetivo de que b. para c. con el fin de

5.3 [30] Escucha y comprueba tus respuestas anteriores.

Practica en contexto

1 **En parejas** Muchos objetos cotidianos o algunas de sus partes tienen una finalidad que a veces no conocemos. Completa el texto de cada imagen con estas palabras.

punta | agujero | mango | trozo | lado | tira o cinta

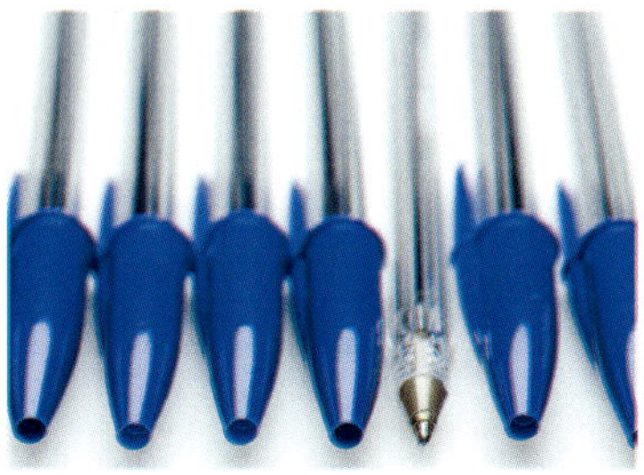

1. El .... que hay en el tapón de los bolígrafos.

2. El .... de tela que viene con la ropa nueva.

3. El .... azul de las gomas de borrar.

4. La .... que tienen muchas camisas en la espalda.

5. La .... que hay en el tapón de los tubos de crema o pomada.

6. El agujero en el .... de las sartenes y cacerolas.

Describir la función o finalidad de un objeto

- Para describir la función o finalidad de los objetos, puedes usar:
  - ***Es/Sirve/Se usa/Se utiliza para*** + infinitivo/*que* + subjuntivo (mismo sujeto/sujeto diferente):

    *La tinta **es para** escribir.*

    *Las cacerolas **sirven para que** podamos cocinar los alimentos.*
- Para describir una **función distinta** a aquella para la que estaba diseñado el objeto, usamos:
  - ***Se usa/Se utiliza/Se emplea/Sirve como*** + sustantivo:

    *Una botella se **emplea como** florero.*

    *Un tenedor viejo **sirve como** utensilio de jardín.*

1.1 **En parejas** Con tu compañero/a, piensa para qué sirven los objetos o partes anteriores y escríbelo en tu cuaderno usando *para que*.

Ejemplo: *Pues yo creo que el agujero del tapón sirve para que salga la tinta si se rompe la punta, ¿no crees?*

1.2 [31] En una clase acaban de realizar la actividad anterior. Escucha la explicación de la profesora, comprueba si has acertado en tus suposiciones y relaciona a los estudiantes con la expresión de hipótesis que utilizan.

1. Olga
2. Roberto y Susana
3. Irene y Alfonso
4. Luis y Pepa
5. Mirian y Valeria
6. Juan y Lorenzo

a. puede que
b. igual
c. quizá
d. tal vez
e. a lo mejor

1.3 **Todo el grupo** ¿Cuál de las funciones te ha sorprendido más? ¿Te parece que son prácticos estos elementos? ¿Por qué?

1.4 **En grupos pequeños** Fíjate en estas imágenes y en las partes marcadas; elige una, busca información en internet sobre su finalidad y, luego, compártela con el resto de la clase. ¿Cuál es la más curiosa según tu opinión?

1.5 **Todo el grupo** ¿Se te ocurre algún objeto cotidiano que esconda un pequeño misterio? ¿Cuál?

Preguntar o introducir una información y responder

- Para **preguntar** algo que se desconoce, se usa:
  - ¿Sabes qué/si/cómo/cuándo/dónde…?
    *¿**Sabes cuándo** empezaron a poner ese bolsillo?*
    *¿**Sabes si** esta aguja sirve para algo?*
- Para responder **negativamente**, se usan las siguientes expresiones:
  - Lo siento, (pero) no lo sé/no tengo ni idea.
- Para **introducir** una determinada **información** y saber si nuestro interlocutor la **conoce**, puedes usar:
  - *¿Sabes/Sabías que* + información*?*
    *¿**Sabes/Sabías que** la boca de la botella tiene esa forma para que sea más fácil cogerla con dos dedos?*
  - *He leído/oído/visto que* + información
    ***He oído que** el agujero de la cuchara de los espaguetis sirve para medir las raciones.*
- Para **responder**, puedes usar:
  - Sí, ya lo sabía.
  - No, no lo sabía/no tenía ni idea.

2

Piensa en las características de un objeto importante en tu vida cotidiana y contesta por escrito en tu cuaderno a las siguientes preguntas.

- ¿Qué forma tiene?
- ¿De qué está hecho?
- ¿Es útil?
- ¿Para qué sirve?
- ¿Es frágil?
- ¿Cómo funciona?
- ¿Dónde puedes usarlo?
- ¿Puedes llevarlo puesto?
- ¿Ocupa mucho espacio?
- ¿Se puede arrugar fácilmente?
- ¿Es resistente al agua?
- ¿Puede doblarse?
- ¿Tiene patas?
- ¿Cabe en un bolsillo?
- ¿Puedes llevártelo de viaje?
- ¿Es caro?

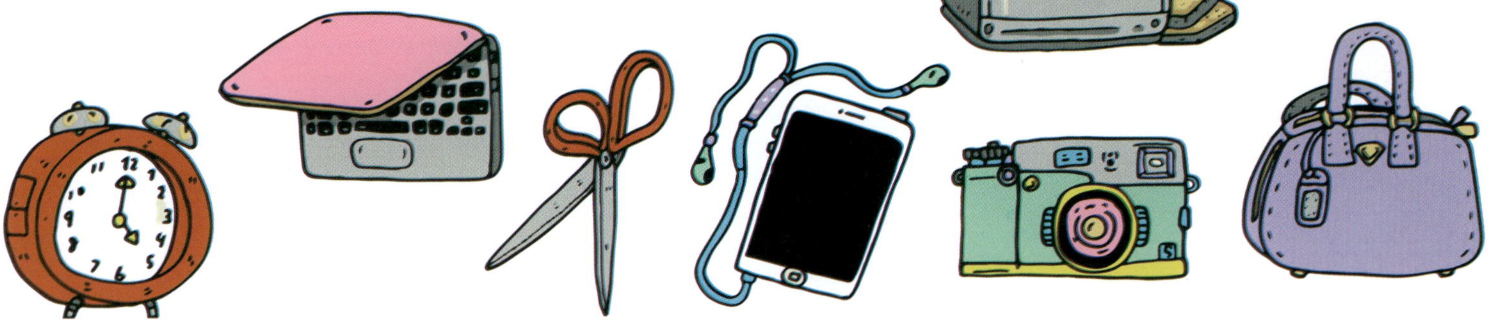

2.1 **En parejas** Pregunta a tu compañero/a por las características de su objeto y adivina de qué se trata.

3 **En parejas** Fíjate en las imágenes y dile a tu compañero/a lo que crees que les habrá ocurrido. Si no está de acuerdo contigo, justifica tu respuesta.

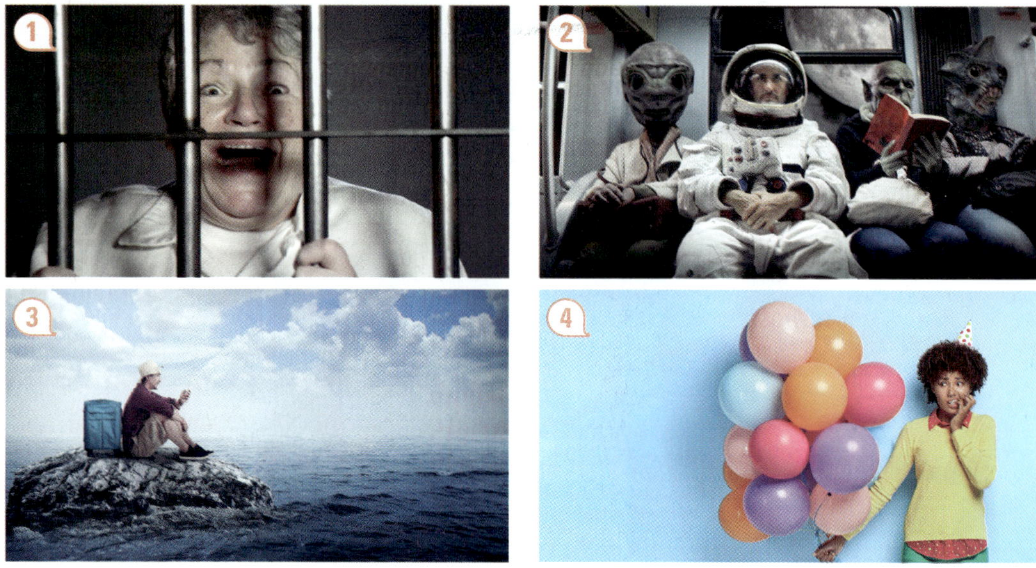

3.1 Dale la vuelta al libro y lee lo que realmente les ha pasado. ¿Habéis acertado con vuestras suposiciones?

1. Lola trabaja limpiando y hoy ha ido a trabajar a la comisaría para limpiar las celdas de los detenidos. La puerta se ha cerrado y ha tenido que avisar a un policía y convencerlo para salir.
2. Lucas trabaja en una discoteca a las afueras de la ciudad y ha tenido que ir vestido de astronauta porque hoy había una fiesta de disfraces sobre extraterrestres.
3. Julio ha ido de vacaciones a la costa y, por la emoción, lo primero que ha hecho es ir a la playa. Mientras hacía fotos para colgarlas en internet ha subido la marea.
4. Sofía ha estado preparando la fiesta de cumpleaños de su hijo Mario y se ha dado cuenta de que no ha mandado las invitaciones.

Expresar sorpresa o extrañeza

• *Me sorprende* • *Me extraña* • *Es increíble* • *Es raro* • *Es extraño*	+	sustantivo infinitivo *que* + subjuntivo

Nos sorprende/Es bastante rara la historia de Lucía porque...

Me extraña/Es raro que digas que esa situación fue incómoda porque...

- ¡Qué sorpresa/raro/extraño!
- ¡No me lo puedo creer!
- ¿En serio?

3.2 **En grupos pequeños** Responde a este cuestionario. Luego tus compañeros harán conjeturas sobre lo que creen que has respondido teniendo en cuenta lo que saben de ti. Dales pistas si lo necesitan.

¿Cuál es...

1. el lugar más extraño donde has estado?
2. la situación más incómoda que has vivido?
3. la fiesta más rara a la que te han invitado?
4. el viaje más interesante que has hecho?

Ejemplo:

▶ *El lugar más extraño en el que habrá estado Miguel estará relacionado con el mar, porque vive en un pueblo costero y le encanta navegar, ¿a que sí, Miguel?*

▷ *Bueno, sí, la verdad es que sí. Una vez estaba navegando y mi barco chocó contra una roca. Me refugié en una cueva y estuve allí un día entero hasta que me rescataron. La verdad es que no me puedo creer el miedo que sentí en algunos momentos... Yo, que estoy tan acostumbrado al mar...*

▶ *¿En serio? Me sorprende que digas eso. No es raro tener miedo en una situación así.*

3.3 **Todo el grupo** ¿Te ha sorprendido alguna vivencia de tus compañeros? ¿Cuál y por qué?

4 **En parejas** Observa algunos objetos que se usaban en el pasado y responde a las siguientes preguntas. Si no sabes la respuesta, haz conjeturas. Sigue el ejemplo.

1. ¿Para qué servía?
2. ¿Cómo se llamaba?
3. ¿Cómo se usaba?
4. ¿Quién lo utilizaba?
5. ¿Cuándo dejó de usarse?
6. ¿Por qué?

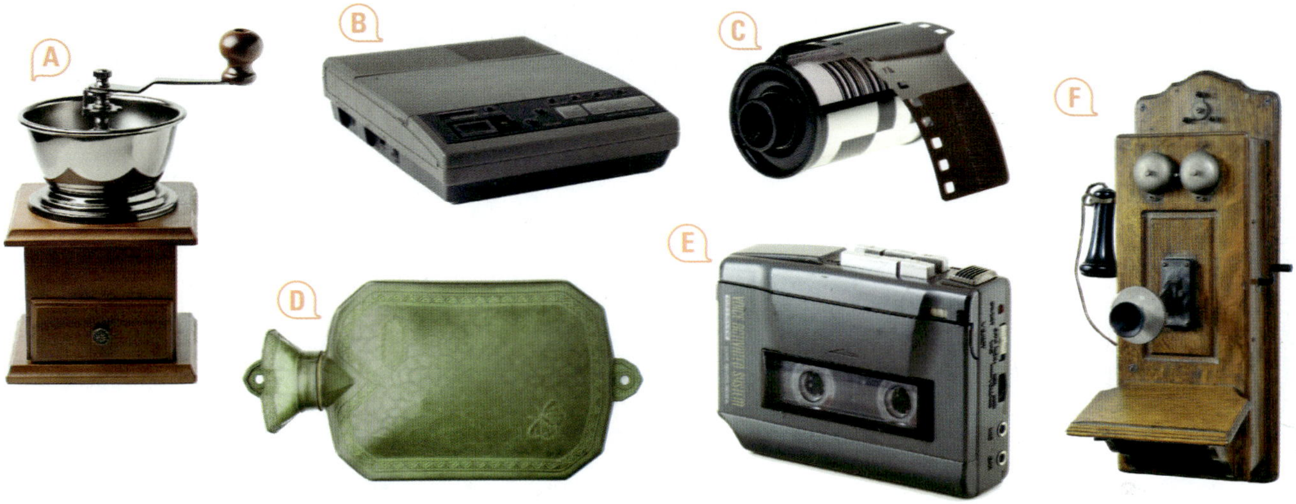

Ejemplo:

No conozco ese objeto, pero, por la forma, creo que sería algún tipo de máquina manual que serviría para picar alimentos. Yo creo que se llamaría máquina de picar, picador o algo así. El alimento se echaría por la parte de arriba, se daría vueltas a la manivela y el producto, ya picado, caería en esa especie de cajón. Tal vez lo usaban en casa para cocinar. Dejaría de emplearse seguramente cuando aparecieron las picadoras eléctricas, porque son mucho más cómodas de manejar.

4.1 [32] **Escucha la conversación e indica a qué objeto de los anteriores se refiere cada frase.**

1. Es fácil encontrarlo hoy en día. .... A B C D E F
2. El abuelo de Manu dice que el resultado era una incógnita. .... A B C D E F
3. Manu ha adivinado el uso que tenía. .... A B C D E F
4. Marta jugaba con uno cuando era niña. .... A B C D E F
5. Manu dice que servía para dejar mensajes. .... A B C D E F
6. Tenía un timbre. .... A B C D E F
7. Tiene también un uso medicinal. .... A B C D E F
8. Servía para escuchar música. .... A B C D E F
9. Mucha gente tuvo uno hasta mitad del siglo xx. .... A B C D E F
10. A Marta le parece una videoconsola. .... A B C D E F

4.2 **Todo el grupo** ¿Has acertado en tus hipótesis? ¿Alguna vez has visto o usado alguno de los objetos anteriores? ¿Conoces otros que ya no se usan?

4.3 **Todo el grupo** ¿Qué objetos actuales crees que habrán desaparecido dentro de cien años? ¿Por qué? ¿Qué los sustituirá?

Pues yo creo que habrán desaparecido las gafas porque todos los problemas de visión se podrán solucionar con láser.

MADRID, UNA CAPITAL CURIOSA

1 **Todo el grupo** Fíjate en las fotografías; ¿conoces estos lugares de Madrid? Todos ellos esconden algún secreto. ¿Sabes cuál es? Si no es así, haz suposiciones y compártelas con tus compañeros.

2 [33] Escucha el audio y marca si las siguientes afirmaciones son verdaderas o falsas.

1. Madrid es la capital más antigua de Europa. .... V F
2. Botín es un restaurante del siglo XVIII. .... V F
3. El Templo de Debod fue comprado por el Gobierno español a Egipto. .... V F
4. A los madrileños los llaman *gatos* por una batalla. .... V F
5. El reloj más grande de Madrid está en una estación de tren. .... V F
6. La estación de Chamberí es una estación de metro construida para una película. .... V F
7. La estatua del diablo está en el parque del Retiro. .... V F

2.1 **Todo el grupo** ¿Conoces datos curiosos, leyendas o misterios de tu ciudad? Cuéntaselos a tus compañeros.

Algunas cosas (casi) gratis que puedes hacer en Madrid...

- Disfrutar del atardecer desde el Palacio Real.
- Dar una vuelta por el jardín tropical de la estación de Atocha.
- Comprar una fruta en el antiguo mercado de San Miguel.
- Hacer un pícnic frente al Palacio de Cristal en el Retiro.
- Perderte en el Rastro.
- Hacerte un selfi con los leones del Congreso de los Diputados.
- Recorrer Madrid Río en bicicleta.
- Comerte un bocadillo de calamares en la plaza Mayor.

3 **Todo el grupo** ¿Qué cosas se pueden hacer casi gratis en tu ciudad?

Adaptado de https://www.mochileandoporelmundo.com/cosas-que-ver-hacer-madrid-gratis/

Vídeo

Cartelera DE CINE

Sobreviviré

Sinopsis

Marga es una mujer joven que, de la noche a la mañana, pierde su empleo y también a su novio Roberto en un accidente de tráfico; y, para colmo, descubre que está embarazada. En tales circunstancias, no tiene más remedio que empezar una nueva vida. Entonces conoce a Iñaki, un joven diez años menor que ella y que hasta entonces se había considerado exclusivamente gay, y se enamoran.

Empiezan así una historia de amor que sacará a Marga del pozo en el que se encuentra, a pesar de que todos opinan que esa relación no puede funcionar.

Antes de la secuencia

1 **En parejas** Observa estas imágenes extraídas de la película y, conociendo de qué trata, relaciónalas con las descripciones.

a. Marga e Iñaki salen juntos.
b. Marga recibe la noticia de la muerte de Roberto.
c. Marga y Rosa, su amiga cubana, se van a vivir juntas.
d. Iñaki acude al videoclub de Marga.
e. Marga y Roberto deciden irse a vivir juntos.
f. Marga conoce a su novio Roberto.

1 ☐

2 ☐

3 ☐

4 ☐

5 ☐

6 ☐

2 **En parejas** Durante la secuencia que vas a ver, los personajes utilizan estas expresiones idiomáticas. Con tu compañero/a, explica su significado. Puedes usar el diccionario.

1. Estar acaramelada.
2. Me miraba con ojos de no haber roto nunca un plato.
3. Tú lo que necesitas es un baño de cariño.
4. Te va a dejar mamá que te lleve el coco.

Durante la secuencia

3 Visiona el fragmento 00:09 ▶ 02:13 y elige la opción correcta.

1. ¿Cómo pasó la noche Rosa?
   a. Horrible, estuvo vomitando.
   b. Fantástica, estuvo muy bien.
   c. Aburrida, estuvo bailando.
2. ¿Qué piensa Rosa sobre su relación de pareja con Rolando?
   a. Que quizás ha llegado el momento del matrimonio.
   b. Que quizás ha llegado el momento de romper.
   c. Que quizás ha llegado el momento de tener un hijo.
3. ¿Qué piensa Marga de Iñaki tras su primera cita?
   a. Que la cita fue mal, horrible, fatal...
   b. Que es dulce, encantador y divertido.
   c. Que es aburrido y soso.

4 Visiona el fragmento 02:14 ▶ 04:19 y contesta a estas preguntas.

1. ¿Cuál es la reacción de Rosa al ver llegar a Iñaki?
   ....
2. ¿Y la reacción de Marga?
   ....
3. ¿Qué reacción tiene Iñaki al conocer a Tito?
   ....

4.1 **En parejas** Comenta con tu compañero/a el final de la secuencia. ¿Por qué crees que Iñaki reacciona de esa manera? ¿Tú harías lo mismo? ¿Qué crees que pasará después?

5 Por último, vuelve a la actividad 2. Ahora que has podido oír las expresiones idiomáticas en contexto, ¿crees que las has definido correctamente?

Después de la secuencia

6 **Todo el grupo** Tras leer la sinopsis de esta película y después de haber visto la secuencia, ¿puedes imaginar cuál es el tema principal? Discútelo con tus compañeros.

6.1 **Todo el grupo** ¿Piensas que lo principal para ser feliz en la vida es encontrar el amor o una buena amistad?

Evaluación

1 Relaciona el número de estas partes con los objetos de las imágenes. Ten en cuenta que cada objeto puede tener más de una parte.

1. mango
2. tapa
3. punta
4. asa

2 Lee las definiciones, mira las imágenes y completa con las palabras adecuadas.

metal (2) | cartón | goma | rectangular | círculo | rectos | tapa | borde | pieza

Es un recipiente de [1] .... que tiene forma [2] .... con una [3] .... en su parte superior para proteger los productos que se guardan o transportan en ella.

Es una [4] .... de la bicicleta que tiene forma de [5] .... Está hecha de [6] ....: tiene el [7] .... de [8] .... y unos palos [9] .... también de [10] .... que unen el centro con la parte exterior.

3 ¿Para qué sirven estos objetos?

1

2

3

4

1. Sirve para ....
2. Se utiliza para ....
3. Se usa para ....
4. Se emplea para ....

4 Completa estas hipótesis con la forma correcta del futuro simple, compuesto o condicional.

1. ▶ Últimamente Javier está muy raro: está de mal humor, parece cansado y nunca sale.
   ▷ .... (Tener) mucho trabajo y .... (estar) estresado; es final de curso.
2. ▶ ¡Qué raro! Ayer Pedro no vino a la fiesta.
   ▷ Sí que es raro... No lo .... (saber), porque siempre va a todas.
3. ▶ Esta mañana he visto a Javier y a Lourdes desayunando en mesas separadas.
   ▷ .... (Discutir) por algo, últimamente no se llevan bien.
4. ¿El teléfono? .... (Estropearse) esta mañana, porque ayer funcionaba perfectamente.
5. Amelia .... (querer) comer ahora, porque lleva todo el día sin tomar nada.

5 Elige la opción u opciones correctas.

1. Probablemente **saldremos/salgamos** mañana de viaje, pero no es seguro.
2. Igual **llego/llegue** tarde, tengo mucho trabajo.
3. A lo mejor **está/esté** enfadado contigo, si no te saluda...
4. Quizá **tiene/tenga** prisa, parece bastante nerviosa.
5. Es muy probable que no **viene/venga** a la cena, me dijo que tenía examen mañana.

6 Mira estas imágenes y completa usando *para (que)*.

Hace ejercicio...

....

....

Va así vestido a la entrevista...

....

....

Va al zapatero...

....

....

7 Completa estas frases con los marcadores de finalidad del recuadro.

para | para que | a | a que | con el objetivo de | con la finalidad de que

1. Siempre llamo antes .... sepas cuándo llego.
2. Mañana vendrá Jesús .... recoger el libro que me dejó.
3. El Gobierno ha impulsado una ley .... las empresas modernicen sus equipos.
4. Yo estudio español .... viajar por Latinoamérica.
5. Quiero llevarte a Buenos Aires .... conozcas el lugar en el que nací.
6. Les escribo esta carta .... solicitar un puesto de trabajo en su empresa.

8 Reacciona con extrañeza ante estas situaciones.

1. Luis no está en su oficina. ....
2. Susana dice ahora que quiere estudiar Medicina. ....
3. Gloria se ha comprado una casa nueva. ....
4. Dicen que en pocos años los robots dominarán a los humanos. ....

9 Marca qué haces cuando necesitas organizar los contenidos que has estudiado.

1. Hago resúmenes. .... ☐
2. Subrayo en el libro o el cuaderno las ideas importantes. .... ☐
3. Realizo esquemas para entender la organización de los contenidos. .... ☐
4. Hago mapas conceptuales para establecer relaciones entre los elementos aprendidos. .... ☐
5. Pongo en común lo estudiado con otros compañeros para resolver nuestras dudas. .... ☐
6. Otros: .... ☐

Unidad

9 ¿Eres lo que comes?

Fíjate en la imagen y haz un recuento de los alimentos que ves, incluida la bebida; ¿te parece una comida sana?

¿Qué alimentos hay siempre en tu frigorífico? ¿Crees que llevas una dieta sana?

¿Conoces el árbol de la fotografía? ¿Sabes cómo se llama y qué fruto da?

En esta unidad vas a. . .

- Expresar condiciones y consecuencias
- Diferenciar entre causa y finalidad
- Hablar sobre nutrición, gastronomía y nuevos alimentos
- Conocer el valor y las propiedades del aceite de oliva

¿Qué sabes?

1 **En parejas** ¿Sabes el nombre de los siguientes platos y de qué país son típicos?

1.1 **Todo el grupo** Escribe en español la lista de alimentos e ingredientes que reconozcas en las fotografías. Luego pon en común tu lista con la de tus compañeros y anota los nombres que te falten.

1.2 **Todo el grupo** ¿Cuál es tu cocina favorita? ¿Has tomado recientemente alguno de los platos de la actividad 1? ¿Crees que nos dirigimos hacia un tipo de cocina global?

2 **En parejas** Observa los siguientes símbolos; se refieren a dietas que están de moda últimamente. ¿Sabes cómo se llaman? ¿En qué consisten? ¿Qué otras dietas conoces?

2.1 **En grupos pequeños** Lee las recetas de estos tres platos típicos de la cocina española y fíjate en sus ingredientes. ¿Sabes bajo qué condición podrían tomarlos las personas que sigan cada una de las dietas anteriores?

Ejemplo: *El salmorejo es bueno para los veganos si eliminamos el huevo y el jamón.*

Croquetas de pollo

Se pueden tomar frías o calientes, por lo que sirven para llevarlas de pícnic o al trabajo.

Ingredientes: cebolla, leche, harina, pollo, pan rallado, huevo, sal, nuez moscada y aceite de oliva.

Se prepara una bechamel con la cebolla, la harina, el pollo, la leche, la sal y la nuez moscada. Una vez fría, se divide en pequeñas porciones, se reboza en huevo y pan rallado y se fríe en abundante aceite de oliva.

Salmorejo

Es una crema fría de tomate, muy refrescante, y que por tanto se toma en verano.

Ingredientes: tomate, ajo, pan, sal, aceite de oliva, huevo y jamón serrano.

Se corta el pan en trozos y se echa por encima el tomate, previamente triturado, la sal y el ajo, y se deja reposar un rato. Luego se añade el aceite y se tritura todo hasta obtener una sopa espesa. Se decora con huevo duro y unas tiras de jamón serrano.

Migas de pastor

Era una comida habitual entre pastores, ya que es un plato muy económico y su elaboración es rápida.

Ingredientes: pan, aceite de oliva, chorizo, panceta, ajo y pimentón.

En una sartén se pone el aceite a calentar y se rehoga el ajo con el chorizo y la panceta. A continuación se agrega el pimentón, se rehoga un poco, se añade el pan desmigado (en porciones muy pequeñas) y se le da vueltas hasta que esté frito.

2.2 **En parejas** ¿Qué platos conoces que son compatibles con cada una de estas dietas? ¿Sabes cómo se hacen? Explícaselo brevemente a tu compañero/a.

Palabras

1 **En parejas** Escribe el nombre de los alimentos que aparecen en las imágenes. ¿Qué crees que tienen en común? ¿Qué beneficios tienen para la salud?

1. ....

El ácido oleico que contiene sirve para mantener bajos los niveles de [a] ....

2. ....

Tiene un alto contenido en [b] .... omega 3, que ayudan a prevenir enfermedades como el [c] ....

3. ....

Tienen altas dosis de [d] ...., pocas calorías y ayudan a mejorar el estado de la [e] ...., el [f] .... y las [g] ....

4. ....

Entre sus propiedades figura su alto poder [h] .... Se utiliza también en dietas que sirven para evitar la [i] .... de líquidos.

5. ....

Su zumo es muy bueno para curar las infecciones de [j] .... por sus propiedades [k] ....

6. ....

Es un alimento muy completo, ya que contiene los ocho [l] .... esenciales para el organismo. Tiene muchas proteínas.

7. ....

Es rico en calcio y bajo en [m] ...., de ahí que se utilice en dietas contra la [n] ....

8. ....

Pueden calmar el dolor en las [ñ] .... y tienen un alto nivel de [o] ...., fibra y potasio, entre otros minerales.

1.1 **En parejas** Completa la descripción de los alimentos anteriores con las palabras del recuadro. Trabaja con tu compañero/a.

antibacterianas | obesidad | ácidos grasos | aminoácidos | colesterol | hierro | vejiga | pelo
proteínas | calorías | cáncer | articulaciones | uñas | piel | desintoxicante | retención

1.2 Escucha el audio y comprueba tus respuestas anteriores.

[34]

1.3 **En parejas** Clasifica las palabras de la actividad 1.1 en los siguientes grupos. ¿Qué otras palabras de los textos de la actividad 1 podrías añadir a cada grupo?

Propiedades	Partes del cuerpo	Dolencias	Elementos

2 **En parejas** Observa el cartel y responde a las preguntas.

chef_ ...

chef_ Comida sana. #Comidareal. ¿Aceptas el reto?... más

Añade un comentario... Publicar

1. ¿Qué alimentos tendrás que eliminar de tu dieta si comes solo comida real?
2. ¿Qué beneficios crees que puede tener una dieta de este tipo?

2.1 **En parejas** Lee el texto sobre el reto de la comida real y comprueba tus respuestas anteriores.

#comidareal, sabor natural

A través de las redes sociales, un joven nutricionista español, Pablo Sánchez, ha lanzado un interesante reto: estar un mes entero comiendo únicamente comida real. De esta forma, hay que eliminar de la lista de la compra productos como pan blanco, patatas fritas, refrescos, zumos, bollería, alimentos precocinados, salsas y *pizzas*. Aunque parece mucho, lo único que se elimina realmente son aquellos alimentos que han pasado por un proceso industrial que ha afectado de algún modo a su composición, es decir, los productos llamados *ultraprocesados*. Pablo ha invitado a sus seguidores a cumplir el reto y miles de personas ya se han mostrado interesadas en intentarlo. Las instrucciones son simples: se mira la etiqueta del alimento y, si el producto tiene más de cinco ingredientes, no se puede consumir. Tampoco si entre sus ingredientes está la harina no integral, el azúcar o el aceite vegetal. La idea, según el nutricionista, es que todo el que participe disfrute de los sabores reales y consuma una comida lo más parecida posible a como se encuentra en la naturaleza.

Adaptado de https://realfooding.com/reto-comida-real/

2.2 **En parejas** Vuelve a leer el texto y completa las frases.

1. Según el texto, comida real es ....
2. Si entre los ingredientes hay .... , no se considera comida real.
3. Ejemplos de alimentos ultraprocesados son ....
4. El reto sirve para ....

RAE

LÉXICO

Recuerda que hay muchas palabras referidas a los alimentos que son diferentes entre España e Hispanoamérica, como patata › papa, zumo › jugo, tomate › jitomate (propio de México), judías › frijoles...:
Aparte, muela también el ***jitomate*** *con la cebolla y el ajo. Ponga el recaudo a freír y júntelo con los* ***frijoles****.*

2.3 **En grupos pequeños** Haz una lista de los alimentos que consumes a diario y analiza cuántos de ellos son "comida real". Compara los resultados con tus compañeros y decide quién lleva un estilo de alimentación más natural.

Gramática

> Fíjate:
> Las oraciones finales con *para* expresan intención por parte del hablante. Se pueden convertir en causales si se refuerza ese matiz de intencionalidad:
> *Estudio para ser médica.* › *Estudio porque quiero ser médica.*
> *Se acercó para saludarlo.* › *Se acercó porque tenía intención de saludarlo.*

1 Contraste *por/para*

- La principal diferencia entre las preposiciones *por* y *para* es que *por* expresa la **causa o motivo** de una acción, mientras que *para* expresa su **finalidad o propósito**:
  *Llegué tarde **por** el tráfico.* (causa)
  *Estudio **para** ser médica.* (finalidad)
- Para distinguir entre causa y finalidad se debe tener en cuenta la relación temporal entre las acciones. La **causa** es **anterior o simultánea** a la consecuencia, mientras que la **finalidad** es **posterior**:
  *Perdió el tren **por** llegar tarde.* (Primero llegó tarde y después perdió el tren).
  *Se acercó **para** saludarlo.* (Primero se acercó y después lo saludó).

1.1 **En parejas** Selecciona *por* o *para* en las siguientes frases según expresen causa o finalidad. Luego compara tus resultados con los de tu compañero/a.

1. Vivo con mis padres **por/para** razones económicas. No tengo trabajo.
2. De joven, mi padre estuvo viviendo en Washington **por/para** aprender inglés.
3. Suspendieron el concierto **por/para** la lluvia.
4. A David le gustaría terminar su doctorado este año **por/para** solicitar una plaza en un centro de investigación.
5. No la dejaron entrar **por/para** ser menor de edad.

1.2 **Todo el grupo** Traduce las frases anteriores a tu lengua. ¿Cómo se expresan los conceptos de causa y finalidad? ¿Se usan preposiciones? Si es así, ¿se trata de dos preposiciones diferentes? ¿Crees que comparar tu lengua con la lengua que estás aprendiendo es útil? ¿Por qué?

> Fíjate:
> - Es frecuente dar las gracias seguido de *por*:
>   *Muchas gracias **por** venir a verme.*
> - Para expresar la duración total de una acción no es necesaria la preposición *por*, pero su uso no se considera incorrecto:
>   *Estuve en el instituto (**por**) tres años.*
> - Con la preposición *a* indicamos el destino, el fin del movimiento. Con *para* se indica solo la dirección, es más impreciso.
> - Hay muchas expresiones fijas con ambas preposiciones: ***por favor, por cierto, por casualidad, por supuesto, por si acaso, para nada, para colmo, para entonces…***

2 Otros usos de *por* y *para*

Además de **causa**, la preposición *por* puede expresar:

- Tiempo y lugar **aproximados**, lugar **de paso**:
  *Volvió a su país **por** Navidad.*
  *Me doy una vuelta **por** la Gran Vía.*
  *El tren pasa **por** Valladolid.*
- **Partes del día**:
  *Nos vemos mañana **por** la mañana y hablamos.*
- **Intercambio**, **precio**:
  *El reto es sustituir comida precocinada **por** productos naturales.*
  *Todo **por** solo 1 euro.*
- **Medio** ('a través de', 'por medio de'):
  *El sol entra **por** mi ventana.*
  *La información te llegará **por** correo.*

Además de **finalidad o intención**, la preposición *para* puede expresar:

- **Plazo** de tiempo:
  *El trabajo tiene que estar terminado **para** el próximo lunes.*
- **Dirección** del movimiento:
  *Voy **para** el centro, ¿te vienes?*
- **Opinión**:
  ***Para** mí, el alimento más completo es la leche.*
- **Destinatario/a**:
  *Tengo un paquete **para** Mercedes.*
- **Comparación en contraposición**:
  ***Para** lo poco que estudia, saca muy buenas notas.*
  *El niño está muy alto **para** su edad.*

RAE

GRAMÁTICA

- Es frecuente escuchar la expresión *favor de* + infinitivo en Centroamérica, Chile, Colombia, Ecuador, México y República Dominicana en lugar de hacer el favor de o *por favor* + imperativo:
  *Pero tú, ¡**favor de** guardar calma! –exclamó ella.*
- En el español de América se usa en la mañana/tarde/noche, en lugar de por la mañana/tarde/noche:
  *Pues, mire, venga mañana **en la mañana** y hable con ella en su oficina.*
- En México y Argentina se puede responder por nada a un agradecimiento. Alterna con de nada:
  ▶ *Muy amable, señorita. El agente Hernández le tomará sus datos.* ▷ ***Por nada**...*
  ▶ *Quiero darte las gracias por ayudarme a ver la realidad con alegría.* ▷ ***De nada**.*

2.1 **Completa las frases con la preposición *por* o *para* y escribe cuál es su uso en cada caso.**

1. Estudio español *para* viajar a Latinoamérica. *finalidad*
2. He preparado este almuerzo .... mi madre. ....
3. Habla muy bien francés .... el poco tiempo que estuvo allí. ....
4. Si no responde a tus correos, ¿por qué no lo llamas .... teléfono? ....
5. Yo vuelvo a mi casa, ¿tú .... dónde vas ahora? ....
6. Si te dejo el vestido, me lo tienes que devolver .... el viernes. ....
7. El jueves .... la tarde vamos todos al cine. ....
8. Vivo en Austria .... mi trabajo. ....
9. He comprado unos pantalones muy bonitos .... 10 euros. ....
10. El río Tajo pasa .... Toledo y .... Lisboa. ....

2.2 **Pedro está de visita en Madrid y recibe una recomendación de su amiga Ana: visitar el mercado de San Miguel. Completa el texto con *por* o *para*.**

Si visitas Madrid, tienes que ir al mercado de San Miguel. [1] .... llegar, sube desde la Puerta del Sol [2] .... la calle Mayor. Enseguida verás el mercado en la plaza del mismo nombre, a la izquierda. Entra [3] .... la puerta que está en el lateral.

Dentro del mercado, a la derecha, verás un puesto de marisco. Te dan dos raciones de gambas [4] .... el precio de una, ¡riquísimas! Si continúas de frente, hay un puesto de *pizzas* tradicionales. Las porciones cuestan poco [5] .... lo grandes que son.

A veces, [6] .... las tardes, a partir de las siete, hay degustaciones gratuitas en el mercado. A mí me encanta el puesto de quesos que hay al lado del café. Tienen muchas variedades de España y de otros países de Europa. Espero que te guste.

2.3 **Escucha y comprueba tu respuesta.** [35]

3 Oraciones consecutivas

- Las oraciones consecutivas expresan la **consecuencia** producida por un hecho anterior. Algunos conectores consecutivos habituales son ***entonces, o sea que, así (es) que, por (lo) tanto, por lo que, de manera/modo que, por consiguiente, de ahí que...***:

    *Esta tarde llueve mucho, **así que** no voy a salir.* *Es mío; **por lo tanto**, dámelo.*

- Estos conectores se construyen con indicativo o imperativo, excepto ***de ahí que***, que se construye siempre con subjuntivo:

    *Este plato lleva canela, **de ahí que tenga** un cierto sabor dulce.*

- ***De manera/modo que*** se construyen con subjuntivo si tienen **matiz final**:

    Explícame eso de realfooding ***de manera/modo que** lo **entienda**.*

- En algunas situaciones estas oraciones tienen un valor **deductivo**:

    ▶ *Me he comido todos los bombones.*
    ▷ ***O sea que** te gusta el chocolate.*

3.1 Relaciona las frases.

1. Los celiacos son alérgicos al gluten; por tanto,...	a. tiene muchas propiedades beneficiosas para la salud.
2. El flan es una comida dulce, por lo que...	b. esté presente en nuestra dieta a diario.
3. La chía es un superalimento; por consiguiente...	c. no deben comer trigo.
4. El pan es un alimento básico, de ahí que...	d. o sea que tendrá hambre.
5. Desde el desayuno no ha comido nada,...	e. se toma como postre.

3.2 Completa libremente las siguientes frases.

1. La sandía es una fruta muy refrescante, de ahí que ....
2. El examen de inglés me salió muy bien, o sea que ....
3. Hoy hace mucho calor; por consiguiente ....
4. Tengo el frigorífico vacío, por lo que ....
5. ¿Te duele mucho la cabeza? Entonces ....
6. El concierto ha sido cancelado por la lluvia, así que ....

4 Oraciones condicionales (primera condicional)

- Las oraciones condicionales indican una **condición** que se tiene que producir para que se cumpla la acción de la oración principal. La conjunción condicional más común es ***si***:

    Si como demasiado (condición), *me dolerá el estómago* (acción principal).

- Las oraciones condicionales **reales (primera condicional)** son las que presentan una condición que puede realizarse o suceder. Tienen la siguiente estructura:

    Si + **presente** de indicativo + **presente/imperativo/futuro**

    *Si **tengo** hambre, **me como** un sándwich.*

    (En este caso puede tener valor habitual, equivalente a ***cuando*** o ***siempre que***).

    *Si **tienes** sobrepeso, **ponte** a dieta.*

    *Si **vamos** a ese restaurante vegano, no **pediré** tofu. No me gusta.*

- Como sucede con otro tipo de oraciones compuestas, en las oraciones condicionales es posible **intercambiar el orden** entre la oración principal y la subordinada:

    ***Si me levanto pronto**, desayunaré en la cafetería.*

    *Desayunaré en la cafetería **si me levanto pronto**.*

> Fíjate:
> ***Si*** no se puede construir nunca con futuro:
> *Si ~~**vendrás**~~ **vienes**, te invito a un café.*

4.1 Forma frases condicionales con las siguientes situaciones.

1. beber limón › quemar grasas ....
2. tomar mucho azúcar › salir caries en los dientes ....
3. comer frutas y verduras › estar más sano ....
4. preparar pollo › comer en casa ....
5. llover esta tarde › llevar paraguas ....
6. hacer deporte › estar en forma ....

4.2 **En parejas** ¿Cómo ves tu futuro? Forma frases condicionales relacionadas con estas consecuencias y compártelas con tu compañero/a. ¿Coincidís en alguna?

Ejemplo: *Hablar español.* › *Hablaré muy bien español si practico todos los días.*

1. Tomar tapas › ....
2. Ser millonario/a › ....
3. Hacer yoga › ....
4. Ir a cenar esta noche › ....
5. Cambiar de trabajo › ....
6. Viajar en barco › ....

4.3 [36] Estas personas hablan de la dieta que siguen. Escucha y completa la información.

- ¿Qué dieta sigue? ....
- ¿Qué alimentos no toma? ....
- "Si ...., no la hagas".

- ¿Qué dieta sigue? ....
- ¿Qué alimentos no toma? ....
- "Si comes productos naturales, ...".

- ¿Qué dieta siguen? ....
- ¿Qué alimentos no toman? ....
- "Creo que, si ...., destruiremos el planeta".

4.4 **Todo el grupo** ¿Qué ventajas e inconvenientes ves en seguir un tipo específico de dieta?

Ejemplo: *A mí la dieta vegana me parece un poco radical y peligrosa, porque, si no se toma nada de origen animal, estoy segura de que al final la salud se resiente...*

Practica en contexto

1 **Todo el grupo** ¿Has oído hablar de los huertos urbanos? ¿Qué sabes de ellos? ¿Has plantado alguna vez tomates, calabacines, lechugas...? ¿Qué tal fue la experiencia?

1.1 [37] Escucha la siguiente entrevista, en la que se habla de estos espacios, y marca el orden en el que la entrevistada menciona sus ventajas.

- [ ] Ayudan a tomar conciencia de la importancia del consumo de productos locales.
- [ ] Reducen la contaminación del aire.
- [ ] Suponen una nueva forma de emplear el tiempo libre.
- [ ] Aumentan el consumo de verduras en la comunidad.

1.2 **En parejas** Las siguientes imágenes ilustran algunos inconvenientes de los huertos urbanos. ¿A qué problemas crees que hacen referencia?

1.3 Lee el siguiente artículo y comprueba tu respuesta anterior.

Los huertos urbanos constituyen una moda que se ha implantado con fuerza en muchas ciudades. Y es normal, porque es muy buena idea: una combinación casi perfecta de espacios verdes, actividades comunitarias y educación alimentaria.

No obstante, la proliferación de estos huertos conlleva una serie de inconvenientes que merece la pena tener en cuenta.

Por un lado, debido a la contaminación, el aire de las ciudades contiene partículas ligeras de metales pesados, como el plomo, que flotan y que se depositan en la superficie de los productos cultivados. A su vez, el suelo de la ciudad, el que se usa para crear esos huertos, es en sí mismo un suelo contaminado.

Por otro lado, el gasto de agua se dispara, ya que las hortalizas son plantas de regadío y, por tanto, necesitan un continuo aporte de agua. Esto, en países secos como España, constituye un grave problema.

Además, la inversión inicial es alta si se trata de un huerto dispuesto en una terraza o azotea, puesto que los contenedores de cultivo tienen un precio alto, los abonos son caros y hay que invertir en tierra y en tratamientos ocasionales que, a veces, son costosos, por lo que quizá sea más barato comprar los tomates en una frutería.

Otro inconveniente es que, si no se siembra con moderación, podemos encontrarnos con una producción que no nos dé tiempo a consumir, de modo que generaríamos un exceso de residuos orgánicos.

Por último, el huerto, debido a la polinización y a otras causas, atrae insectos que pueden constituir una plaga y provocar algún tipo de epidemia.

Fuentes: https://magnet.xataka.com/en-diez-minutos/los-huertos-urbanos-son-un-peligro-para-la-salud-publica-o-nos-los-tomamos-en-serio-o-tendremos-un-problema y https://www.eldiario.es/consumoclaro/ahorrar_mejor/huertos-urbanos-domesticos-razones-pensarselo_1_3543509.html

2 **En grupos pequeños** Eres el/la responsable de un huerto urbano y debes decidir con tus compañeros qué productos plantar en él. Lee las condiciones y ten en cuenta los beneficios, pero también las consecuencias de tu elección.

POSIBLES PRODUCTOS

- Producto muy utilizado.
- No necesita mucha agua.
- Crece muy rápido.

ajo ▲

- Es muy popular como alimento.
- Necesita mucha agua, sol y nutrientes.
- Es vulnerable a las plagas.

tomate ▲

Condiciones

- El espacio del huerto es limitado y solo es posible cultivar cinco productos básicos.
- El huerto servirá a las familias que viven en el barrio, por lo que debemos tener en cuenta las necesidades nutricionales de todas las personas.
- El clima de la zona es seco, con veranos calurosos e inviernos fríos.
- Se pueden añadir otros productos, si se justifica su elección.

- No necesita mucha agua.
- Muy completa y saludable.
- Su popularidad crece cada vez más.

quinoa ▶

◀ berenjena

- Necesita mucho sol y agua.
- Sus raíces requieren mucho espacio.
- Resiste mal las bajas temperaturas.

- Producto básico.
- Crece rápido.
- No necesita mucha agua.

cebolla ▶

◀ kale

- Es muy saludable.
- Resiste bien las bajas temperaturas.
- No es muy conocido.

▲ chía

- Tiene muchas propiedades.
- Necesita mucha agua.
- Su popularidad está en aumento.

◀ aguacate

- No resiste bien el frío.
- Es un alimento muy popular.
- Necesita mucho tiempo para dar fruto.

Estrategias para llegar a un acuerdo

- Utiliza las estructuras que ya conoces para **expresar tu opinión**:
  - Para mí…
  - Desde mi punto de vista…
  - Yo creo/A mí me parece que…
- **Interrumpe** la conversación ayudado de expresiones como:
  - Perdona (que te interrumpa)…
  - Espera un momento/momentito…
- **Expón las consecuencias** de cada elección:
  - Si elegimos…, entonces…
- **Comprueba** si se ha llegado a un acuerdo con:
  - ¿Estamos todos de acuerdo?
  - ¿Os parece bien a todos?
  - ¿Alguien quiere añadir algo más?
  - ¿Hay algo que queráis cambiar?

2.1 **Todo el grupo** Presentad vuestros argumentos al resto de la clase.

3 Completa el siguiente cuestionario con la opción correcta *(por/para)* en cada caso y después responde a las preguntas.

Tú y la comida

1. ¿Qué sueles comer **por/para** las mañanas?
2. ¿En la comida sustituyes los postres **por/para** fruta?
3. ¿Eres de los que piensan que pesas demasiado **por/para** lo poco que comes?
4. ¿Opinas que **por/para** ser feliz hay que comer bien?
5. ¿**Por/Para** cuántas personas cocinas normalmente?
6. ¿Piensas que la comida nos sirve también **por/para** disfrutar y ser más felices?
7. ¿Te saltas con frecuencia alguna comida **por/para** trabajo?
8. ¿Cuál es **por/para** ti el alimento más importante?
9. Cuando comes con amigos, ¿te reservas **por/para** el postre las conversaciones más interesantes?
10. ¿Buscas **por/para** diferentes tiendas antes de comprar el producto que más te interesa?

3.1 **En parejas** Hazle ahora el cuestionario a tu compañero/a y anota sus respuestas. ¿En qué respuestas coincidís y en cuáles no? ¿Quién disfruta más de la comida?

4 Vas a escuchar a cuatro personas que hablan de sus batidos naturales favoritos. Relaciona cada receta con su imagen correspondiente.

[38]

Sabores básicos

Los cuatro sabores básicos son:

- **dulce** (por ejemplo, el azúcar)
- **salado/a** (por ejemplo, la sal)
- **amargo/a** (por ejemplo, el café)
- **ácido/a** (por ejemplo, el limón)

Fíjate:

El **picante** (el chile o el jengibre, por ejemplo) no es un sabor. Es una sensación de picor ardiente captada por el sentido del gusto. Curiosamente, en el ámbito científico, se considera un tipo de dolor.

4.1 Vuelve a escuchar y completa.

[38]

1. Da mucha energía, ... después de hacer deporte.
2. Gracias a los arándanos, estás protegida. .... por las bacterias.
3. Tiene mucha vitamina C, ... casi todos los días.
4. Llena bastante, ... tomar como primer plato.

4.2 **En parejas** Escribe la receta de un batido de tu invención que contenga una mezcla de ingredientes sanos. Describe el sabor y sus consecuencias beneficiosas para la salud.

5 **En grupos pequeños** Esta noche tienes que organizar una cena con platos tradicionales españoles y tus invitados tienen unas características especiales con respecto a su alimentación. Lee el menú y busca en internet los platos que no conozcas. Luego lee el perfil de los invitados.

Opciones de menú

ENTRANTES

- Revuelto de espárragos
- Croquetas de bacalao
- Chorizo a la sidra
- Arroz con berenjenas
- Escalivada
- Ensaladilla

PLATOS PRINCIPALES

- Bacalao al pilpil
- Pulpo a la gallega
- Calamares a la romana
- Cordero asado
- Entrecot a la pimienta
- Lasaña de verduras

POSTRES

- Natillas
- Fruta de temporada
- Helado de chocolate
- Dulce de leche
- Melocotón en almíbar
- Tarta de Santiago

Los invitados

Héctor es celiaco.

Gabriela tiene intolerancia a la lactosa.

Bruno practica la paleodieta.

Darío es vegetariano, pero come huevos.

Vega no come cerdo.

5.1 **En grupos pequeños** Teniendo en cuenta toda la información, elige cuatro entrantes (1), dos platos principales (2) y dos postres (3) para el menú. Si es necesario, busca los ingredientes en internet. Luego di qué platos va a tomar cada invitado/a y lo que vas a comer tú mismo/a.

5.2 **Todo el grupo** Presentad el menú al resto de la clase y justificad vuestra elección.

El oro del Mediterráneo

1 **En parejas** Lee los textos sobre el aceite de oliva y relaciónalos con su título correspondiente.

Alimento base | Calidad superior | Producto milenario | Orígenes | Productor mundial | Medicina natural

[1] ....

Al comienzo se utilizaba con fines cosméticos. Fueron los romanos quienes iniciaron su uso con fines gastronómicos.

[2] ....

En los países mediterráneos es un alimento esencial. Se usa como ingrediente básico de cualquier plato.

[3] ....

Su lista de beneficios es interminable: tiene propiedades antioxidantes, fortalece los huesos y es eficaz contra el envejecimiento.

[4] ....

España es el mayor productor de aceite de oliva del mundo. Jaén, en Andalucía, es la capital del aceite.

[5] ....

El aceite de oliva virgen extra de extracción en frío es el más apreciado en la cocina. Las aceitunas de mayor calidad se destinan a la elaboración de este aceite.

[6] ....

En España existen muchísimos olivos con más de mil años. Se protegen como parte del patrimonio nacional.

6 Curiosidades del aceite de oliva virgen

1 En España se consumen 12 litros de aceite por persona y año.

2 El aceite de oliva tiene propiedades antinflamatorias. 50 gramos de aceite de oliva virgen extra son equivalentes a la décima parte de una aspirina.

3 El olivo tiene el mismo número de cromosomas que el ser humano, es decir, 46.

4 Médicos y profesionales recomiendan ingerir de 2 a 3 cucharadas de aceite de oliva virgen extra al día para fortalecer nuestro sistema inmunológico.

5 La provincia de Jaén tiene 66 millones de olivos.

6 Para fabricar 1 litro de aceite de oliva virgen extra es necesario usar unos 5 kilos de aceitunas.

2 **Todo el grupo** Busca información en internet sobre un producto básico en la dieta de tu país. Comparte los datos con el resto de compañeros.

Vídeo

Cartelera DE CINE

Dieta mediterránea

Sinopsis

Sofía es una chica de pueblo que ha crecido entre fogones[1]. Sus padres tenían una casa de comidas y, gracias a ello, ha ido descubriendo su talento innato para la cocina.

A su lado siempre está Toni, su marido y padre de sus tres hijos; pero, de repente, aparece Frank, un representante que quiere hacer de Sofía la mejor cocinera del mundo.

Cuando Sofía se da cuenta de que no puede prescindir de ninguno de los dos, se adentra en un triángulo amoroso y profesional de consecuencias insospechadas.

[1] *Fogón* es sinónimo de *cocina*. Cuando alguien crece entre fogones, significa que esa persona se ha criado en un ambiente en el que se cocina mucho; en un restaurante, por ejemplo.

Antes de la secuencia

1 **En parejas** En la primera imagen, Sofía acaba de cocinar varios platos de pescado. Fíjate en su expresión; ¿por qué crees que está tan contenta?

1.1 **Todo el grupo** ¿Conoces el nombre de algún pescado en español?

1.2 **En parejas** Para cocinar estos pescados utiliza una sartén, una olla y una plancha. ¿Qué platos haces tú en estos recipientes?

1.3 **En parejas** Fíjate en la expresión de Sofía en el segundo fotograma; ¿qué crees que le pasa?

Durante la secuencia

2 Sofía llega a la ciudad para trabajar en un restaurante y conoce a su compañera de piso. Completa el diálogo y visiona el fragmento 01:09 ▶ 01:33 para comprobar tu respuesta.

Nuria: Hola, soy Nuria.
Sofía: Hola.
Nuria: Encantada. Esta es mi [1] ...., si no te [2] ....
Sofía: Ah, perdón. ¿Tú también [3] .... en la cocina?
Nuria: No, en el [4] ...., de camarera. En la [5] .... ni loca; todos son hombres.

3 **En parejas** Sofía hace la prueba para trabajar en la cocina. Visiona el fragmento 01:34 ▶ 03:28 y elige la opción correcta.

1. ¿Qué significa 'tener enchufe' en un trabajo?
   a. Tener vacaciones.
   b. Tener un contacto.
   c. Tener un problema.
2. ¿Qué tres tipos de pescado tiene que cocinar?
   a. Trucha, sardina y lenguado.
   b. Trucha, rape y salmón.
   c. Trucha, rape y lenguado.
3. ¿Cuál de estos ingredientes no utiliza?
   a. sal
   b. perejil
   c. carne
   d. cebolla
   e. harina
   f. pimiento verde
   g. queso
   h. pimienta
   i. tomate
   j. vino blanco
   k. limón

4 Mira el final de la secuencia y comprueba tu respuesta a la actividad 1.3.

Después de la secuencia

5 **En parejas** Imagina que tú también tienes que hacer un plato para poder trabajar en un restaurante. ¿Qué harías?

Nombre del plato:

Utensilios necesarios:

Ingredientes:

Receta:

Tiempo estimado:

6 **En parejas** Contesta a este cuestionario y házselo luego a tu compañero/a. ¿Coincidís en alguna respuesta?

	Mi respuesta	La respuesta de mi compañero/a
1. ¿Hay algún plato de la cocina hispana que te apasione?		
2. ¿Cuándo fue la última vez que comiste pescado? ¿Qué tipo de pescado fue? ¿Cómo estaba cocinado?		
3. ¿Alguna vez has dejado un trabajo voluntariamente? ¿Cuál fue la razón?		
4. ¿Alguna vez has dejado todo por un sueño? ¿Qué fue lo que dejaste y cuál era el sueño?		

7 **Todo el grupo** ¿Conoces alguna película, serie o programa de televisión que gire en torno a la gastronomía? Explica su argumento o en qué consiste.

Evaluación

1 Lee las siguientes definiciones y, a partir de la letra inicial, escribe el nombre del alimento al que se refieren.

1. C.................................... Es una semilla con un alto nivel de proteínas.
2. E.................................... Es una verdura que tiene mucho hierro.
3. Q.................................... Es un cereal con un alto contenido en aminoácidos esenciales.
4. A.................................... Es una fruta del bosque con propiedades antibacterianas.
5. P.................................... Es una fruta con propiedades desintoxicantes.

2 Relaciona cada imagen con su descripción correspondiente.

a. Es un tipo de col rica en calcio y con pocas calorías.
b. Es un alimento ultraprocesado.
c. Es un alimento prohibido para los veganos, pues su origen es animal.
d. Tiene ácidos grasos omega 3 que ayudan a prevenir el cáncer.
e. Si eres vegetariano/a o vegano/a, nunca tomas ese producto.
f. Es un alimento prohibido para las personas con intolerancia a la lactosa.

3 Completa las siguientes frases condicionales.

1. Saldré con mis amigos mañana si ....
2. Ven a mi casa esta tarde si ....
3. Suelo ir andando al trabajo si ....
4. Viviré en un país extranjero si ....
5. Iré a comprar al supermercado si ....
6. Normalmente no hablo mucho si ....

4 Relaciona las siguientes frases.

1. Ana solo come frutas y verduras, por lo que...
2. Miguel es alérgico al gluten, de ahí que...
3. A Marta le encantan los superalimentos, o sea que...
4. Juan es intolerante a la lactosa, así que...
5. Si llevas una dieta sana, perderás peso y entonces...

a. si preparas ensalada de quinoa, seguro que se pondrá contenta.
b. te sentirás mejor.
c. es mejor que no pongas quesos en la cena.
d. es vegana.
e. no coma productos que lleven trigo.

5 Completa con *por* o *para* las siguientes conversaciones. Luego relaciona cada una con su uso correspondiente del recuadro.

a. intercambio, precio | **b.** dirección | **c.** parte del día | **d.** comparación en contraposición | **e.** lugar aproximado | **f.** plazo de tiempo

Diálogo 1 ☐
Mar: ¿Sabes? Voy a empezar una dieta vegana. Creo que la clave es sustituir la carne .... verduras con muchas proteínas.
Joana: Pues en el súper hay oferta de tomates. Dos kilos .... el precio de uno.
Mar: ¡Fenomenal!

Diálogo 2 ☐
Carlos: Estoy haciendo un trabajo sobre nutrición.
Esteban: ¡Qué interesante!
Carlos: Sí, el problema es que tengo poco tiempo.
Esteban: ¿.................... cuándo lo tienes que terminar?
Carlos: .... el próximo viernes.

Diálogo 3 ☐
Javi: ¿Sabes si el autobús 35 va al Retiro?
Rosa: Creo que sí.
Javi: Muchas gracias, voy .... allá dentro de un rato.

Diálogo 4 ☐
Tati: ¿Estás estudiando en España?
Elena: Sí, estoy estudiando en Zaragoza.
Tati: Yo conozco Zaragoza. ¿.................... dónde vives?
Elena: Vivo .... el centro, en la calle Alfonso I, muy cerca de la basílica del Pilar.

Diálogo 5 ☐
Ángel: Mira, ¿ese no es Pedro?
Valeria: Sí, es verdad, no lo conocía...
Ángel: ¡Madre mía! .... lo joven que es, está viejísimo.
Valeria: Tienes razón.

Diálogo 6 ☐☐
Iker: ¿Tú qué tomas .... la mañana?
María: Pues tomo yogur con cereales y chía.
Iker: ¿Por qué chía?
María: Porque es una semilla con grandes propiedades .... lo pequeña que es.

6 Escribe cinco datos sobre el aceite de oliva.

1. ....
2. ....
3. ....
4. ....
5. ....

7 En esta unidad, además de cuestiones lingüísticas, has tratado cuestiones relacionadas con la nutrición y las dietas. ¿Has aprendido algo nuevo sobre el tema? ¿Crees que cambiarás alguno de tus hábitos nutricionales después de lo que has aprendido? ¿Por qué?

Unidad

10

Fíjate en la imagen principal y en el título de la unidad; ¿cómo los relacionas con tu aprendizaje?

¿A qué hace referencia la imagen de los móviles en tu opinión?

¿Sabes qué es el comercio justo?

Línea de meta

En esta unidad vas a...

- Repasar los contenidos principales del nivel B1
- Hablar sobre el internet de las cosas
- Evaluarte con el *Marco de referencia* y reflexionar sobre lo que has aprendido
- Conocer los diez principios del comercio justo

¿Qué sabes?

1 En la novela *La silueta del olvido*[1], de Joaquín Camps, uno de sus personajes, Héctor, habla sobre su profesión. Lee estas dos frases extraídas del libro y completa la última con el nombre de la profesión a la que hace referencia.

"En la época de la posverdad no importa si la historia es real, solo importa si haces clic sobre ella. Los hechos están superados".

"Que en la primera frase que pronuncia haya una verdad y una mentira demuestra su perfecta adaptación al nuevo ....".

[1]Con esta novela, publicada por la editorial Planeta, Joaquín Camps ganó el Premio Azorín de Novela 2019.

1.1 **Todo el grupo** Según lo que has leído, ¿crees que Héctor tiene un buen concepto de su profesión? ¿Qué piensas tú del periodismo actual?

2 **En parejas** Tres periodistas hablan de cómo ha cambiado su profesión con la llegada de las nuevas tecnologías. Completa los textos con la forma adecuada del pasado de los verbos entre paréntesis.

María, reportera. Cuando yo [1] .... (empezar), hace unos 20 años, el trabajo [2] .... (ser) muy diferente; siempre [3] .... (ir) mi cámara y yo. [4] .... (Llegar, nosotros) al lugar, y, mientras él [5] .... (grabar), yo [6] .... (preguntar) qué [7] .... (pasar), [8] .... (tomar) notas en un cuaderno y luego, entre los dos, [9] .... (montar) la pieza para el informativo. Ahora, muchas veces, voy sola con mi teléfono, que hace de cámara. Pero lo más importante para mí es la inmediatez que me exigen; es importante ser los primeros en dar la noticia, así que tengo que montar el reportaje casi al momento.

Julián, locutor de radio. En mi trabajo, creo que en general ha habido pocos cambios. Antes solo [10] .... (contactar) con los oyentes por teléfono y ahora tenemos las redes sociales, los mensajes de texto, los correos...; pero en el fondo es igual. Lo que también [11] .... (cambiar) es que antes [12] .... (leer) el guion en papel y ahora lo leemos en el ordenador o en la tableta; eso es muy positivo. Recuerdo una vez que se me [13] .... (desordenar) las hojas y [14] .... (pasar) un mal rato hasta que [15] .... (decidir) olvidarme de ellas e improvisar.

Adrián, presentador de televisión. Recuerdo muy bien el día que [16] .... (presentar) el informativo por primera vez. [17] .... (Estar) bastante nervioso. [18] .... (Dormir) muy poco el día antes, [19] .... (equivocarse) un par de veces... Yo creo que la forma en que se llega a la información [20] .... (cambiar) mucho. Ahora hay más medios: internet, los espectadores, las agencias, las redes sociales... Y en mi profesión en concreto también. Antes, por ejemplo, [21] .... (presentar) siempre sentados detrás de la mesa y ahora nos movemos mucho por el plató, así que la imagen es más importante, yo creo.

3 **En pequeños grupos** El periodismo no es la única profesión que ha cambiado debido a la llegada de las nuevas tecnologías. Fíjate en las imágenes; ¿a qué profesiones hacen referencia? ¿Cómo eran antes y cómo son ahora?

1 ....

2 ....

3 ....

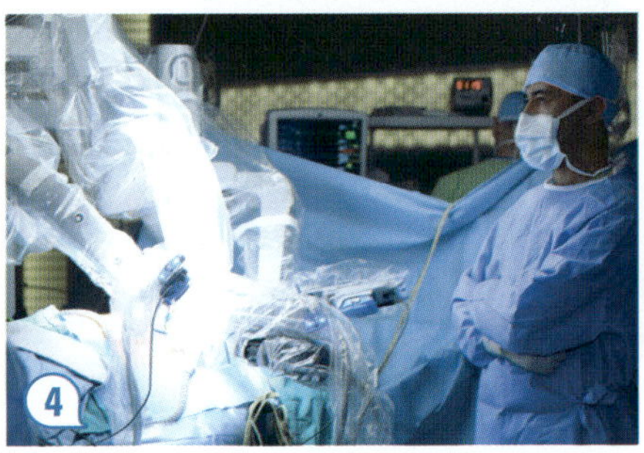

4 ....

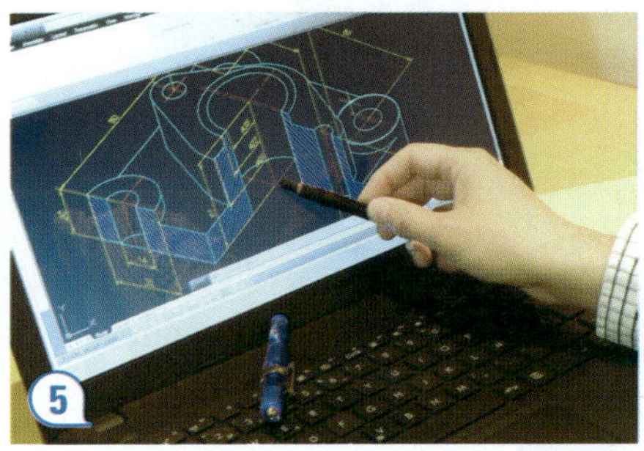

5 ....

6 ....

4 **En parejas** Vas a escuchar un programa donde se habla de la relación entre la tecnología y el trabajo. Antes lee las siguientes afirmaciones y marca las que, en tu opinión, son verdaderas. Compara con tu compañero/a. ¿Estáis de acuerdo?

1. ☐ La mayoría de los jóvenes encontrará un trabajo que hoy día aún no existe.
2. ☐ En 20 años, 50 profesiones habrán sido sustituidas por el trabajo de los robots.
3. ☐ Surgirán otras necesidades y, por tanto, otras profesiones.
4. ☐ Los sectores con más empleo serán el alimentario, el turístico y el sanitario.

4.1 [39] Escucha el audio y comprueba tus respuestas. ¿Has acertado en tus suposiciones?

5 **En parejas** ¿Y tú? ¿A qué te dedicas? ¿Has cumplido tus sueños? Contesta a las siguientes preguntas y habla con tus compañeros sobre el tema.

1. ¿Qué querías ser de pequeño/a?
2. ¿Te gustaría cambiar de profesión?
3. ¿Hay algo que te impida desarrollar tu carrera ideal?
4. ¿Crees que estás preparado/a para los cambios que se producirán en el futuro en el ámbito laboral?

Palabras

1 **En parejas** Di si los siguientes adjetivos de carácter son positivos (P) o negativos (N) y escribe su antónimo.

1. ☐ extravertido/a ≠ ....
2. ☐ responsable ≠ ....
3. ☐ cobarde ≠ ....
4. ☐ optimista ≠ ....
5. ☐ paciente ≠ ....
6. ☐ trabajador/a ≠ ....
7. ☐ sincero/a ≠ ....
8. ☐ honesto/a ≠ ....
9. ☐ inseguro/a ≠ ....
10. ☐ humilde ≠ ....
11. ☐ sociable ≠ ....
12. ☐ negativo/a ≠ ....
13. ☐ alegre ≠ ....
14. ☐ inmaduro/a ≠ ....

2 [40] **Escucha e identifica, de las cinco personas que hablan, quiénes son las de la imagen.**

2.1 **En parejas** Completa estas frases con las palabras del recuadro.

un perfil | las contraseñas | un programa | entra | se conecta | cuentas | cuelgan

1. .... con muchos dispositivos.
2. Tiene muchas .... en redes sociales.
3. .... en internet para comunicarse con su familia.
4. Han instalado .... que le impide ver algunas páginas de internet.
5. A veces olvida .... de sus cuentas.
6. Ve las fotos que .... sus familiares.
7. Se hizo .... en una red social de contactos.

2.2 [40] **Escucha de nuevo y relaciona los enunciados anteriores con la persona que los dice.**

- Rodrigo ....
- Nacho ....
- Álvaro ....
- Eva ....
- Diana ....

2.3 **En parejas** **Después de escucharlas, ¿qué carácter crees que tienen estas personas? ¿En qué etapa de la vida está cada una (infancia, adolescencia, madurez...)? Justifica tus respuestas.**

3 **En parejas** Lee el siguiente texto sobre la historia de la informática y complétalo con las palabras del recuadro.

época | siglos | etapa | décadas | periodo

Breve historia de la informática

La necesidad del ser humano de crear herramientas útiles para hacer sus cálculos de manera más precisa y rápida no es reciente: hace [1] .... la cultura china inventó el ábaco, ese instrumento cuadrado, de madera, con diez cuerdas o alambres donde poner las bolitas con las que hacer las cuentas y que seguramente todos hemos usado en la escuela cuando aprendíamos las bases de las matemáticas.

También de otra [2] .... es la *pascalina* (siglo XVII), que sirvió para automatizar las operaciones de suma y resta con un sistema de cilindros mecánicos.

Ahora bien, ninguno de estos instrumentos se parece a lo que hoy conocemos como *ordenador* o *computadora*.

La mayoría coincide en situar los primeros ordenadores en el [3] .... de la Segunda Guerra Mundial y los años posteriores: máquinas enormes, que se podían emplear para realizar cálculos de todo tipo, pero que no estaban pensadas para el público en general: por su tamaño, precio y complejidad, solo estaban al alcance de las empresas o universidades.

Fue [4] .... más tarde, en los setenta, cuando aparecieron los primeros ordenadores personales: unas cajas cuadradas o rectangulares, todavía demasiado pesadas como para llamarlos "portátiles", pero sí al menos "transportables". Empezó así una nueva [5] .... de popularización de los ordenadores. En esta revolución participó ya Steve Jobs, que años después volvió a sorprender al mundo con un pequeño aparato plano con los bordes redondeados y una pantalla de cristal que servía para escuchar música, realizar llamadas telefónicas y conectarse a internet: el famoso iPhone, el primer teléfono inteligente y una máquina que ha cambiado la forma de entender el mundo y relacionarse. ¿Qué será lo siguiente?

3.1 **En parejas** Marca las palabras del texto anterior que se refieren a la forma, el material y la función de los objetos y clasifícalas en su lugar correspondiente.

Forma	Material	Función
cuadrado,	*madera,*	*Sirve para...*

3.2 **Todo el grupo** ¿Cómo crees que serán los ordenadores del futuro? ¿De qué estarán hechos? ¿Qué forma tendrán?

Gramática

1 Subjuntivo para expresar deseos y preferencias y hacer peticiones (repaso)

- Para expresar **deseos** y **preferencias** se usan los verbos *querer, desear, esperar, tener ganas de* o *preferir* seguidos de **infinitivo** (si el sujeto de las oraciones principal y subordinada es el mismo) o *que* + **subjuntivo** (si el sujeto de ambas oraciones es diferente):

  *Jaime **quiere visitar** a María./Jaime **quiere que** María **venga** a visitarlo.*

  – También se usa la interjección ***ojalá (que)*** seguida siempre de **subjuntivo**:

  ***Ojalá (que) estemos** siempre juntos.*

  – La estructura *que* + **presente de subjuntivo** se usa para manifestar buenos deseos a otras personas. Son fórmulas sociales como ***¡que lo pases bien!, ¡que te vaya bien!, ¡que cumplas muchos más!, ¡que te mejores!, ¡que aproveche!, ¡que os divirtáis!, ¡que descanses!**...*

- Para hacer **peticiones** se usan los verbos *pedir, rogar* y *suplicar* seguidos de *que* + **subjuntivo**:

  *Le **ruego que espere** un momento, por favor.*

RAE

COMUNICACIÓN

En Hispanoamérica, algunas de estas expresiones son algo diferentes.

› Que la pases bien: *Congratulaciones anticipadas al joven abogado Rony Díaz Yánez.* [...] ***Que la pases bien**, amigo.*
› Que te vaya bonito (México): *Ojalá **que te vaya bonito**, ojalá que se acaben tus penas.*
› Que los cumplas feliz (Argentina): *Germán entra con una pequeña torta con 40 velitas encendidas y canta "**Que los cumplas feliz**".*
› Que te alivies: *Mami, espero **que te alivies** para que podamos estar juntas y vayamos a España de vacaciones.*

1.1 Pedro se muda a Alemania para terminar sus estudios. Escribe qué le desean o qué le piden estas personas. ¿Qué crees que desea él?

1. Sus padres: ....
   ....
2. Sus amigos: ....
   ....
3. Su novia: ....
   ....
4. Sus profesores en Alemania: ....
   ....
   ....
5. Sus compañeros de piso en Alemania:
   ....
   ....
6. Pedro: ....
   ....

1.2 **En parejas** Inventa una situación en la que podrías decir las siguientes frases. Trabaja con tu compañero/a.

2 Subjuntivo con verbos de influencia: consejos y recomendaciones, órdenes, permiso y prohibición (repaso)

- Son verbos de influencia *aconsejar, recomendar, sugerir, mandar, ordenar, permitir, dejar* o *prohibir*. Este tipo de verbos se construyen con **infinitivo** o con *que* + **subjuntivo**:

  *Os **aconsejo ver/que veáis** esa serie, es magnífica.*

  *Te **prohibimos salir/que salgas** de aquí hasta que no termines los deberes.*

- *Es* *conveniente* / *recomendable* / *aconsejable*
  - \+ **infinitivo**, para hablar de **acciones o situaciones generales**:
    *Es **recomendable beber** mucha agua los días de calor.*
  - \+ *que* + presente de **subjuntivo**, para **personalizar el consejo**:
    *Es **aconsejable que estudiéis** una hora diaria, por lo menos.*

> Recuerda:
> En carteles es frecuente el uso de fórmulas impersonales: ***se prohíbe/permite, está permitido/prohibido*** seguidas de **infinitivo**:
>
> *(Está) **Prohibido/Se prohíbe fumar**.*
>
> *(Está) **Permitido/Se permite circular** por el arcén.*

2.1 **Todo el grupo** ¿Por qué crees que a estos verbos se les llama "de influencia"?

2.2 Fíjate en el ejemplo y transforma las siguientes frases.

Ejemplo: *No te vayas.* (prohibición) > *Te prohíbo que te vayas.*

1. No te rías. (consejo) › ....
2. Vuelve un poco más tarde. (permiso) › ....
3. Ve a esa exposición. (recomendación) › ....
4. No entres aquí. (prohibición) › ....
5. Estudia más. (sugerencia) › ....
6. Vete de aquí. (orden) › ....

2.3 [41] **En grupos pequeños** Javier es un niño de 10 años que tiene un problema. Escucha el audio y elabora con tus compañeros una lista de consejos y prohibiciones que ayuden a su familia a resolverlo.

3 Subjuntivo para expresar sentimientos y estados de ánimo (repaso)

- Existen diferentes construcciones para expresar **sentimientos** y **estados de ánimo**. Todas ellas van acompañadas de **infinitivo** si el sujeto de la oración subordinada es el mismo que el de la principal y de *que* + **subjuntivo** si los sujetos son distintos.
  - Verbos con la misma construcción que *gustar*, como *interesar, encantar, molestar, doler, importar, preocupar, extrañar* o *sorprender*.
    *Me **sorprende que** todavía **estés** en la cama. ¡Si son las doce de la mañana!*
  - Las locuciones *dar* + **sustantivo** *(miedo, pena, vergüenza...)* y *poner* + **adjetivo** *(triste, contento/a, furioso/a, nervioso/a...)*:
    *Me **pone furioso dejarme** la nevera abierta. ¡Es que se estropea la comida!*
  - Verbos en los que el sujeto es la persona que experimenta el sentimiento o emoción, como *soportar, sentir, lamentar, temer, odiar, aguantar* o *alegrarse*:
    ***Odio que** la gente **hable** en voz alta.*
  - Los estados de ánimo se expresan con *estar* + **adjetivo** *(cansado/a, harto/a, contento/a...)*:
    ***Estoy** muy **contenta de que hayáis venido** a visitarme.*
- Las expresiones *me da igual/lo mismo* expresan **indiferencia**.

> Recuerda:
> - Las locuciones con *dar* y *poner* se pueden construir con ***cuando*** o ***si***. En este caso el verbo que introducen va siempre en indicativo y el verbo *poner* se hace reflexivo:
>
>   ***Me pongo** furioso **cuando** me dejo la nevera abierta.*
>
>   *Me da mucha lástima **si** veo a un niño llorar.*
> - Esto ocurre también con verbos como *enfadar(se), alegrar(se), aburrir(se)*:
>
>   *A Juan le aburre que le hablen de política./Juan se aburre **cuando/si** le hablan de política.*

3.1 **En parejas** Observa estas situaciones. ¿Qué sentimientos te producen?

4 Subjuntivo para expresar opinión y valoración (repaso)

- Tanto los verbos *pensar, creer* y *parecer* como las expresiones de **certeza** *(es verdad/cierto/obvio, está demostrado/claro/visto...)* se usan para expresar **opinión**.
  - Se construyen con *que* + **indicativo** cuando son **afirmativos**:
    Creo que el trabajo, tal y como lo conocemos hoy, desaparecerá.
    Está claro que ha cometido un delito y que tendrá que pagar por ello.
  - Se construyen con **subjuntivo** si van en forma **negativa**. En este caso, se usa el subjuntivo para **rebatir una opinión** expresada anteriormente o que se sobrentiende:
    Yo no creo que desaparezca, pero sí que cambiará mucho.
    Para mí no está claro que haya cometido un delito; quizá una infracción, ¡pero un delito...!
- Los **juicios de valor** sirven para calificar un hecho y, por tanto, también se usan cuando queremos opinar sobre un tema. Se construyen con *ser* y *parecer* + sustantivo o adjetivo valorativos *(una pena, una tontería, bueno, malo, indignante...)* o *estar* + adverbio valorativo *(bien, mal)*. Si el juicio de valor es general, la frase se construye con **infinitivo**; si se personaliza, con *que* + **subjuntivo**:
  Es bueno formarse para el futuro./Es bueno que te formes para el futuro.

> Recuerda:
> Para que el verbo subordinado vaya en subjuntivo, la negación tiene que estar en la oración principal:
> *Creo que el trabajo desaparecerá.*
> *Creo que el trabajo no desaparecerá.*
> ***No creo** que el trabajo **desaparezca**.*

4.1 **En parejas** Lee las siguientes opiniones sobre diversos temas y corrígelas si es necesario. ¿Estás de acuerdo con lo que dicen? Expresa tu opinión.

1 Es bueno que los niños acceden a la tecnología desde los primeros años.

2 Aprender es un proceso que nunca termina y es obvio que aprendamos a lo largo de toda nuestra vida.

3 No me parece que ir a la universidad es necesario para poder tener un buen futuro profesional.

5 Subjuntivo en oraciones de relativo con antecedente desconocido (repaso)

En las **oraciones de relativo** se usa el **subjuntivo** si el antecedente es **desconocido**, solo conocemos sus características, preguntamos por su existencia o la negamos:

*Quiero una casa que **tenga**, al menos, cinco habitaciones y que **sea** exterior.*

> Recuerda:
> Para preguntar y responder negativamente se usan los pronombres indefinidos *algo/nada, alguien/nadie*:
> ▶ *¿Hay **algo** que pueda hacer por ti?*
> ▷ *No hay **nada** que puedas hacer.*

5.1 Imagina que te mudas a vivir a una casa nueva. Escribe en tu cuaderno un texto enumerando las características que debe tener.

6 Subjuntivo para expresar hipótesis y probabilidad (repaso)

- En español, para expresar **hipótesis** y **probabilidad**, hay dos recursos principales:
  - El uso del **futuro simple**, el **futuro compuesto** y el **condicional**:
    ***Estará** ocupada y no **podrá** llamarte, no te preocupes.* (presente)
    *¿**Habrá llegado** ya al aeropuerto?* (pasado reciente)
    *¿Que a qué hora se fue? Muy tarde, **serían** las tres de la mañana o así.* (pasado)
  - El uso de los siguientes **adverbios** y **locuciones adverbiales**:

Con **indicativo**:	Con **indicativo y subjuntivo**:	Con **subjuntivo**:
– a lo mejor	– quizá(s)	– puede (ser) que
– lo mismo	– tal vez	– (no) es + posible / probable / imposible + que
– igual	– probablemente	
	– posiblemente	
	– seguramente	

***A lo mejor está** enfadado y por eso no te llama.* (presente)
***Probablemente han/hayan llegado** ya a su destino.* (pasado)

Recuerda:
En las expresiones que pueden llevar indicativo o subjuntivo, si el hablante usa el indicativo, cree que su suposición es más probable que si usa el subjuntivo.

RAE
GRAMÁTICA
En el español de América (R. Dominicana, Uruguay y Venezuela) también se usa de repente con el significado de posiblemente:
*Por mi barrio hay un joyero que **de repente** lo puede arreglar... Mañana mismo se lo llevo.*

6.1 **En parejas** Escribe tres hipótesis en tu cuaderno sobre lo que va a hacer tu compañero/a después del curso. Luego coméntaselas; ¿has acertado?

7 Subjuntivo para expresar finalidad (repaso)

Para expresar la **función de un objeto** o el **objetivo de una acción**, se usa la preposición *para* seguida de **infinitivo** si el sujeto de la oración subordinada es el mismo que el de la oración principal, y *que* + **subjuntivo** cuando los sujetos son diferentes:

*Esta pluma tan rara servía **para escribir**.*
*Eva trabaja duro **para que** sus hijos **tengan** lo necesario para vivir.*

Recuerda:
- Otros marcadores de finalidad son *con el fin/el objeto/la finalidad de (que)*. Se usan en **contextos** más **formales**.
- La preposición ***a*** se usa como marcador de finalidad con verbos de **movimiento**:
  *Vengo **a** que me ayudes.*

7.1 **En parejas** ¿Para qué utilizamos estas cosas?

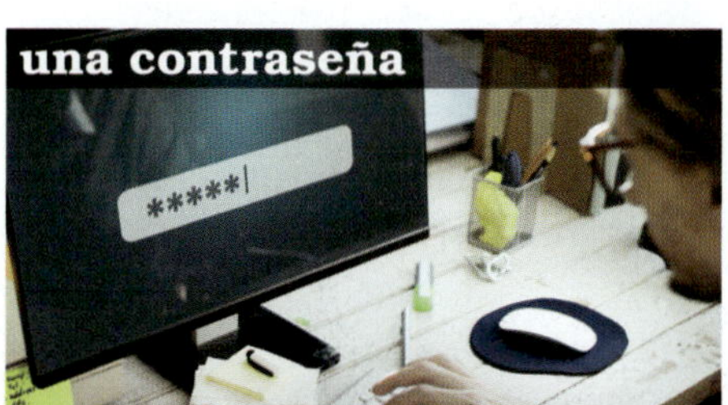
una contraseña

una red social

un dron

un horno

una aplicación

una sartén

Practica en contexto

1 **Todo el grupo** ¿Qué es el *internet de las cosas*? Elige la definición que te parezca correcta y justifica tu respuesta.

1. Se trata de todas las cosas que pueden hacerse con la ayuda de internet.
2. Es la conexión de los objetos cotidianos a internet y también entre sí.
3. Son todos los objetos que pueden conectarse a internet.

RAE

LÉXICO

Las palabras internet y wifi se usan indistintamente en masculino y femenino. Ambas opciones son correctas:

*Investiga en **el internet** sobre quién puede necesitar una buena página web.*
*Fue un proyecto digital llamado a marcar un antes y un después en la historia de **la internet** mundial.*

*Seguro que el del segundo me está robando **el wifi**.*
*Esto de **la wifi** y de escribir cartas por teléfono es mágico.*

1.1 Lee la siguiente definición y comprueba tu respuesta anterior.

El internet de las cosas o IoT *(Internet of Things)* es un concepto que se basa en la interconexión, a través de internet, de las cosas de nuestro día a día. Estas *cosas* incluyen personas, objetos, animales, máquinas… Al estar todo interconectado, se transfieren datos que, analizados, permiten obtener una información que facilita la vida cotidiana y que contribuye a mejorar también la sociedad, ayudando, por ejemplo, en la gestión de las ciudades, de modo que sean más habitables y sostenibles.

1.2 **Todo el grupo** ¿Tienes o conoces algún objeto inteligente? ¿Cuál? Haced una lista con todos los que se mencionen en la clase.

2 **En parejas** ¿Cuáles de los siguientes objetos inteligentes existen ya?

1. Paraguas que predice el tiempo y que, además, te avisa para que no lo olvides en ningún sitio.

2. Tenedor que vigila tus comidas para que tu dieta sea saludable.

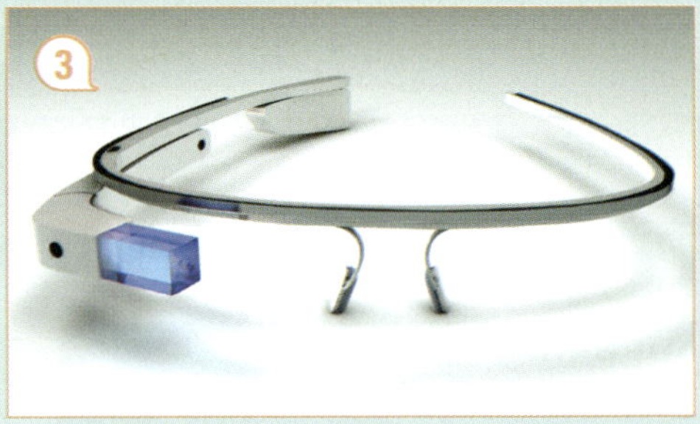

3. Gafas con GPS que te guían para que no te pierdas y sepas siempre dónde estás.

4. Zapatos que te dicen con qué ropa combinan mejor para que vayas siempre perfecto/a.

Huevera que te avisa si los huevos no están frescos para que no los comas en mal estado.

Cubo de basura que te manda un mensaje cuando está lleno para que cambies la bolsa.

Frigorífico que pide al supermercado los alimentos que le faltan para que no te quedes nunca sin comida.

Sofá que se calienta o enfría según el clima y que vibra para que te despiertes a la hora que le pidas.

2.1 [42] **Forma frases relacionando los elementos de las dos columnas. Luego escucha y comprueba tu respuesta. ¿Has marcado correctamente los objetos inteligentes de la actividad 2?**

1. Si se está acabando un alimento...
2. El paraguas manda un mensaje...
3. El tenedor elabora informes para...
4. La huevera analiza los huevos...
5. La parte de abajo del cubo sirve para...
6. Muy pronto usaremos el móvil...
7. Con las gafas inteligentes se puede...

a. para controlarlo casi todo.
b. que veas los progresos que haces.
c. lo añade a la lista de la compra.
d. para que te acuerdes de cogerlo.
e. aspirar lo que cae fuera de él.
f. consultar una dirección.
g. para evitar intoxicaciones.

2.2 **Todo el grupo** ¿Crees que los objetos inteligentes que no existen y que se mencionan en la actividad 2 serían útiles? Justifica tu respuesta.

3

En parejas Piensa en un objeto que te gustaría convertir en inteligente por medio del internet de las cosas y completa esta ficha. Fíjate en el ejemplo.

¿Qué objeto?

Una maceta que cambie de color cuando la planta necesite agua y que avise también de si le falta abono o necesita más luz.

....

....

....

¿Por qué este objeto?

Porque me encantan las plantas y me da mucha pena que se mueran por falta de riego o de otros cuidados.

....

....

....

Finalidad:

Para que la planta no se seque.

....

....

....

Consecuencia:

Así la planta estará siempre verde y bonita.

....

....

....

3.1 **Todo el grupo** Ahora, con toda la información que tienes, presenta tu objeto inteligente al resto de la clase.

Explicar la causa y matizar o desmentir una información

- Recuerda que para expresar la causa o el motivo de una acción usamos conectores como ***porque***, ***puesto/ya que***, ***por*** o ***como***:

  *Estudio piano **porque** me gusta la música.*
  ***Como** estoy cansado, me voy a dormir.*
  *Suspendió el examen **por** estudiar poco.*
  ***Ya/Puesto que** sales, compra leche.*

- Para matizar o desmentir una información o suposición previa explicando su verdadera causa o motivo se usa la estructura *no porque* + **subjuntivo**, *sino porque* + **indicativo**:

  *No salgo, **no porque** no **tenga** ganas, **sino porque** no **puedo**.*

Introducir una opinión y reaccionar

Recuerda que para **introducir tu opinión** o valoración puedes usar las expresiones *para mí, a mí me parece que, según mi idea, desde mi punto de vista...* y para reaccionar mostrando **acuerdo o desacuerdo** puedes usar las expresiones *(no) estoy de acuerdo contigo, estoy a favor/en contra de esa opinión, (no) tienes razón, estoy de acuerdo, pero...*

3.2 **Todo el grupo** Valora los objetos de tus compañeros. Luego comparte con el resto de la clase tus valoraciones y, juntos, decidid cuál es el objeto inteligente más útil e interesante.

Recuerda:
Algunos adjetivos y sustantivos **valorativos** son:

Adjetivos valorativos		Sustantivos valorativos	
bueno/malo	justo	una vergüenza	una suerte
importante	sorprendente	una pena	una tontería
increíble	intolerable	un horror	un desastre
escandaloso	(...)	una buena/mala noticia	(...)

4 **Todo el grupo** Fíjate en la siguiente imagen y haz hipótesis sobre qué representa. ¿Crees que se refiere a un concepto positivo o negativo? Una pista: tiene relación con el internet de las cosas.

4.1 Lee el texto y subraya la frase a la que crees que se refiere la imagen anterior.

Ventajas y desventajas del IoT

Aunque esta tecnología es muy prometedora, inevitablemente tiene también desventajas; por ejemplo, hará que nuestra privacidad sea mucho más vulnerable y que empresas y Gobiernos nos vigilen constantemente, tendremos una dependencia excesiva de los dispositivos y se perderán muchos puestos de trabajo. Además, es posible que ese exceso de automatización nos lleve a una deshumanización de la sociedad y a la pérdida de las relaciones.

4.2 **Todo el grupo** Compara la frase que has subrayado con la de tus compañeros. ¿Habéis coincidido? ¿Estáis de acuerdo con lo que dice el texto o creéis que exagera?

Evocar recuerdos

- Para expresar que **se recuerda** algo podemos usar:
  - *Recordar/Acordarse de* + sustantivo/*que...*
    Recuerdo/Me acuerdo de ese día.
    Recuerdo que cuando entré todos me miraron.
  - *No olvidar/No olvidarse de* + sustantivo/*que...*
    No he olvidado el/No me he olvidado del primer día de clase.
- Para expresar que **no se recuerda** algo podemos usar las mismas estructuras en forma negativa y afirmativa respectivamente.
- *Me suena* se usa para expresar un recuerdo vago de algo.

5 **En parejas** Hemos llegado al final del nivel B1. ¿Recuerdas qué expectativas tenías al comienzo del curso? ¿Te acuerdas del primer día de clase? ¿Estabas nervioso/a?

5.1 **Todo el grupo** ¿Conoces el *Marco común europeo de referencia para las lenguas*? ¿En qué consiste? ¿Para qué sirve?

5.2 Lee la información y comprueba tu respuesta anterior.

El *Marco común europeo de referencia para las lenguas* fue desarrollado por el Consejo de Europa para establecer una base común entre los Estados miembros en materia de aprendizaje de lenguas. Se publicó en 2001, precisamente el año en que se celebraba el Año Europeo de las Lenguas.

El *MCER* proporciona un marco general que indica lo que los estudiantes de idiomas tienen que aprender para ser capaces de utilizar una lengua extranjera de manera eficaz. Incluye seis niveles de aptitud en el aprendizaje de lenguas extranjeras, tal y como se puede observar en el gráfico.

Niveles de referencia según el *MCER*

5.3 **En grupos pequeños** A continuación tienes resumidos los objetivos que establece el *MCER* para el nivel B1. Léelos y comenta con tus compañeros en qué medida los has conseguido.

Comprender		Hablar		Escribir
Comprensión auditiva	**Comprensión lectora**	**Interacción oral**	**Expresión oral**	**Expresión escrita**
• Comprendo las ideas principales de discursos sobre asuntos cotidianos que tienen lugar en el trabajo, en la escuela, durante el tiempo de ocio… • Comprendo la idea principal de muchos programas de radio o televisión que tratan temas actuales o asuntos de interés personal o profesional.	• Comprendo textos redactados en una lengua cotidiana o relacionada con el trabajo. • Comprendo la descripción de acontecimientos, sentimientos y deseos en comunicaciones personales.	• Sé desenvolverme en casi todas las situaciones que se me presentan cuando viajo donde se habla esa lengua. • Puedo participar en una conversación que trate temas cotidianos de interés personal (familia, aficiones, trabajo, viajes y acontecimientos actuales).	• Sé enlazar frases de forma sencilla con el fin de describir experiencias y hechos, mis sueños, esperanzas y ambiciones. • Puedo explicar y justificar brevemente mis opiniones y proyectos. • Sé narrar una historia o relato, la trama de un libro o película y puedo describir mis reacciones.	• Soy capaz de escribir textos sencillos y bien enlazados sobre temas que me son conocidos o de interés personal. • Puedo escribir cartas personales que describen experiencias e impresiones.

5.4 **En grupos pequeños** Pide y da consejos a tus compañeros sobre alguno de los objetivos de este nivel que creáis que no habéis conseguido.

Pedir, dar y agradecer un consejo

- Para **pedir un consejo** puedes usar las siguientes expresiones:
  - **¿Puedes aconsejarme?**
  - **¿Qué me recomiendas/aconsejas?**
  - **¿A ti qué te parece?**
- Recuerda los verbos y expresiones para **dar consejos** que has aprendido:
  - ***Te aconsejo/recomiendo/sugiero*** + infinitivo/***que*** + subjuntivo
  - ***Es conveniente/aconsejable/recomendable*** + infinitivo/***que*** + subjuntivo
- Para **dar las gracias** puedes usar expresiones como:
  - **Muchas gracias por todo/tu consejo.**
  - **Te agradezco mucho tu ayuda.**
  - **Me has ayudado mucho, ¡gracias!**

5.5 **Todo el grupo** Piensa en todo lo que has aprendido en este curso. ¿Qué tipo de actividades te han gustado más? ¿Qué aspectos culturales te han parecido más interesantes? ¿Crees que conocer la cultura hispana te puede ayudar en tu aprendizaje del español? Justifica tu respuesta.

EL COMERCIO JUSTO

Tienda de comercio justo

1 **En parejas** ¿Sabes qué es el comercio justo? Estos son sus diez principios. ¿A qué crees que se refieren? ¿Cuál es su objetivo?

Los diez principios del comercio justo

1. Oportunidades para productores desfavorecidos
2. Transparencia y responsabilidad
3. Prácticas comerciales justas
4. Pago justo
5. - No al trabajo infantil
   - No al trabajo forzoso
6. - No a la discriminación
   - Igualdad de género
   - Libertad de asociación
7. Buenas condiciones de trabajo
8. Desarrollo de capacidades
9. Promoción del comercio justo
10. Respeto al medioambiente

La ONG Golden Silk, en Camboya, fabrica seda de manera tradicional y sostenible. La mayoría de sus trabajadores son mujeres.

Recogida del fruto del cacao

2 **Lee el texto y comprueba tus respuestas.**

Cada artículo que compramos tiene una historia, la historia de las personas que lo elaboran. Las historias de quienes cultivan, procesan, elaboran o cosen los productos están marcadas muchas veces por jornadas de trabajo extenuantes e inhumanas, por salarios que no alcanzan para vivir con dignidad, por ingresos que no cubren los costes de producción; historias marcadas por ser mujer u hombre, historias de niños y niñas que se han visto obligados a trabajar en lugar de ir a la escuela o jugar; historias, en definitiva, de injusticia.

Por todo ello, en la década de los cincuenta surgió un movimiento que ha ido creciendo con los años: el comercio justo. Su objetivo es mejorar el acceso al mercado de los productores más desfavorecidos y cambiar las injustas reglas del comercio internacional, que consolidan la pobreza y la desigualdad mundial.

Sus principios básicos son:

- Los productores tienen unas condiciones laborales y unos salarios que les permiten vivir con dignidad.
- No se permite la explotación laboral infantil.
- Se promueve la igualdad entre hombres y mujeres: ambos reciben un trato y una retribución económica equitativa.
- Los artículos se fabrican mediante prácticas respetuosas con el entorno en el que se producen.

El café y el chocolate son los dos productos que nos vienen a la cabeza cuando pensamos en el comercio justo. Sin embargo, además de estos clásicos que conocemos todos, las organizaciones y tiendas de comercio justo ofrecen ya productos con los que buscan adaptarse a las necesidades comunes: zapatillas deportivas, móviles, cremas solares y otros cosméticos, refrescos y todo tipo de productos de alimentación están ya disponibles para la venta bajo el sistema de comercio justo. Comprando estos productos puedes mejorar la calidad de vida y la economía local y nacional de los países productores exportadores.

Adaptado de http://comerciojusto.org y https://www.eldiario.es/economia/productos-comercio-justo-pensabas-existian_0_642186471.html

Vídeo

Cartelera DE CINE

Extraños

Sinopsis

Sofía recibe la noticia del suicidio de su madre con aparente pasividad.

Esta extraña conducta le resulta sospechosa a Eduardo, su marido, por lo que decide contratar al detective Lamarca para que la investigue.

El detective no encuentra nada raro durante su investigación; aun así, escribe un informe que, por error, llega a manos de Sofía. A partir de este momento todo se complica.

Goyo Lamarca es un detective solitario obsesionado por un sueño que se repite con frecuencia. Lamarca tratará de descifrar ese misterioso sueño implicando en el mismo a las personas relacionadas con la investigación del suicidio.

Antes de la secuencia

1 **En parejas** Si observas su cartel y lees su sinopsis, ¿cómo imaginas que terminará esta película? ¿A qué género crees que pertenece?

2 **Todo el grupo** En la película aparecen las siguientes profesiones. Explica en qué consiste cada una de ellas. ¿Cuáles crees que desaparecerán en el futuro?

1. detective
2. quiosquero/a
3. violonchelista
4. camarero/a
5. portero/a
6. mensajero/a

Durante la secuencia

3 En su investigación, el detective Lamarca realiza grabaciones en vídeo y las comenta. Visualiza la secuencia y elige la opción correcta.

1. ¿Cómo son las grabaciones de Lamarca?
   a. Breves y objetivas.
   b. Largas y aburridas.
   c. Subjetivas y en un tono muy personal.
2. ¿Qué lleva la protagonista en la mano?
   a. Un maletín rojo.
   b. Su violonchelo.
   c. Un periódico.
3. ¿En qué lugar está grabado el vídeo?
   a. En el jardín de Sofía.
   b. En un parque.
   c. En la parada de autobús.

4 **En parejas** Completa las siguientes frases de la secuencia con las palabras del recuadro. Puedes usar el diccionario. Luego compara con tu compañero/a.

apocado | embaucador | tendero | tomándose | mosquita aristas | contraseña | andares | tipo | presa

1. Por lo demás, todo sigue igual. Los mismos ...., el mismo pelo y .... a sí misma demasiado en serio, me temo.
2. Este tiene pinta de .... de una tienda de zapatos de hombre. Un tanto .... lo veo, sin ambición.
3. Ella no. Ella fría, sin relieves ni .... Como una máscara.
4. Pero no es mi .... No, no me gusta.
5. Este no tiene pinta de vendedor de bolsos de señora. Charlatán, ... En busca de una ...., seguro.
6. Todo y nada puede pasar. Un maletín rojo será mi ....
7. Vaya con la .... muerta.

El detective Lamarca

Sofía

4.1 Vuelve a ver la secuencia para comprobar tus respuestas anteriores.

4.2 **Todo el grupo** Al final de la secuencia hay un primer plano de un anuncio del periódico. Léelo y contesta a las preguntas.

1. ¿Quiénes son los hombres del parque?
2. ¿Por qué se sientan con Sofía? ¿Se conocen?
3. ¿Por qué crees que Sofía ha puesto ese anuncio en el periódico?
4. ¿Crees que en la actualidad se establecen relaciones por ese medio? ¿Qué se suele hacer ahora?

ME LLAMO SOFÍA, si quieres compartir tu soledad conmigo, me encontrarás en El Retiro, frente al Palacio de Cristal, por las tardes. No importa edad. Todo y nada puede pasar. Un maletín rojo sera mi contraseña.
Ref. 83L

Después de la secuencia

5 **Todo el grupo** En la secuencia que has visto, el detective Lamarca sigue a Sofía y la graba en vídeo por encargo del marido de ella. Organizad un debate para discutir sobre la conveniencia o no de estos procedimientos. Podéis tener en cuenta los siguientes aspectos.

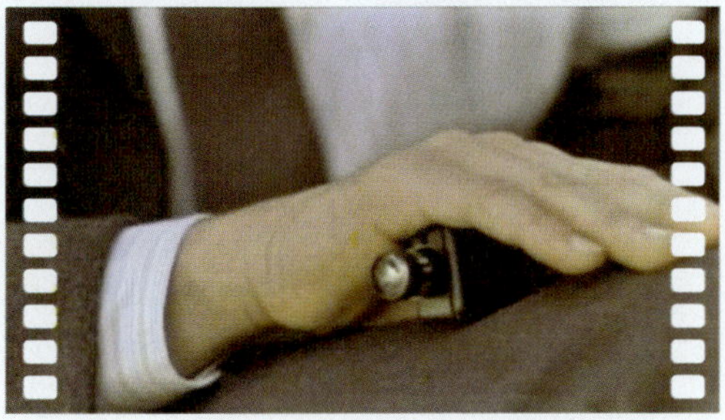

- Grabaciones en vídeo sin consentimiento
- Vida privada
- Métodos tecnológicos disponibles
- Ley de protección de datos

Evaluación

1 Mira estos objetos. ¿Con cuál de las siguientes frases los asocias? Escribe en tu cuaderno otras tres frases para definir otra característica de cada uno de ellos.

a. cubo de basura

b. tenedor

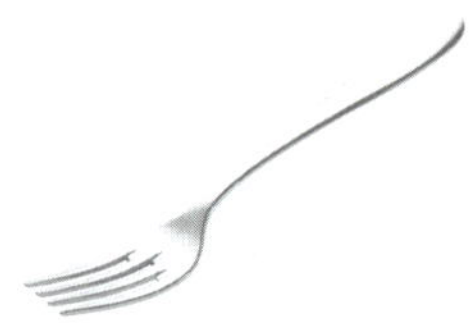

c. huevera

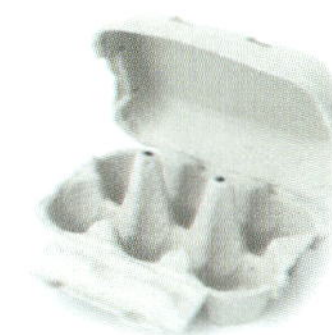

1. ☐ Es de metal.
2. ☐ Tiene un asa.
3. ☐ Está hecho/a de plástico.
4. ☐ Tiene cuatro puntas.
5. ☐ Está hecho/a de cartón.
6. ☐ Es para guardar huevos.
7. ☐ Tiene forma de cilindro.
8. ☐ Sirve para comer.
9. ☐ Parece una caja.

2 Completa las siguientes frases con la forma correcta de los verbos entre paréntesis.

1. A mí me encanta que en las fiestas .... (haber) mucha gente; si no la .... (conocer), casi mejor, me gusta esa sensación.
2. No me gusta que me .... (hacer, ellos) esperar. Si en un restaurante .... (tardar) más de 20 minutos en servirme, no vuelvo nunca más.
3. Odio que la gente .... (mentir), yo nunca lo .... (hacer).
4. No me gusta presumir, pero, sinceramente, creo que .... (ser) un buen amigo y solo les pido a mis amigos que .... (ser) tan leales, detallistas y honestos como yo.
5. Hay gente que cree que cualquier tiempo pasado .... (ser) mejor; pero yo no creo que eso .... (ser) cierto. Mañana será mejor que hoy. Esta forma de pensar me ayuda a levantarme cada día de buen humor.
6. Yo necesito controlarlo todo en mi trabajo. Siempre .... (revisar) los documentos dos o tres veces; pero, aun así, antes de .... (mandar) los informes al jefe, le pido a algún compañero que los .... (revisar) también.
7. Me preocupa mucho el cambio climático. Si no .... (resolver, nosotros) este problema, es posible que el mundo que conocemos .... (desaparecer) en poco tiempo.
8. Me parece absurdo que la gente .... (tener) prisa por todo. Yo creo que siempre .... (haber) que tomarse las cosas con más calma.

3 Mira estos perfiles de una red social e indica a quién podrían pertenecer los comentarios anteriores. Justifica tu respuesta en tu cuaderno.

☐ ☐ **Mario**

Es abierto, nervioso, alegre y un poco inseguro.

☐ ☐ **Adriana**

Es sincera, introvertida y optimista.

☐ ☐ **Alicia**

Es habladora, impaciente y un poco pesimista.

☐ ☐ **Pedro**

Es serio, un poco creído y tranquilo.

4 Relaciona cada frase con su uso en subjuntivo.

1. Los aparatos que se inventen en los próximos años tendrán internet de alta velocidad.
2. En la actualidad es probable que haya más gente conectada a la red que fuera de ella.
3. Algunos colegios no permiten a sus estudiantes que utilicen el teléfono en el centro.
4. Me parece perfecto que el wifi sea gratis.
5. Se han realizado algunos cambios en la web con el fin de que el usuario tenga una mejor experiencia.
6. Espero que para el próximo año podamos cambiar los ordenadores de la oficina.
7. Me molesta bastante que cada año hagan pequeños cambios tecnológicos en vez de esperar a hacer cambios más importantes y significativos.

a. Deseo o petición
b. Verbo de influencia
c. Opinión y valoración
d. Finalidad
e. Hipótesis y probabilidad
f. Sentimiento y estado de ánimo
g. Antecedente desconocido

5 Relaciona cada opinión con su respuesta correspondiente.

1. ☐ Los jóvenes prefieren estar conectados a estar con sus amigos.

2. ☐ Cada vez somos más dependientes de la tecnología.

3. ☐ Los avances en la tecnología no siempre conllevan cambios en la sociedad.

a. Es evidente que se usa para muchas cosas, pero creo que la gente es responsable.
b. Yo creo que no es verdad. Me parece que se relacionan en las redes y que es allí donde se encuentran.
c. Estoy de acuerdo contigo, pero solo en parte, porque tarde o temprano tienen consecuencias que terminan afectando, de una manera u otra, a las personas.

6 Relaciona las frases de las dos columnas mediante uno de los nexos propuestos.

1. Se me ha estropeado el móvil,...
2. Siempre estoy conectado...
3. El ordenador va lento...
4. Estudié informática...
5. No tiene batería...
6. No sabe de informática,...

[así que / porque / por]

a. tiene un virus.
b. tengo que comprarme otro.
c. se ha apuntado a un curso.
d. necesito un cargador.
e. mi trabajo.
f. me gusta la tecnología.

7 Piensa en la actividad en la que has evaluado tus conocimientos del nivel B1 según el *Marco de referencia*. ¿Ha sido útil? ¿Te ha aclarado en qué puntos eres fuerte y en cuáles debes mejorar? ¿Crees que ha valido la pena estudiar español? ¿Vas a continuar con el nivel B2?

Apéndices

Pronunciación y ortografía

Ficha 1 Puntuación y acentuación (1): palabras agudas y llanas

1 Lee el cuadro con las reglas generales de acentuación y clasifica estas palabras en su lugar correspondiente. Luego decide si llevan tilde o no.

escriben | pelo | util | jamas | reloj | ojo | lapiz | movil | pensar
autobus | sillon | trabajo | camisetas | alli | comedor | arbol | Felix | pared

Fíjate:
Las mayúsculas llevan tilde siempre y cuando la norma lo exija: *Óscar, Ángel...*

Reglas generales de acentuación (1)

- Una sílaba es un grupo fónico que se pronuncia en un único golpe de voz: fe-rro-ca-rril.
- La mayoría de las palabras tienen **acento**, es decir, una sílaba (la sílaba **tónica**) que se pronuncia con intensidad. El resto de sílabas se pronuncian con una intensidad menor, son las sílabas **átonas**.

  En español, dependiendo de la posición de la sílaba tónica, hay diferentes tipos de palabras:
  - Las palabras que tienen el acento en la **última sílaba** se llaman **agudas**. Estas palabras llevan tilde cuando terminan en vocal, en *-n* o en *-s*: *sofá, ordenador,* ....
  ....
  - Las palabras que tienen el acento en la **penúltima sílaba** se llaman **graves** o **llanas**. Estas palabras llevan tilde cuando terminan en consonante distinta de *-n* y *-s*: *césped, impresora,* ......
  ....

2 **En parejas** Lee el texto y pon los signos de puntuación correspondientes (dos puntos/ puntos suspensivos), así como las tildes que faltan. Luego compara con tu compañero/a.

- Se usan los dos puntos **(:)** después del saludo que encabeza las cartas, antes de una enumeración o para introducir las palabras de otra persona:
  Querida Sandra:
  ¿Qué tal estás?
  Me gustan los deportes: la natación, el tenis y el rugbi.
  Sara llamó a Alba y le dijo: "¿Te apetece dar una vuelta?".
- Se usan los puntos suspensivos **(...)** para dejar una enumeración incompleta (equivale a *etcétera*) y para expresar duda, temor o vacilación:
  El apartotel tiene una habitación doble, un baño completo, una cocina americana...
  Espero una carta de la universidad. Estoy muy nervioso...

El conductor de Einstein

Albert Einstein iba a las universidades para dar conferencias. Como no le gustaba conducir, y sin embargo el coche le resultaba muy cómodo para sus desplazamientos, contrato los servicios de un conductor.

Despues de varios viajes, Einstein le comento al conductor lo aburrido que era repetir lo mismo una y otra vez, siempre las mismas palabras, siempre las mismas preguntas Este le dijo "Lo puedo sustituir por una noche. Despues de escuchar su conferencia tantas veces, la puedo recitar palabra por palabra". Einstein le tomo la palabra. Llegaron a la sala y el conductor expuso la conferencia, y ninguno de los académicos presentes descubrio el engaño. Al final, un profesor de la audiencia le hizo una pregunta. El conductor no tenía ni idea de cuál era la respuesta, pero tuvo un golpe de inspiracion y le dijo "La pregunta que me hace es tan sencilla que dejare que mi conductor, que se encuentra al final de la sala, la responda".

Ficha 2 Acentuación (2): palabras esdrújulas y sobresdrújulas. Los adverbios terminados en *-mente*

1 Lee el cuadro y escribe un ejemplo más en cada apartado.

Las palabras esdrújulas y sobresdrújulas. Los adverbios terminados en *-mente*

- Las palabras **esdrújulas** son las que tienen el acento en la **antepenúltima sílaba**. Siempre llevan tilde: *esdrújula, brújula, música,* ....

- Las palabras **sobresdrújulas** son las que tienen el acento en la **sílaba anterior a la antepenúltima sílaba**. Normalmente estas palabras son imperativos o gerundios seguidos de pronombres. La colocación de los pronombres átonos después de imperativo y gerundio da lugar, en muchas ocasiones, a palabras sobresdrújulas. En este caso, se acentúan siempre: *cómpratelo, dándoselo,* ....
- Los adverbios terminados en *-mente* se forman a partir de un adjetivo. En este caso, se acentúan solo si el adjetivo de origen lo hace: *fácil › fácilmente, efectiva › efectivamente,* ....

1.1 **En parejas** Escribe la tilde de estas palabras si es necesario y di si son esdrújulas (E), sobresdrújulas (S) o ninguna de las dos (N).

1. ☐ rapidamente	5. ☐ automovil	9. ☐ zapatillas	13. ☐ esparragos
2. ☐ sinceramente	6. ☐ diagnostico	10. ☐ pacificamente	14. ☐ dulcemente
3. ☐ esteril	7. ☐ desordenado	11. ☐ computadora	15. ☐ estructura
4. ☐ digamelo	8. ☐ arandanos	12. ☐ corrigemela	16. ☐ tuteame

2 Lee el siguiente texto y, teniendo en cuenta todas las reglas generales de acentuación que ya conoces, pon la tilde en las palabras que lo necesiten.

En 1945, la Carta de las Naciones Unidas reconocio formalmente la existencia de las Organizaciones No Gubernamentales (ONG), surgidas en todo el mundo hacia el siglo XIX. Su objetivo es impulsar la intervencion social a traves de proyectos de desarrollo y gracias al trabajo de más de un millon de voluntarios que desempeñan su labor con caracter altruista. Reguladas por un codigo de conducta, las ONG realizan cada año la memoria de sus actividades y cuentas economicas para facilitar el control externo y garantizar una politica de transparencia en su gestion.

Creadas independientemente de los Gobiernos, las ONG cuentan en su organizacion con asalariados y una gran mayoría de personas voluntarias, sin animo de lucro, que desempeñan su labor en los ambitos de la cultura, el ocio, la educacion, el deporte, los servicios sociales, la aplicacion de tratados internacionales y el medioambiente, entre otras cuestiones. En total, son más de un millon de voluntarios y unos 200 000 asalariados los que constituyen la estructura de la principal herramienta para la defensa de las causas sociales.

Fuente: https://ayudaenaccion.org/ong/

Ficha 3 Acentuación (3): diptongos, triptongos e hiatos. La tilde diacrítica

1 **Lee la información que tienes a continuación y añade un ejemplo a cada caso.**

> Recuerda:
> - Un **diptongo** es un grupo de dos vocales contiguas que se pronuncian en una sola sílaba. Las vocales que componen un diptongo son una abierta *(a, e, o)* y otra cerrada *(i, u)*, o dos cerradas: *escuela*, ...
> - Un **triptongo** es un grupo de tres vocales contiguas que se pronuncian en una sola sílaba. La vocal situada en el centro es siempre abierta *(a, e, o)*; las de los extremos, cerradas *(i, u)*: *limpiéis*, ...
> - Un **hiato** es un grupo de dos vocales contiguas que se pronuncian en sílabas diferentes: *león*, ...

2 **En parejas** **Fíjate en las siguientes oraciones. Presta atención a las palabras que están en negrita. ¿Cuál es la única diferencia ortográfica entre ellas? ¿Se pronuncian de manera diferente? ¿Significan lo mismo?**

1. a. **El** conductor paró de un frenazo el autobús.
   b. Me lo dijo **él**.
2. a. ¿Dónde has puesto **tu** abrigo?
   b. **Tú** siempre dices la verdad.
3. a. Te invito a cenar a **mi** casa.
   b. ¿Tienes algo para **mí**?
4. a. **Te** he comprado un par de zapatos.
   b. Voy a pedirme una taza de **té**.
5. a. **Si** llueve, no iremos al zoo.
   b. Me respondió con un rotundo **sí**.
6. a. He comprado una chaqueta **de** cuero.
   b. Me ha dicho que le **dé** 100 euros.
7. a. **Se** ha comido todo el pastel.
   b. Ya **sé** que tienes razón.
   c. **Sé** tú mismo en la entrevista.
8. a. Quiso convencerlo, **mas** fue imposible.
   b. Habla **más** alto.

2.1 **Completa el cuadro con los ejemplos correspondientes de la actividad anterior.**

	Monosílabo	Uso	Ejemplo
1.	....	Pronombre personal	a b
	....	Artículo masculino singular	a b
2.	....	Adjetivo posesivo de segunda persona	a b
	....	Pronombre personal de segunda persona ...	a b
3.	....	Pronombre personal de primera persona	a b
	....	Adjetivo posesivo de primera persona	a b
4.	....	Nombre: planta, bebida u hoja	a b
	....	Pronombre personal de segunda persona ...	a b
5.	....	Conjunción que indica condición	a b
	....	Adverbio de afirmación	a b
6.	....	Presente de subjuntivo del verbo *dar*	a b
	....	Preposición	a b
7.	....	Imperativo del verbo *ser*	a b c
	....	Presente del verbo *saber*	a b c
	....	Pronombre personal de tercera persona	a b c
8.	....	Adverbio de cantidad	a b
	....	Conjunción igual a *pero*	a b

Ficha 4 Consonantes oclusivas: contraste sordas/sonoras

1 [43] **Escucha los siguientes pares de palabras y sigue las instrucciones que tienes a continuación.**

1. Escribe cada palabra que oigas en el lugar correspondiente de las tablas.
2. Indica si los pares son iguales (=) o diferentes (≠).
3. Subraya la sílaba en la que se encuentre el sonido estudiado.

Tabla 1. Sonidos /p/ y /b/

Recuerda que el sonido /b/ se corresponde con las grafías *b* o *v*.

		Palabras con el sonido /p/	Palabras con el sonido /b/
1.	= ☒≠	*pastar*	*bastar*
2.	= ≠	....	....
3.	= ≠	....	....
4.	= ≠	....	....
5.	= ≠	....	....

Tabla 2. Sonidos /t/ y /d/

		Palabras con el sonido /t/	Palabras con el sonido /d/
1.	= ≠	....	....
2.	= ≠	....	....
3.	= ≠	....	....
4.	= ≠	....	....
5.	= ≠	....	....

Tabla 3. Sonidos /k/ y /g/

		Palabras con el sonido /k/	Palabras con el sonido /g/
1.	= ≠	....	....
2.	= ≠	....	....
3.	= ≠	....	....
4.	= ≠	....	....
5.	= ≠	....	....

Recuerda:
- El sonido /k/ se corresponde con las grafías *ca, co, cu* y *que, qui*.
- El sonido /g/ se corresponde con las grafías *ga, go, gu* y *gue, gui*.

1.1 [44] **Vas a escuchar una serie de palabras que contienen estos sonidos. Escríbelas. ¿A qué palabra de las que has escuchado hace referencia la imagen?**

1.	6.	11. ....
2.	7.	12. ....
3.	8.	13. ....
4.	9.	14. ....
5.	10.	15. ....

Ficha 5 Consonantes fricativas: /s/, /z/, /f/, /j/. Grafías *g/j*, *h*

Pablo Alborán,
álbum *Pablo Alborán*, 2011

1 [45] En el siguiente audio se recita la letra de una canción de Pablo Alborán, famoso cantante español. En algunas palabras falta una letra, complétalas con las grafías correspondientes a los sonidos /s/ y /z/, según corresponda. Luego busca la canción en internet y escúchala.

Solamente tú

Regálame tu ri....a,
en....éñame a ....oñar...
Con ....olo una cari....ia
me pierdo en este mar...

Regálame tu e....trella,
la que ilumina esta noche,
llena de pa.... y de armonía,
y te entregaré mi vida.

Ha....es que mi ....ielo
vuelva a tener ese a....ul,
pintas de colores
mis mañanas ....olo tú.

Navego entre las ola.... de tu vo.......
Y tú, y tú, y tú, y ....olamente tú
ha....es que mi alma
se despierte con tu lu....,
y tú, y tú, y tú...

En....eña tus heridas,
y así las curarás,
que ....epa el mundo entero
que tu vo.... guarda un secreto.
No mencione.... tu nombre
que en el firmamento
se mueren de ....elos,
tus ojos son de....tellos,
tu garganta es un mi....terio...

2 [46] Escucha y repite la serie de palabras que contienen el sonido /f/.

2.1 [47] Escucha y repite la serie de palabras que contienen el sonido /j/.

2.2 Ahora tu profesor/a te va a dictar algunas de las palabras que has escuchado. Clasifícalas en la tabla.

Grafía *g*	Grafía *j*	Grafía *f*

El sonido /j/ se representa gráficamente con las grafías *g* y *j*:
- *g + e, i*: ***genio, girasol***.
- *j + a, e, i, o, u*: ***baja, jefe, jirafa, ajo, julio***.

3 La letra *h* puede llevarnos a cometer algún error ortográfico. Ya sabemos que en español es una letra muda, es decir, que no tiene sonido. ¿Cómo se pronuncian las siguientes palabras? Léelas en voz alta.

- haber
- helado
- hecho
- Honduras
- habitante
- hospital
- hoja
- hueco
- historia
- himno

El grupo *hi + e* lo pronunciamos como /ye/:
hiedra, hiel, hielo, hiena, hierbabuena, hierbajo, hierro...

3.1 Fíjate en estos ejemplos: *hielo*, *hierba*, *hierro*. ¿Cómo se pronuncian? Mira el cuadro y luego lee los ejemplos en voz alta.

- hiedra
- hielo
- hiena
- hierbabuena
- hierro

Ficha 6 Grafías *g/j, c/qu/k, b/v*

1 **En parejas** Con tu compañero/a, mira los cuadros sobre las grafías *g/j* y *c/qu/k* que tienes a continuación y busca en internet ejemplos de palabras para completarlas.

Las grafías *g/j*

- La letra ***g***
  - Palabras que terminan en ***-gen, -gente, -gencia***.
    Ejemplos: ....
  - Palabras que comienzan con ***geo-***
    Ejemplos: ....
  - Grupo *gü* delante de ***e, i***.
    Ejemplos: ....
- La letra ***j***
  - Pretérito indefinido de ***decir*** y ***traer*** (y sus derivados).
    Ejemplos: ....
  - Pretérito indefinido de verbos terminados en ***-ducir*** (y sus derivados).
    Ejemplos: ....

Las grafías *c/qu/k*

- La letra ***c***
  - Representación gráfica del fonema /k/ en posición final de palabra.
    Ejemplos: ....
- La letra ***q***
  - Sustitución de ***c*** por ***qu*** en la 1.ª persona del singular del pretérito indefinido y en todas las personas del presente de subjuntivo de los verbos terminados en ***-car***.
    Ejemplos: ....
- Las letras ***q/k***
  - Doble grafía ***qu, k***.
    Ejemplos: *kilo/quilo,* ....

2 En este cuadro aparecen algunas normas ortográficas sobre la escritura de *b/v*. Escribe ejemplos de los diferentes usos. Puedes utilizar el diccionario.

Las grafías *b/v*

- La letra ***b***
  - Verbos terminados en ***-bir***. Excepciones: ***hervir, servir, vivir***.
    Ejemplos: *escribir,* ....
  - Palabras que comienzan con el elemento ***bien-***.
    Ejemplos: *bienestar,* ....
  - Palabras que comienzan con el elemento ***bio-***.
    Ejemplos: *biólogo,* ....
  - Palabras que comienzan con ***biblio-***.
    Ejemplos: *biblioteca,* ....
  - Palabras con el sonido /b/ delante de consonante. Excepciones: *ovni*.
    Ejemplos: *objeto,* ....
- La letra ***v***
  - Imperativo y presente de indicativo y subjuntivo de ***ir***.
    Ejemplos: *ve,* ....
  - Verbos que terminan en ***-olver***.
    Ejemplos: *volver,* ....

Ficha 7 Consonantes palatales: contraste /ch/ y /y/. Abreviaturas, siglas y acrónimos

1 [48] **Escucha y repite las siguientes palabras que contienen los sonidos /ch/, /y/ o ambos.**

- millón
- chicharro
- churro
- amarillear
- chaleco
- yegua
- yuca
- champiñón
- arcilla
- apellido
- llaga
- mechero
- anochecer
- chocolate
- anchoa
- cuchillo

Recuerda:

- El sonido **/y/** se escribe con la grafía ***y*** (ye/i griega) o la ***ll*** (elle). Esta última es un dígrafo (es decir, un sonido representado por dos letras) de *l* + *l*.
- La ***y*** es una letra que corresponde a dos sonidos: /y/ (consonante) o /i/ (vocal): *ya, doy.*
  - Desde el año 2010 la nueva *Ortografía de la lengua española* recomienda el nombre de *ye* para denominar a esta letra, sustituyendo a su otra denominación más extendida en España, *i griega*. Este cambio obedece al objetivo de estandarización del nombre de las consonantes del abecedario español: generalmente, a la consonante se le añade la vocal *e;* por ejemplo, *be, ce, de*... Por analogía, la *i griega* pasa a ser *ye.*
- La grafía ***ch*** es también un dígrafo de *c* + *h*.

2 **¿Sabes cómo se llaman este tipo de palabras? ¿Qué significa cada una de ellas?**

1. Renfe
2. ovni
3. a. C.
4. apdo.
5. C.
6. informática
7. FM
8. p. ej.
9. TVE
10. adj.

2.1 **Lee el cuadro que tienes a continuación y complétalo con ejemplos de la actividad 2.**

Abreviaturas, siglas y acrónimos

- La **abreviatura** es el acortamiento de una palabra o varias palabras. Si la palabra de origen se escribe con mayúscula o lleva tilde, la abreviatura también lo hará. Por regla general, después de una abreviatura se escribe punto. En su lectura en un texto escrito, leeremos la palabra completa, nunca la abreviatura. Ejemplos: *pág.* por *página*, *Dra. Sabas* por *Doctora Sabas*, [1] ....
- La **sigla** es la palabra resultante de la unión de las letras iniciales de varios términos. El resultado puede ser:
  - Una palabra **impronunciable** como *ISBN* (por *International Standard Book Number*). Estas palabras se leen letra por letra, siempre se escriben en mayúscula y nunca separadas por puntos. El plural de las siglas lo marcan las palabras que las acompañan. Ejemplos: *ONG*, [2] ...., *LP.*
  - Una palabra **pronunciable** como *ONU* (por *Organización de las Naciones Unidas*). Estas palabras se llaman **acrónimos**. Se leen como palabras y, si su uso es muy frecuente, se pueden llegar a escribir en minúscula. Los acrónimos también pueden ser palabras formadas por el principio y el final de dos o más palabras. Ejemplos: *internet, módem,* [3] ....

Fíjate:
En español muchas siglas y acrónimos se adaptan a nuestra lengua, por lo que es posible que no coincidan con tu idioma. Por ejemplo, *ONU* por *UNO*, *OTAN* por *NATO*, *SIDA* por *AIDS*...

2.2 **En parejas** **Haz una lista de las abreviaturas, siglas y acrónimos que conozcas en español y ponlas en común con el resto de la clase.**

2.3 **Explica el significado de estos acrónimos.**

1. teleñeco ....
2. docudrama ....
3. módem ....
4. emoticono ....
5. AVE ....
6. ofimática ....

Ficha 8 Consonantes vibrantes: contraste /r/ y /rr/. Grafías *r/rr*

1 [49] **Escucha la letra de esta canción del grupo de *folk metal* Mägo de Oz. ¿Qué caracteriza a la mayoría de las sílabas con erre que aparecen?**

Tres tristes tigres

La tristeza es siempre
como una esponja,
absorbe el agua de la vida
hasta hacerla morir.

Sentir deseo
y estrangularlo a un tiempo
es llenar el mar de piedras
e intentarlo cruzar.

Cuando veas que no puedes soportar
el vacío de la soledad,
si la fuerza solo en tu saliva está,
aprende a actuar.

Cuando sientas la necesidad,
no es bueno solo dar de ti
la parte amable y "que todo va bien".
Aprende a llorar.

Las marcas que deja la vida
en la cara se ven,
las huellas que deja el amor
en el corazón se leen.

Aprende a ver y a leer.

Mägo de Oz, álbum *Finisterra*, 2000

2 **Subraya todas las erres que tienen sonido fuerte en esta canción del grupo Estopa y después léela en voz alta, pronunciándola correctamente.**

El runrún

Suena el runrún de mi mundo marrón,
doble ración de realidad común.
Desde un rincón de mi habitación,
primera fila solo para mí.

A mí me suena el runrún de mi corazón,
no se me quita el gusanillo de ti,
me suena el runrún dentro de una estación,
mi último tren ya no quiere salir.

Estopa, álbum *Allenrok*, 2008

2.1 **Observa los textos anteriores y encuentra ejemplos para el siguiente cuadro, donde se explica la ortografía de la erre *(r, rr)*.**

Grafías *r/rr*

- Sonido suave

	Se escribe	Ejemplo	
– Entre vocales	*r*	[1]	
– A final de sílaba o palabra	*r*	[2]	[3] ....
– Detrás de consonante *(b, c, d, f, g, p, t)*	*r*	*septiembre*	[6] ....
		[4]	[7] ....
		[5]	[8] ....
		frutería	

- Sonido fuerte

	Se escribe	Ejemplo
– Al principio de palabra	*r*	*rima*
– Entre vocales	*rr*	*morro*
– Después de *l*, *n* y *s*	*r*	*alrededor, honrado, Israel (Is-ra-el)*
– Detrás de las consonantes *b*, *d* y *t* cuando no forma sílaba con ellas	*r*	*subrogar*

Ficha 9 Entonación (1): patrones melódicos enunciativos, interrogativos y exclamativos

1 La entonación en español afecta al sentido global de la frase y puede denotar diferentes aspectos como, por ejemplo, la intención del hablante, su expresión afectiva, deseo, mandato, ruego...

Esquemas entonativos básicos del español

Frases enunciativas	Frases interrogativas		Frases exclamativas
Viene.	*¿Viene?* (total)	*¿Cuándo viene?* (parcial)	*¡Viene!*

1.1 **En parejas** Lee las frases que hay a continuación y sigue las pautas.

1. En Almería no llueve con frecuencia.
2. ¿Te gustaría jugar un partido de tenis?
3. ¿Cuándo fuiste de viaje a Badajoz?
4. ¡Ojalá tenga suerte en el examen!
5. Quiero comprarme un ordenador nuevo, pero...
6. ¿Sabes que el español es el segundo idioma por número de hablantes?
7. ¿Cuánta gente estudia español en el mundo?
8. ¡Quiero volver a estudiar en España!
9. Dentro de poco tiempo empiezo a estudiar el nivel B2.
10. ¿Necesitas que te compre alguna cosa del supermercado?
11. ¡Necesito unas vacaciones!
12. Si me tocara la lotería...

1. Elige cuatro de ellas y díselas a un/a compañero/a, pero con la boca cerrada, solo debes entonar.
2. Tu compañero/a debe adivinar a qué frase te refieres.
3. Después, juntos, decidid a qué tipo de esquema entonativo pertenecen las frases que habéis elegido: enunciativo, interrogativo total, interrogativo parcial o exclamativo.

1.2 Fíjate en el cuadro y vuelve a leer las frases anteriores. Luego clasifícalas en la tabla que hay a continuación.

Patrones entonativos

Ascendente: cuando la entonación final sube.
Descendente: cuando la entonación final cae.
Suspendido: cuando la entonación final se mantiene.
Mixto: cuando los anteriores se mezclan en la misma oración.

Ascendente	Descendente	Suspendido	Mixto

Ficha 10 Entonación (2): identificación y producción de patrones entonativos complejos

1 [50] **Escucha las siguientes frases, fíjate en su entonación y repítelas. Después escribe otro ejemplo de cada caso.**

Tipo de oración	Patrón entonativo	Ejemplos
Enunciativa	Descendente	*Por la mañana tomo leche.* ....
Interrogativa parcial	Descendente	*¿Quién es Juan?* ....
Expresión de disgusto o reproche	Descendente	*¡No puedo más!* ....
Interjecciones	Descendente	*¡Oye!* ....
Interrogativa total	Ascendente	*¿Tienes ganas de verme?* ....
Interrogativa de cortesía	Ascendente	*¿Puedes pasarme la sal?* ....
Interjecciones	Ascendente	*¡Eo!* ....
Grupos fónicos intermedios	Ascendente	*Si quieres, vamos juntos.* ....
Expresión de duda	Suspendido	*Bueno, no sé...* ....
Expresión de deseo	Suspendido	*Si tuviera dinero...* ....
Expresión de intensificación	Suspendido	*¡Es grandísimo!* ....

1.1 **Ahora comparte con el resto de la clase las frases que has escrito. Léelas en voz alta haciendo hincapié en la entonación.**

Tabla de verbos

Presente de indicativo

Verbos regulares

1.ª conjugación -AR CANTAR	2.ª conjugación -ER COMER	3.ª conjugación -IR VIVIR
canto	como	vivo
cantas	comes	vives
canta	come	vive
cantamos	comemos	vivimos
cantáis	coméis	vivís
cantan	comen	viven

Verbos reflexivos regulares

Bañarse	Ducharse	Lavarse	Levantarse	Peinarse
me baño	**me** ducho	**me** lavo	**me** levanto	**me** peino
te bañas	**te** duchas	**te** lavas	**te** levantas	**te** peinas
se baña	**se** ducha	**se** lava	**se** levanta	**se** peina
nos bañamos	**nos** duchamos	**nos** lavamos	**nos** levantamos	**nos** peinamos
os bañáis	**os** ducháis	**os** laváis	**os** levantáis	**os** peináis
se bañan	**se** duchan	**se** lavan	**se** levantan	**se** peinan

Verbos irregulares

Verbos con irregularidad vocálica

- **E > IE**

Cerrar	Comenzar	Despertarse	Divertirse	Empezar
c**ie**rro	com**ie**nzo	me desp**ie**rto	me div**ie**rto	emp**ie**zo
c**ie**rras	com**ie**nzas	te desp**ie**rtas	te div**ie**rtes	emp**ie**zas
c**ie**rra	com**ie**nza	se desp**ie**rta	se div**ie**rte	emp**ie**za
cerramos	comenzamos	nos despertamos	nos divertimos	empezamos
cerráis	comenzáis	os despertáis	os divertís	empezáis
c**ie**rran	com**ie**nzan	se desp**ie**rtan	se div**ie**rten	emp**ie**zan

Entender	Merendar	Pensar	Perder	Querer
ent**ie**ndo	mer**ie**ndo	p**ie**nso	p**ie**rdo	qu**ie**ro
ent**ie**ndes	mer**ie**ndas	p**ie**nsas	p**ie**rdes	qu**ie**res
ent**ie**nde	mer**ie**nda	p**ie**nsa	p**ie**rde	qu**ie**re
entendemos	merendamos	pensamos	perdemos	queremos
entendéis	merendáis	pensáis	perdéis	queréis
ent**ie**nden	mer**ie**ndan	p**ie**nsan	p**ie**rden	qu**ie**ren

- **O › UE**

Acordarse	Acostarse	Almorzar	Contar	Dormir	Encontrar
me ac**ue**rdo	me ac**ue**sto	alm**ue**rzo	c**ue**nto	d**ue**rmo	enc**ue**ntro
te ac**ue**rdas	te ac**ue**stas	alm**ue**rzas	c**ue**ntas	d**ue**rmes	enc**ue**ntras
se ac**ue**rda	se ac**ue**sta	alm**ue**rza	c**ue**nta	d**ue**rme	enc**ue**ntra
nos acordamos	nos acostamos	almorzamos	contamos	dormimos	encontramos
os acordáis	os acostáis	almorzáis	contáis	dormís	encontráis
se ac**ue**rdan	se ac**ue**stan	alm**ue**rzan	c**ue**ntan	d**ue**rmen	enc**ue**ntran

Poder	Recordar	Resolver	Soler	Soñar	Volver
p**ue**do	rec**ue**rdo	res**ue**lvo	s**ue**lo	s**ue**ño	v**ue**lvo
p**ue**des	rec**ue**rdas	res**ue**lves	s**ue**les	s**ue**ñas	v**ue**lves
p**ue**de	rec**ue**rda	res**ue**lve	s**ue**le	s**ue**ña	v**ue**lve
podemos	recordamos	resolvemos	solemos	soñamos	volvemos
podéis	recordáis	resolvéis	soléis	soñáis	volvéis
p**ue**den	rec**ue**rdan	res**ue**lven	s**ue**len	s**ue**ñan	v**ue**lven

- **E › I**

Elegir	Pedir	Reírse	Repetir	Servir	Vestirse
el**i**jo	p**i**do	me r**í**o	rep**i**to	s**i**rvo	me v**i**sto
el**i**ges	p**i**des	te r**í**es	rep**i**tes	s**i**rves	te v**i**stes
el**i**ge	p**i**de	se r**í**e	rep**i**te	s**i**rve	se v**i**ste
elegimos	pedimos	nos reímos	repetimos	servimos	nos vestimos
elegís	pedís	os reís	repetís	servís	os vestís
el**i**gen	p**i**den	se r**í**en	rep**i**ten	s**i**rven	se v**i**sten

- **U › UE**

Jugar
j**ue**go
j**ue**gas
j**ue**ga
jugamos
jugáis
j**ue**gan

- **I › Y**

Concluir	Construir	Contribuir	Destruir	Huir
conclu**y**o	constru**y**o	contribu**y**o	destru**y**o	hu**y**o
conclu**y**es	constru**y**es	contribu**y**es	destru**y**es	hu**y**es
conclu**y**e	constru**y**e	contribu**y**e	destru**y**e	hu**y**e
concluimos	construimos	contribuimos	destruimos	huimos
concluís	construís	contribuís	destruís	huis
conclu**y**en	constru**y**en	contribu**y**en	destru**y**en	hu**y**en

Verbos irregulares en la primera persona

- **Verbos en -ZC-**

Conducir	Conocer	Obedecer	Producir	Traducir
condu**zc**o	cono**zc**o	obede**zc**o	produ**zc**o	tradu**zc**o
conduces	conoces	obedeces	produces	traduces
conduce	conoce	obedece	produce	traduce
conducimos	conocemos	obedecemos	producimos	traducimos
conducís	conocéis	obedecéis	producís	traducís
conducen	conocen	obedecen	producen	traducen

Otros verbos irregulares en la primera persona

Caer	Dar	Hacer	Poner	Saber	Salir
caigo	**doy**	**hago**	**pongo**	**sé**	**salgo**
caes	das	haces	pones	sabes	sales
cae	da	hace	pone	sabe	sale
caemos	damos	hacemos	ponemos	sabemos	salimos
caéis	dais	hacéis	ponéis	sabéis	salís
caen	dan	hacen	ponen	saben	salen

Traer	Valer	Ver
traigo	**valgo**	**veo**
traes	vales	ves
trae	vale	ve
traemos	valemos	vemos
traéis	valéis	veis
traen	valen	ven

Verbos con dos irregularidades

Decir	Oír	Oler	Tener	Venir
digo	**oigo**	**hue**lo	**tengo**	**vengo**
d**i**ces	o**y**es	**hue**les	t**ie**nes	v**ie**nes
d**i**ce	o**y**e	**hue**le	t**ie**ne	v**ie**ne
decimos	oímos	olemos	tenemos	venimos
decís	oís	oléis	tenéis	venís
d**i**cen	o**y**en	**hue**len	t**ie**nen	v**ie**nen

Verbos con irregularidades propias

Estar	Haber	Ir	Ser
estoy	**he**	**voy**	**soy**
estás	**has**	**vas**	**eres**
está	**ha**	**va**	**es**
estamos	**hemos**	**vamos**	**somos**
estáis	habéis	**vais**	**sois**
están	**han**	**van**	**son**

> Recuerda:
> - El verbo ***haber*** se usa principalmente para formar los tiempos compuestos de los verbos.
> - Cuando funciona como verbo impersonal, tiene una forma especial en presente, ***hay***:
>
>   ***Hay*** *un árbol en la esquina.*
>
>   ***Hay*** *árboles en el parque.*
> - El verbo ***estar*** cambia la sílaba tónica habitual del presente de indicativo en todas las personas excepto en *nosotros/as* y *vosotros/as* (por eso algunas formas llevan tilde).

Verbos que se construyen como *gustar*

Doler	Encantar	Molestar	Parecer
me duele/duelen	me encanta/encantan	me molesta/molestan	me parece/parecen
te duele/duelen	te encanta/encantan	te molesta/molestan	te parece/parecen
le duele/duelen	le encanta/encantan	le molesta/molestan	le parece/parecen
nos duele/duelen	nos encanta/encantan	nos molesta/molestan	nos parece/parecen
os duele/duelen	os encanta/encantan	os molesta/molestan	os parece/parecen
les duele/duelen	les encanta/encantan	les molesta/molestan	les parece/parecen

Imperativo afirmativo

Verbos regulares

	1.ª conjugación -AR CANTAR	2.ª conjugación -ER COMER	3.ª conjugación -IR VIVIR
tú	canta	come	vive
usted	cante	coma	viva
vosotros/as	cantad	comed	vivid
ustedes	canten	coman	vivan

Verbos irregulares

Irregularidades vocálicas

- **E > IE**

Cerrar	Empezar	Pensar
cierra	empieza	piensa
cierre	empiece	piense
cerrad	empezad	pensad
cierren	empiecen	piensen

- **O > UE**

Contar	Dormir	Volver
cuenta	duerme	vuelve
cuente	duerma	vuelva
contad	dormid	volved
cuenten	duerman	vuelvan

• U > UE

Jugar
juega
juegue
jugad
jueguen

• E > I

Elegir	Pedir	Vestir
elige	pide	viste
elija	pida	vista
elegid	pedid	vestid
elijan	pidan	vistan

• I > Y

Construir	Huir
construye	huye
construya	huya
construid	huid
construyan	huyan

Verbos completamente irregulares

Decir	Hacer	Ir	Oír	Poner	Salir	Ser	Tener	Venir
di	**haz**	**ve**	**oye**	**pon**	**sal**	**sé**	**ten**	**ven**
diga	**haga**	**vaya**	**oiga**	**ponga**	**salga**	**sea**	**tenga**	**venga**
decid	haced	id	oíd	poned	salid	sed	tened	venid
digan	**hagan**	**vayan**	**oigan**	**pongan**	**salgan**	**sean**	**tengan**	**vengan**

La segunda persona del plural *(vosotros/as)* del imperativo es siempre regular.

Verbos reflexivos

Acostarse	Despertarse	Dormirse	Levantarse	Reírse	Vestirse
acuéstate	despiértate	duérmete	levántate	ríete	vístete
acuéstese	despiértese	duérmase	levántese	ríase	vístase
acostaos	despertaos	dormíos	levantaos	reíos	vestíos
acuéstense	despiértense	duérmanse	levántense	ríanse	vístanse

Pretérito perfecto de indicativo

Verbos regulares

1.ª conjugación -AR CANTAR	2.ª conjugación -ER COMER	3.ª conjugación -IR VIVIR
he cantado	**he** comido	**he** vivido
has cantado	**has** comido	**has** vivido
ha cantado	**ha** comido	**ha** vivido
hemos cantado	**hemos** comido	**hemos** vivido
habéis cantado	**habéis** comido	**habéis** vivido
han cantado	**han** comido	**han** vivido

Participios irregulares

abrir > **abierto**	escribir > **escrito**	poner > **puesto**	romper > **roto**
cubrir > **cubierto**	hacer > **hecho**	prever > **previsto**	satisfacer > **satisfecho**
decir > **dicho**	imprimir > **impreso, imprimido**	resolver > **resuelto**	ver > **visto**
descubrir > **descubierto**	morir > **muerto**	revolver > **revuelto**	volver > **vuelto**

Pretérito indefinido

Verbos regulares

1.ª conjugación -AR CANTAR	2.ª conjugación -ER COMER	3.ª conjugación -IR VIVIR
canté	comí	viví
cantaste	comiste	viviste
cantó	comió	vivió
cantamos	comimos	vivimos
cantasteis	comisteis	vivisteis
cantaron	comieron	vivieron

Verbos con cambios gráficos

- **C › QU** · **G › GU** · **Z › C**

Buscar	Pescar	Jugar	Pegar	Comenzar	Empezar
bus**qu**é	pes**qu**é	ju**gu**é	pe**gu**é	comen**c**é	empe**c**é
buscaste	pescaste	jugaste	pegaste	comenzaste	empezaste
buscó	pescó	jugó	pegó	comenzó	empezó
buscamos	pescamos	jugamos	pegamos	comenzamos	empezamos
buscasteis	pescasteis	jugasteis	pegasteis	comenzasteis	empezasteis
buscaron	pescaron	jugaron	pegaron	comenzaron	empezaron

Verbos irregulares

Verbos irregulares en la raíz verbal

Andar	Caber	Estar	Haber	Hacer	Poder
anduve	**cupe**	**estuve**	**hube**	**hice**	**pude**
anduviste	**cupiste**	**estuviste**	**hubiste**	**hiciste**	**pudiste**
anduvo	**cupo**	**estuvo**	**hubo**	**hizo**	**pudo**
anduvimos	**cupimos**	**estuvimos**	**hubimos**	**hicimos**	**pudimos**
anduvisteis	**cupisteis**	**estuvisteis**	**hubisteis**	**hicisteis**	**pudisteis**
anduvieron	**cupieron**	**estuvieron**	**hubieron**	**hicieron**	**pudieron**

Poner	Querer	Saber	Tener	Venir
puse	**quise**	**supe**	**tuve**	**vine**
pusiste	**quisiste**	**supiste**	**tuviste**	**viniste**
puso	**quiso**	**supo**	**tuvo**	**vino**
pusimos	**quisimos**	**supimos**	**tuvimos**	**vinimos**
pusisteis	**quisisteis**	**supisteis**	**tuvisteis**	**vinisteis**
pusieron	**quisieron**	**supieron**	**tuvieron**	**vinieron**

Fíjate:
En este grupo de verbos también cambia el acento habitual del pretérito indefinido:
~~quisé~~ › quise
~~tuvó~~ › tuvo

Los verbos que tienen *j* en la raíz verbal pierden la *i* en la tercera persona del plural:

Conducir	Decir	Traducir	Traer
conduje	dije	traduje	traje
condujiste	dijiste	tradujiste	trajiste
condujo	dijo	tradujo	trajo
condujimos	dijimos	tradujimos	trajimos
condujisteis	dijisteis	tradujisteis	trajisteis
condujeron	dijeron	tradujeron	trajeron

Verbos irregulares en la tercera persona

- **E > I**

Divertirse	Elegir	Impedir	Medir	Mentir	Pedir
me divertí	elegí	impedí	medí	mentí	pedí
te divertiste	elegiste	impediste	mediste	mentiste	pediste
se divirtió	eligió	impidió	midió	mintió	pidió
nos divertimos	elegimos	impedimos	medimos	mentimos	pedimos
os divertisteis	elegisteis	impedisteis	medisteis	mentisteis	pedisteis
se divirtieron	eligieron	impidieron	midieron	mintieron	pidieron

Reír	Repetir	Seguir	Sentir	Servir	Sonreír
reí	repetí	seguí	sentí	serví	sonreí
reíste	repetiste	seguiste	sentiste	serviste	sonreíste
rio	repitió	siguió	sintió	sirvió	sonrió
reímos	repetimos	seguimos	sentimos	servimos	sonreímos
reísteis	repetisteis	seguisteis	sentisteis	servisteis	sonreísteis
rieron	repitieron	siguieron	sintieron	sirvieron	sonrieron

Fíjate:
Todos los verbos de este grupo son de la tercera conjugación *(-ir)*.

- **O > U**

Dormir	Morir
dormí	morí
dormiste	moriste
durmió	murió
dormimos	morimos
dormisteis	moristeis
durmieron	murieron

Fíjate:
Esta irregularidad solo la tienen los verbos *dormir* y *morir*.

- **I › Y**

Caer	Concluir	Construir	Contribuir	Creer
caí	concluí	construí	contribuí	creí
caíste	concluiste	construiste	contribuiste	creíste
ca**y**ó	conclu**y**ó	constru**y**ó	contribu**y**ó	cre**y**ó
caímos	concluimos	construimos	contribuimos	creímos
caísteis	concluisteis	construisteis	contribuisteis	creísteis
ca**y**eron	conclu**y**eron	constru**y**eron	contribu**y**eron	cre**y**eron

Destruir	Huir	Leer	Oír	Sustituir
destruí	hui	leí	oí	sustituí
destruiste	huiste	leíste	oíste	sustituiste
destru**y**ó	hu**y**ó	le**y**ó	o**y**ó	sustitu**y**ó
destruimos	huimos	leímos	oímos	sustituimos
destruisteis	huisteis	leísteis	oísteis	sustituisteis
destru**y**eron	hu**y**eron	le**y**eron	o**y**eron	sustitu**y**eron

Verbos con irregularidades propias

Dar	Ir/Ser
di	**fui**
diste	**fuiste**
dio	**fue**
dimos	**fuimos**
disteis	**fuisteis**
dieron	**fueron**

> Recuerda:
> Las formas de los verbos *ir* y *ser* coinciden en pretérito indefinido. Solo se distinguen por el contexto en que aparecen.

Pretérito imperfecto de indicativo

Verbos regulares

1.ª conjugación -AR CANTAR	2.ª conjugación -ER COMER	3.ª conjugación -IR VIVIR
cantaba	comía	vivía
cantabas	comías	vivías
cantaba	comía	vivía
cantábamos	comíamos	vivíamos
cantabais	comíais	vivíais
cantaban	comían	vivían

Verbos irregulares

Ser	Ir	Ver
era	**iba**	**veía**
eras	**ibas**	**veías**
era	**iba**	**veía**
éramos	**íbamos**	**veíamos**
erais	**ibais**	**veíais**
eran	**iban**	**veían**

Pretérito pluscuamperfecto de indicativo

Verbos regulares

1.ª conjugación -AR CANTAR	2.ª conjugación -ER COMER	3.ª conjugación -IR VIVIR
había cantado	**había** comido	**había** vivido
habías cantado	**habías** comido	**habías** vivido
había cantado	**había** comido	**había** vivido
habíamos cantado	**habíamos** comido	**habíamos** vivido
habíais cantado	**habíais** comido	**habíais** vivido
habían cantado	**habían** comido	**habían** vivido

Participios irregulares

abrir › **abierto**	escribir › **escrito**	poner › **puesto**	romper › **roto**
cubrir › **cubierto**	hacer › **hecho**	prever › **previsto**	satisfacer › **satisfecho**
decir › **dicho**	imprimir › **impreso, imprimido**	resolver › **resuelto**	ver › **visto**
descubrir › **descubierto**	morir › **muerto**	revolver › **revuelto**	volver › **vuelto**

Futuro simple de indicativo

Verbos regulares

1.ª conjugación -AR CANTAR	2.ª conjugación -ER COMER	3.ª conjugación -IR VIVIR
cantaré	comeré	viviré
cantarás	comerás	vivirás
cantará	comerá	vivirá
cantaremos	comeremos	viviremos
cantaréis	comeréis	viviréis
cantarán	comerán	vivirán

Verbos irregulares

Caber	Decir	Haber	Hacer	Poder	Poner
cabré	diré	habré	haré	podré	pondré
cabrás	dirás	habrás	harás	podrás	pondrás
cabrá	dirá	habrá	hará	podrá	pondrá
cabremos	diremos	habremos	haremos	podremos	pondremos
cabréis	diréis	habréis	haréis	podréis	pondréis
cabrán	dirán	habrán	harán	podrán	pondrán

Querer	Saber	Salir	Tener	Valer	Venir
querré	sabré	saldré	tendré	valdré	vendré
querrás	sabrás	saldrás	tendrás	valdrás	vendrás
querrá	sabrá	saldrá	tendrá	valdrá	vendrá
querremos	sabremos	saldremos	tendremos	valdremos	vendremos
querréis	sabréis	saldréis	tendréis	valdréis	vendréis
querrán	sabrán	saldrán	tendrán	valdrán	vendrán

Futuro compuesto de indicativo

Verbos regulares

1.ª conjugación -AR CANTAR	2.ª conjugación -ER COMER	3.ª conjugación -IR VIVIR
habré cantado	**habré** comido	**habré** vivido
habrás cantado	**habrás** comido	**habrás** vivido
habrá cantado	**habrá** comido	**habrá** vivido
habremos cantado	**habremos** comido	**habremos** vivido
habréis cantado	**habréis** comido	**habréis** vivido
habrán cantado	**habrán** comido	**habrán** vivido

Participios irregulares

abrir › **abierto**	escribir › **escrito**	poner › **puesto**	romper › **roto**
cubrir › **cubierto**	hacer › **hecho**	prever › **previsto**	satisfacer › **satisfecho**
decir › **dicho**	imprimir › **impreso, imprimido**	resolver › **resuelto**	ver › **visto**
descubrir › **descubierto**	morir › **muerto**	revolver › **revuelto**	volver › **vuelto**

Condicional simple

Verbos regulares

1.ª conjugación -AR CANTAR	2.ª conjugación -ER COMER	3.ª conjugación -IR VIVIR
cantaría	comería	viviría
cantarías	comerías	vivirías
cantaría	comería	viviría
cantaríamos	comeríamos	viviríamos
cantaríais	comeríais	viviríais
cantarían	comerían	vivirían

Verbos irregulares

Caber	Decir	Haber	Hacer	Poder	Poner
cabría	diría	habría	haría	podría	pondría
cabrías	dirías	habrías	harías	podrías	pondrías
cabría	diría	habría	haría	podría	pondría
cabríamos	diríamos	habríamos	haríamos	podríamos	pondríamos
cabríais	diríais	habríais	haríais	podríais	pondríais
cabrían	dirían	habrían	harían	podrían	pondrían

Querer	Saber	Salir	Tener	Valer	Venir
querría	sabría	saldría	tendría	valdría	vendría
querrías	sabrías	saldrías	tendrías	valdrías	vendrías
querría	sabría	saldría	tendría	valdría	vendría
querríamos	sabríamos	saldríamos	tendríamos	valdríamos	vendríamos
querríais	sabríais	saldríais	tendríais	valdríais	vendríais
querrían	sabrían	saldrían	tendrían	valdrían	vendrían

Presente de subjuntivo

Verbos regulares

1.ª conjugación -AR CANTAR	2.ª conjugación -ER COMER	3.ª conjugación -IR VIVIR
cante	coma	viva
cantes	comas	vivas
cante	coma	viva
cantemos	comamos	vivamos
cantéis	comáis	viváis
canten	coman	vivan

Verbos irregulares

Irregularidades vocálicas

- **E > IE (verbos en -AR y -ER)**

Comenzar	Otros verbos
comience	calentar, cerrar, despertarse, negar, pensar...
comiences	
comience	
comencemos	
comencéis	
comiencen	

Entender	Otros verbos
entienda	encender, perder, querer, tender...
entiendas	
entienda	
entendamos	
entendáis	
entiendan	

- **E > IE + E > I (verbos en -IR)**

Mentir	Otros verbos
mienta	convertir, divertirse, herir, invertir, sentir, sugerir...
mientas	
mienta	
mintamos	
mintáis	
mientan	

- **O > UE (verbos en -AR y -ER)**

Soñar	Poder	Otros verbos
sueñe	pueda	acordarse, acostarse, contar, soler, volver...
sueñes	puedas	
sueñe	pueda	
soñemos	podamos	
soñéis	podáis	
sueñen	puedan	

- **O > UE + O > U**

Dormir	Otros verbos
duerma	morir
duermas	
duerma	
durmamos	
durmáis	
duerman	

- **U > UE**

Jugar
juegue
juegues
juegue
juguemos
juguéis
jueguen

- **E > I**

Pedir	Otros verbos
pida	elegir, reírse, repetir, servir, vestirse...
pidas	
pida	
pidamos	
pidáis	
pidan	

- **I > Y**

Construir	Otros verbos
construya	concluir, contribuir, destruir, huir...
construyas	
construya	
construyamos	
construyáis	
construyan	

Verbos con la primera persona irregular en presente de indicativo

- **Verbos en -ZC- *(conduzco, conozco, obedezco, produzco, traduzco)***

Conducir	Conocer	Obedecer	Producir	Traducir
conduzca	conozca	obedezca	produzca	traduzca
conduzcas	conozcas	obedezcas	produzcas	traduzcas
conduzca	conozca	obedezca	produzca	traduzca
conduzcamos	conozcamos	obedezcamos	produzcamos	traduzcamos
conduzcáis	conozcáis	obedezcáis	produzcáis	traduzcáis
conduzcan	conozcan	obedezcan	produzcan	traduzcan

Otros verbos
agradecer, crecer, desaparecer, nacer, ofrecer, parecer, reducir...

• **Otros verbos irregulares en la primera persona *(caigo, digo, hago, oigo, pongo, salgo, tengo, traigo, valgo, vengo)***

Caer	Decir	Hacer	Oír	Poner
caiga	**diga**	**haga**	**oiga**	**ponga**
caigas	**digas**	**hagas**	**oigas**	**pongas**
caiga	**diga**	**haga**	**oiga**	**ponga**
caigamos	**digamos**	**hagamos**	**oigamos**	**pongamos**
caigáis	**digáis**	**hagáis**	**oigáis**	**pongáis**
caigan	**digan**	**hagan**	**oigan**	**pongan**

Salir	Tener	Traer	Valer	Venir
salga	**tenga**	**traiga**	**valga**	**venga**
salgas	**tengas**	**traigas**	**valgas**	**vengas**
salga	**tenga**	**traiga**	**valga**	**venga**
salgamos	**tengamos**	**traigamos**	**valgamos**	**vengamos**
salgáis	**tengáis**	**traigáis**	**valgáis**	**vengáis**
salgan	**tengan**	**traigan**	**valgan**	**vengan**

Verbos con irregularidades propias

Haber	Ir	Saber	Ser	Ver
haya	**vaya**	**sepa**	**sea**	**vea**
hayas	**vayas**	**sepas**	**seas**	**veas**
haya	**vaya**	**sepa**	**sea**	**vea**
hayamos	**vayamos**	**sepamos**	**seamos**	**veamos**
hayáis	**vayáis**	**sepáis**	**seáis**	**veáis**
hayan	**vayan**	**sepan**	**sean**	**vean**

Verbos con cambios gráficos

• G > J	• C > Z	• Z > C	• GU > G	• G > GU	• C > QU
Coger	**Convencer**	**Cazar**	**Distinguir**	**Investigar**	**Tocar**
co**j**a	conven**z**a	ca**c**e	distin**g**a	investi**gu**e	to**qu**e
co**j**as	conven**z**as	ca**c**es	distin**g**as	investi**gu**es	to**qu**es
co**j**a	conven**z**a	ca**c**e	distin**g**a	investi**gu**e	to**qu**e
co**j**amos	conven**z**amos	ca**c**emos	distin**g**amos	investi**gu**emos	to**qu**emos
co**j**áis	conven**z**áis	ca**c**éis	distin**g**áis	investi**gu**éis	to**qu**éis
co**j**an	conven**z**an	ca**c**en	distin**g**an	investi**gu**en	to**qu**en

Dar
dé
des
dé
demos
deis
den

Fíjate:
El verbo *dar* lleva una tilde diacrítica en la primera y tercera personas del singular para que no se confunda con la preposición *de*.

Estar
est**é**
est**é**s
est**é**
estemos
estéis
est**é**n

Fíjate:
El verbo *estar* cambia la sílaba tónica habitual del presente de subjuntivo en todas las personas del singular y en la tercera del plural.

Pretérito perfecto de subjuntivo

Verbos regulares

1.ª conjugación -AR CANTAR	2.ª conjugación -ER COMER	3.ª conjugación -IR VIVIR
haya cantado	**haya** comido	**haya** vivido
hayas cantado	**hayas** comido	**hayas** vivido
haya cantado	**haya** comido	**haya** vivido
hayamos cantado	**hayamos** comido	**hayamos** vivido
hayáis cantado	**hayáis** comido	**hayáis** vivido
hayan cantado	**hayan** comido	**hayan** vivido

Participios irregulares

abrir › **abierto**	escribir › **escrito**	poner › **puesto**	romper › **roto**
cubrir › **cubierto**	hacer › **hecho**	prever › **previsto**	satisfacer › **satisfecho**
decir › **dicho**	imprimir › **impreso, imprimido**	resolver › **resuelto**	ver › **visto**
descubrir › **descubierto**	morir › **muerto**	revolver › **revuelto**	volver › **vuelto**

Glosario

	En mi lengua
A	
A domicilio	
A la cabeza	
A la carta	
A la romana	
A lo mejor	
A propósito	
Ábaco, el	
Abastecer(se)	
Abertura, la	
Abeto, el	
Abono, el	
Absurdo/a	
Aburrimiento, el	
Acceder	
Accesorio, el	
Accidente geográfico, el	
Accionar	
Aceituna, la	
Acelerado/a	
Ácido/a	
Ácido graso, el	
Ácido oleico, el	
Acorde	
Acortarse	
Acostumbrarse	
Activar	
Activista, el/la	
Acuático/a	
Adamascado/a	
Adaptarse	
Adentrarse	
Adicción, la	
Adicto/a	
Adjuntar	
Administración y Dirección de Empresas, la	
Admitir	
Adolescencia, la	
Adorar	
Adquirir	
Adquisición, la	
Adulto/a	

	En mi lengua
Advertir	
Afín	
Afrodescendiente, el/la	
Agarrar	
Agnóstico/a	
Agobiado/a	
Agobio, el	
Agotar(se)	
Agradecido/a	
Agravado/a	
Agrícola	
Agricultura, la	
Agruparse	
Aguantar	
Aguja, la	
Agujero, el	
Ahogarse	
Ajeno/a	
Ajustado/a	
Al pilpil	
Alambre, el	
Alargado/a	
Alarmante	
Alcalde/esa, el/la	
Alcance, el	
Alegría, la	
Alergia, la	
Álgebra, el	
Alimentario/a	
Alinear	
Almacén, el	
Almendrado/a	
Almohada, la	
Alquimia, la	
Altiplano, el	
Alucinación, la	
Alucinar	
Aludir	
Aluminio, el	
Amanecer	
Amargo/a	
Ambición, la	
Amenaza, la	
Amenazado/a	

	En mi lengua
Amenazar	
Aminoácido	
Analógico/a	
Ancho/a	
Andares, los	
Andén, el	
Andino/a	
Ángel, el	
Ánimo de lucro, el	
Ansiedad, la	
Antena, la	
Antibacteriano/a	
Anticuado/a	
Antinflamatorio/a	
Antivirus, el	
Aparente	
Apariencia, la	
Apasionante	
Apertura, la	
Aplauso, el	
Apocado/a	
Aporofobia, la	
Aportación, la	
Aporte, el	
Aprobado, el	
Aprobar	
Aptitud, la	
Apuntes, los	
Arábigo/a	
Arándano, el	
Archivo, el	
Arco, el	
Arista, la	
Arma, el	
Armonía, la	
Aromático/a	
Arrepentirse	
Arriesgarse	
Arrogancia, la	
Arroyo, el	
Arteria, la	
Artes aplicadas, las	
Articulación, la	
Asa, el	

	En mi lengua
Ascendente, el	
Asco, el	
Asentarse	
Asesinato, el	
Asignatura, la	
Asistente, el/la	
Aspirar	
Astronauta, el/la	
Astronomía, la	
Atardecer, el	
Atasco, el	
Atentado, el	
Ateo/a	
Atleta, el/la	
Atractivo/a	
Atrapar	
Atravesar	
Atreverse	
Audiencia, la	
Autóctono/a	
Autodidacta	
Automatización, la	
Automatizar	
Autoridades, las	
Azotea, la	

B

Bacalao, el	
Bachillerato, el	
Bacteria, la	
Bancada, la	
Bando, el	
Barbacoa, la	
Basado/a	
Base de datos, la	
Basura, la	
Batalla, la	
Batería, la	
Batido, el	
Bautizar	
Beca, la	
Berenjena, la	
Bibliografía, la	
Bicho, el	

	En mi lengua
Biólogo/a	
Bloquear	
Bolchevique	
Bollería, la	
Bolsillo, el	
Borde, el	
Botón, el	
Bricolaje, el	
Brillar	
Budista	
Buen/mal humor, el	
Burocracia, la	
Búsqueda, la	
Buzón (de voz), el	

C

Cabina (de teléfono), la	
Cabo, el	
Cacerola, la	
Cadena montañosa, la	
Calabacín, el	
Calcio, el	
Cálculo, el	
Calentamiento global, el	
Calidad de vida, la	
Calificación, la	
Callado/a	
Caloría, la	
Caluroso/a	
Cámara, el/la	
Campesino/a, el/la	
Campo de trabajo, el	
Campus, el	
Canal, el	
Cancelación, la	
Cancelar	
Candidato/a	
Canela, la	

	En mi lengua
Capicúa	
Captar	
Carácter, el	
Carbohidrato, el	
Carbón, el	
Cárcel, la	
Carecer	
Cargador, el	
Caries, la	
Carrera (universitaria), la	
Carrete (de fotos), el	
Carretera, la	
Cartelera, la	
Cartero/a, el/la	
Caseta, la	
Castigar	
Castigo, el	
Casualidad, la	
Catástrofe, la	
Catolicismo, el	
Católico/a	
Cautividad, la	
Caza, la	
Cazar	
Celda, la	
Célebre	
Celiaco/a	
Centenario, el	
Centralita, la	
Cerrar sesión	
Certeza, la	
Charlatán/ana	
Chía, la	
Chile, el	
Chillar	
Chocar	
Chutar	
Ciencias, las	
Cifrar	
Cilindro, el	
Cinta, la	
Circo, el	

	En mi lengua
Circular	
Círculo, el	
Cita, la	
Ciudadano/a, el/la	
Clave, la	
Climatología, la	
Climatológico/a	
Cobarde	
Coincidencia, la	
Col, la	
Colecta, la	
Colesterol, el	
Colgar en/subir a (la red)	
Colmo, el	
Colonia, la	
Combatir	
Combustible, el	
Comerciar	
Comercio justo, el	
Comisaría, la	
Compaginar	
Compatible	
Complejidad, la	
Complejo/a	
Complicidad, la	
Compraventa, la	
Comprensivo/a	
Comprometido/a	
Comunista	
Comunitario/a	
Conciso/a	
Condena, la	
Condenado/a	
Conducta, la	
Conejo/a, el/la	
Confesión religiosa, la	
Confiado/a	
Confirmación, la	
Conflicto, el	
Conjetura, la	
Conllevar	
Conmemorar	

	En mi lengua
Connotación, la	
Conquista, la	
Conquistar	
Consciente	
Conservación, la	
Constante	
Consumismo, el	
Contaminado/a	
Contestador automático, el	
Contracciones (del parto), las	
Contradecir	
Contraer	
Contraseña, la	
Controlar(se)	
Conveniente	
Convincente	
Convocar	
Corcho, el	
Cordero, el	
Cordillera, la	
Cordón, el	
Coser	
Cosmético, el	
Coste, el	
Costoso/a	
Creación, la	
Crédito, el	
Creencia, la	
Creído/a	
Creyente	
Cría	
Criarse	
Cristiano/a	
Crítica, la	
Crítico/a de cine, el/la	
Cromosoma, el	
Cuadrado/a	
Cualificación, la	
Cubrir (una noticia)	
Cucharada, la	
Cuenta (de correo), la	

	En mi lengua
Cuerda, la	
Culto, el	
Cundir	
Currículum, el	
Curso de posgrado, el	
Custodia, la	

D

	En mi lengua
Dar a entender	
Dar fruto	
Dar igual	
Dar muerte	
Darse bien/mal	
Darse cuenta	
Datos, los	
De ahí que	
De manera/modo que	
Debate, el	
Débil	
Década, la	
Decidido/a	
Deforestación, la	
Degradación, la	
Degustación, la	
Dejar en evidencia	
Delimitado/a	
Delito, el	
Demandado/a	
Demandar	
Denotar	
Deprimido/a	
Derecha (política), la	
Derecho, el	
Derretirse	
Desafío, el	
Desastre, el	
Descapotable	
Descargar(se)	
Descender de	
Descifrar	
Desconfiado/a	

	En mi lengua
Desenlace, el	
Desenvolverse	
Desfavorecido/a	
Desgastar	
Deshacerse (de algo)	
Deshielo, el	
Deshumanización, la	
Desierto, el	
Designar	
Desinfectar	
Desintoxicante	
Deslumbrante	
Desmentir	
Desmigado/a	
Desobedecer	
Despistado/a	
Desteñir	
Destinar	
Destituir	
Destruir	
Detalle, el	
Detallista	
Detective, el/la	
Detener	
Detenido/a, el/la	
Detergente, el	
Devolución, la	
Diablo, el	
Diagonal	
Dictador, el	
Dignidad, la	
Dimisión, la	
Dimitir	
Dióxido de carbono, el	
Dirigir	
Discrepancia, la	
Discriminación, la	
Discurrir	
Disfraz, el	
Disminuir	
Dispararse	
Dispositivo (electrónico), el	

	En mi lengua
Distinción, la	
Diversificar	
Documentación, la	
Documento, el	
Dolencia, la	
Donado/a	
Dramaturgo/a, el/la	
Dron, el	
Dulce	

E

	En mi lengua
Echar de menos	
Economía sostenible, la	
Ecuación, la	
Efecto invernadero, el	
Egoísta	
Ejecución, la	
Ejemplar, el	
Ejercer	
Embarazada	
Embaucador/a	
Embellecer	
Emigrante, el/la	
Emisión, la	
Emitir	
Empaquetar	
Empatía, la	
Empático/a	
Empatizar	
Emplear	
Empleo, el	
Emprendedor/a	
Empresario/a, el/la	
En almíbar	
En cuanto a	
En curso	
En directo	
En el fondo	
En mal estado	
En torno a	
Enamorarse	

	En mi lengua
Encajar	
Encaminar	
Encantador/a	
Encarcelar	
Encargado/a, el/la	
Enchufado/a	
Enchufe, el	
Encontrarse	
Energía limpia, la	
Energía renovable, la	
Energía solar, la	
Enfermería, la	
Enfrentarse a	
Enterarse de	
Entrante, el	
Entristecer	
Entusiasmar(se)	
Envenenar	
Envoltorio, el	
Epidemia, la	
Época, la	
Equitativo/a	
Era, la	
Erradicación, la	
Escalivada, la	
Escalonado/a	
Escandaloso/a	
Escaparate, el	
Escoba, la	
Escondite, el	
Escrache, el	
Escudo, el	
Esforzarse	
Espárrago, el	
Especialización, la	
Especializado/a	
Espectador/a, el/la	
Espeso/a	
Espinacas, las	
Espíritu, el	
Establecer lazos	

	En mi lengua
Estar al caer	
Estar al día	
Estar al rojo vivo	
Estar (como) en una nube	
Estar de moda	
Estar en el aire	
Estar en paro	
Estrecho, el	
Estrecho/a	
Estreno, el	
Estrés, el	
Estudio (de radio), el	
Estudios superiores, los	
Etapa, la	
Etimológico/a	
Étnico/a	
Evangélico/a	
Evidente	
Evocar	
Excesivo/a	
Exceso, el	
Exclusión, la	
Exigencia, la	
Exigir	
Expandirse	
Expectativa, la	
Explotación, la	
Explotar	
Extenuante	
Externo/a	
Extinción, la	
Extraterrestre, el/la	
Extravertido/a	

F

	En mi lengua
Fábrica, la	
Fallecer	
Fallecido/a	
Falso/a	
Familiarizarse	
Fastidiar	
Fatal	
Favorecer	
Fenicio/a	
Fenómeno natural, el	
Ferretería, la	
Fiarse	
Fibra, la	
Fiel	
Figura, la	
Figurar	
Fijación, la	
Filología, la	
Firmar un contrato	
Firme	
Física, la	
Fisio(terapeuta), el/la	
Fisioterapia, la	
Florero, el	
Flotar	
Fogón, el	
Forja, la	
Formación profesional, la	
Formado/a	
Formarse	
Fortalecer	
Forzoso/a	
Fósil (combustible)	
Fracasado/a	
Frágil	
Frenar	
Fuego, el	
Fuente de ingresos, la	
Fuga, la	
Fugado/a, el/la	
Furioso/a	

G

	En mi lengua
Gamba, la	
Ganado, el	
Garbanzo, el	
Genealogía genética, la	
Generación, la	
Generoso/a	
Gibón, el	
Girar en torno a	
Glaciar, el	
Gluten, el	
Gobernar	
Golfo, el	
Goma, la	
Gotear	
Grado, el	
Graduado/a, el/la	
Graduarse	
Gran superficie, la	
Grano, el	
Grifo, el	
Grueso/a	
Guardia civil, el/la	
Gusto, el	

H

	En mi lengua
Habilidad, la	
Habitable	
Hábitat natural, el	
Hábitos alimenticios, los	
Hablador/a	
Hacer clic	
Hacer cuentas	
Hacer falta	
Harto/a	
Hasta las tantas	
Hectárea, la	
Hierro, el	
Hipopótamo, el	
Historia del Arte, la	
Historiador/a, el/la	
Historicista	
Hombre/Mujer del tiempo, el/la	
Honesto/a	

	En mi lengua
Honor, el	
Huerto, el	
Hueso, el	
Huevera, la	
Humanidades, las	
Humilde	
Humo, el	
Hundido/a	
Huracán, el	

I

	En mi lengua
Ideología	
Ídolo, el	
Idóneo/a	
Igual (adv.)	
Imán, el	
Impaciente	
Imperio, el	
Implantación, la	
Implantar	
Implicar	
Importación, la	
Impuesto, el	
Incendio, el	
Incidente, el	
Incógnita, la	
Incrementar(se)	
Independizarse	
Indiferencia, la	
Indignante	
Indiscriminado/a	
Indiscutible	
Infancia, la	
Infantil (enseñanza)	
Infarto cerebral, el	
Infinito/a	
Información meteorológica, la	
Informativo, el	
Infracción, la	
Infrahumano/a	
Ingenioso/a	
Ingerir	
Ingreso, el	
Iniciativa, la	
Injusticia, la	
Inmigración, la	
Innato/a	
Innovación, la	
Innovador/a	
Inquieto/a	
Insospechado/a	
Instalación, la	
Institución, la	
Integración, la	
Integral (alimento)	
Integrar	
Interconexión, la	
Internarse	
Interrogatorio, el	
Intolerancia, la	
Intoxicación, la	
Introvertido/a	
Inundación, la	
Invadir	
Invasión, la	
Invención, la	
Investigador/a	
Ir de campamento	
Islamismo, el	

J

	En mi lengua
Jardinería, la	
Jaula, la	
Jubilación, la	
Jubilarse	
Judería, la	
Judío/a	
Juez/a, el/la	
Juicio, el	
Juicio de valor, el	
Jurídico/a	
Justo/a	
Juventud, la	

K

	En mi lengua
Kale, el	

L

	En mi lengua
Laboratorio, el	
Lactosa, la	
Lamentar	
Lancha motora, la	
Lápiz de memoria, el	
Láser, el	
Lástima, la	
Leal	
Lector/a, el/la	
Lema, el	
Lenguado, el	
Ley, la	
Leyenda, la	
Libertad, la	
Liebre, la	
Ligar (col.)	
Ligero/a	
Limitar	
Limítrofe	
Línea de meta, la	
Literalmente	
Llegar a ser	
Llenar (la comida)	
Lo mismo (loc. adv.)	
Locutor/a de radio, el/la	
Lucrativo/a	
Luminiscente	

M

	En mi lengua
Maceta, la	
Madera, la	
Madurez, la	
Maduro/a	
Magia, la	
Mágico/a	
Majo/a	
Maletín, el	
Maltrato, el	
Manchado/a	
Mandar	
Manejar	

	En mi lengua
Mango, el	
Maniático/a	
Manifestación	
Manipulado/a	
Manivela, la	
Mantener a raya	
Manual	
Marea, la	
Mariposa, la	
Masa, la	
Máscara, la	
Masivo/a	
Máster, el	
Materia oscura, la	
Maternidad, la	
Matiz, el	
Matrícula, la	
Matricularse	
Mecánico/a	
Medicinal	
Medieval	
Medio de comunicación, el	
Melodía, la	
Memoria (del ordenador), la	
Mensajero/a, el/la	
Mensual	
Mentalidad, la	
Mentira, la	
Merecer/Valer la pena	
Meseta, la	
Metafórico/a	
Metal, el	
Metálico/a	
Meteorología, la	
Metodología, la	
Mezcla, la	
Mezclar	
Mezquita, la	
Micrófono, el	
Microplástico, el	
Milenario/a	
Militante, el/la	

	En mi lengua
Militar, el	
Mina, la	
Minoría, la	
Misión, la	
Misterio, el	
Misterioso/a	
Mito, el	
Moderado/a	
Modernizar	
Modesto/a	
Modisto/a, el/la	
Mojarse	
Moler	
Molinillo (de café), el	
Monitor, el	
Mortalidad, la	
Motivado/a	
Musulmán/ana	

N

Natalidad, la	
Natillas, las	
Navegable	
Negado/a (ser)	
Nevada, la	
Nota (de un examen), la	
Notable (nota)	
Nudo, el	
Nuez moscada, la	
Nutricionista, el/la	

O

O sea (que)	
Obesidad, la	
Objetivo/a	
Obsesionado/a	
Obsesivo/a	
Obstáculo, el	
Ocultar	
Ocupar (un territorio)	
Ojalá (que)	
Ola de calor, la	

	En mi lengua
Olla, la	
Ondulado/a	
Opresivo/a	
Orangután/ana, el/la	
Orgulloso/a	
Originalidad, la	
Originarse	
Ornamental	
Oscuridad, la	
Ovalado/a	
Oyente, el/la	

P

Paciencia, la	
Paciente	
Padecer	
Padrastro, el	
Paleodieta, la	
Palíndromo, el	
Palo, el	
Panceta, la	
Pantalla, la	
Para colmo	
Para entonces	
Para nada	
Para rato	
Paradójicamente	
Paraíso, el	
Partícula, la	
Partido (político), el	
Pasividad, la	
Pastor/a, el/la	
Pata, la	
Paz, la	
Pecar de	
Pedido, el	
Pegatina, la	
Pelear	
Península, la	
Per cápita	
Perejil, el	
Perfil, el	
Periódicamente	

	En mi lengua
Periodismo, el	
Periodo, el	
Persecución, la	
Personal, el	
Personalizar	
Pertenencias, las	
Pesadez, la	
Pesca, la	
Pescado azul, el	
Petróleo, el	
Pez, el	
Picador/a, el/la	
Picante	
Piedra, la	
Piel, la	
Pieles, las	
Pieza, la	
Pilar, el	
Pinchar	
Pinta, la	
Pintada, la	
Pinza, la	
Pizarra digital, la	
Plaga, la	
Plancton, el	
Plano/a	
Plantar	
Plató, el	
Pódcast, el	
Poeta/isa, el/la	
Policial	
Polinización, la	
Polo, el	
Pomada, la	
Popularización, la	
Populismo, el	
Por cabeza	
Por casualidad	
Por cierto	
Por consiguiente	
Por otra parte	
Por si acaso	
Por supuesto	
Porcentaje, el	
Portavelas, el	

	En mi lengua
Portavoz, el/la	
Portería, la	
Portero/a, el/la	
Posar	
Posguerra, la	
Posicionarse	
Posverdad, la	
Potasio, el	
Pozo, el	
Prácticas, las	
Precisión, la	
Preciso/a	
Precolombino/a	
Predestinado/a	
Preescolar	
Prensa, la	
Prensado, el	
Prepotente	
Presa, la	
Prescindir	
Presencial	
Presentador/a, el/la	
Presidente/a, el/la	
Prevenir	
Primaria (enseñanza), la	
Prisión, la	
Procedimiento	
Procesar	
Proceso de selección, el	
Producto interior bruto, el	
Profundizar	
Programa (de televisión), el	
Programación, la	
Progreso, el	
Proliferación, la	
Promedio, el	
Promesa, la	
Prometedor/a	
Promoción (universitaria), la	

	En mi lengua
Pronosticar	
Protesta, la	
Provechoso/a	
Provincia, la	
Prudente	
Pulmón, el	
Punta, la	
Punto fuerte/débil, el	

Q

¡Que aproveche!	
¡Que descanses!	
¡Que te mejores!	
Quieto/a	
Quinoa, la	
Quiosquero/a, el/la	
Quizá(s)	

R

Rabia, la	
Racional	
Racismo, el	
Radiaciones infrarrojas, las	
Raíz, la	
Rama (de estudios), la	
Rape, el	
Rasgo, el	
Rastrear	
Razonable	
Rebatir	
Rebelde	
Rebeldía, la	
Rebelión, la	
Recargar	
Recetar	
Recinto, el	
Reclamar	
Reconocer	
Rectangular	
Rectángulo, el	
Recto/a	

	En mi lengua
Recubierto/a	
Redacción (de un periódico), la	
Reencontrarse	
Reenviar	
Reformar	
Refugiado/a, el/la	
Regadío, el	
Regular (verbo)	
Rehogar	
Reino, el	
Reinventar(se)	
Reja, la	
Relevante	
Relieve, el	
Religión, la	
Reloj inteligente, el	
Rememorar	
Renacer, el	
Rentable	
Reparación, la	
Repetidor wifi, el	
Reportaje, el	
Reportero/a, el/la	
Representante, el/la	
Reprimenda, la	
Reprochar	
Republicano/a	
Requisito, el	
Rescate, el	
Residente, el/la	
Resistente	
Respecto a	
Responsabilidad, la	
Resta, la	
Retención, la	
Retransmisión, la	
Retransmitir	
Retribución, la	
Reutilización, la	
Revalorizar	
Revelar	

	En mi lengua
Ridiculizar	
Riego, el	
Río, el	
Rito, el	
Robótico/a	
Rodar (películas)	
Roto, el	
Rumor, el	
Rúter, el	
Rutinario/a	

S

Sabor, el	
Sacar buenas/malas notas	
Sala de conciertos, la	
Sala de conferencias, la	
Salado/a	
Salario, el	
Salmorejo, el	
Salón de actos, el	
Salvaje	
Sanción, la	
Sandía, la	
Sangre, la	
Sanitario/a	
Satélite, el	
Secretaría, la	
Secreto, el	
Sector, el	
Secundaria (enseñanza), la	
Segunda mano, (ser de)	
Seguridad, la	
Selfi, el	
Semáforo, el	
Sembrar	
Sensación, la	
Sensible	
Ser un genio	
Sermón, el	
Serpiente, la	

	En mi lengua
Servicio de atención al cliente, el	
Servicio técnico, el	
Servicios sociales, los	
Servir	
Siglo, el	
Silueta, la	
Simetría, la	
Simio/a, el/la	
Simpatizar	
Sin ánimo de lucro	
Sincero/a	
Sinfín, el	
Sistema educativo, el	
Sistema inmunológico, el	
Sistema nervioso, el	
Sobreinformación, la	
Sobrevivencia, la	
Soldado, el	
Soleado/a	
Solicitar	
Soñador/a	
Soñar con los angelitos	
Soportar	
Sorprendente	
Soso/a	
Sospechoso/a	
Sostenibilidad, la	
Subtítulo, el	
Suegro/a, el/la	
Sueldo, el	
Sufrimiento, el	
Suicidio, el	
Sujetar	
Sujeto/a	
Suma, la	
Sumar(se)	
Superado/a	
Superalimento, el	

	En mi lengua
Superstición, la	
Suspender	
Suspenso, el	
Susto, el	

T

Tablero de noticias, el	
Tableta, la	
Tal vez	
Tala, la	
Talar	
Tambor (de la lavadora), el	
Tapa, la	
Tapadera, la	
Tapón, el	
Tasa, la	
Tatarabuelo/a, el/la	
Teclado, el	
Tecnologías Ambientales, las	
Tela, la	
Telespectador/a	
Televisivo/a	
Temblar	
Temer(se)	
Templo, el	
Tenderete, el	
Tendero/a, el/la	
Tener enchufe	
Tener prisa	
Tentación, la	
Tercera edad, la	
Terreno, el	
Testigo de Jehová, el/la	
Testimonio, el	
Tetería, la	
Textil	
Tierno/a	
Timbre, el	
Tinta, la	
Tipo/a, el/la	
Tique, el	
Tira, la	
Tirante, el	
Titular, el	
Título (universitario), el	
Tolteca	
Tomar conciencia	
Tontería, la	
Toque, el	
Totalidad, la	
Tráfico ilegal, el	
Tragar	
Trágico/a	
Trámite, el	
Transferir	
Transición, la	
Transparencia, la	
Transportista, el/la	
Trepar	
Triangular	
Triturado/a	
Triturar	
Trucha, la	
Tubo, el	
Turismo de masas, el	
Tutear	
Tutor/a, el/la	

U

Última hora, la	
Ultraprocesado/a	
Uña, la	
Urbanismo, el	
Usuario/a, el/la	

V

Validez, la	
Valiente	
Valle, el	
Vanguardista	
Vanidoso/a	
Vareo, el	
Vegetación, la	
Vejez, la	
Vejiga, la	
Vela, la	
Velocidad, la	
Velozmente	
Venir al mundo	
Veracidad, la	
Vergüenza, la	
Vértigo, el	
Viable	
Vibrar	
Vicepresidente/a, el/la	
Víctima, la	
Videoclub, el	
Videoconsola, la	
Vidriera, la	
Vigilar	
Viñedo, el	
Violonchelista, el/la	
Vitalidad, la	
Viveza, la	
Volador/a	
Volante, el	
Vomitar	
Votante, el/la	
Vuelta atrás, la	
Vulnerable	

W

Walkman, el	
Wébcam, la	
Wifi, el/la	

X

Xenofobia, la	

Z

Zona recreativa, la	
Zoológico, el	

Créditos fotográficos

UNIDAD 1: Encuentro de culturas

Pág. 5: Octavio Paz: De Jonn Leffmann - Octavio Paz besökte Malmö Internationella Poesifestival 1988, trabajo propio, en Creative Commons, licencia CC BY-3.0, https://commons.wikimedia.org/w/index.php?curid=27401302; Rigoberta Menchú: De Carlos Rodríguez/ANDES - Rigoberta Menchu, Premio Odenbrecht, 2014, CC BY-SA 2.0, https://commons.wikimedia.org/w/index.php?curid=36955982; Isabel Allende: De Mutari - Isabel Allende, escritora chilena en la presentación de su libro *La suma de los días* en Barcelona, 2008, trabajo propio, en Creative Commons, dominio público, https://commons.wikimedia.org/w/index.php?curid=4075178; Eduardo Galeano: De Mr. Tickel - Eduardo Galeano en la Feria del Libro de Madrid, 31 de mayo de 2008, trabajo propio, en Creative Commons, licencia CC BY-3.0, https://commons.wikimedia.org/w/index.php?curid=4143001. **Pág. 9:** Decoración árabe: Renata Sedmakova, Shutterstock.com. **Pág. 13:** Máscara funeraria inca: sharptoyou, Shutterstock.com. **Pág. 15**: Santa María la Blanca: Vlad G., Shutterstock.com. **Pág. 16:** Patio de los Leones, la Alhambra, Granada: Cezary Wojtkowski, Shutterstock.com.

UNIDAD 2: EnREDados

Pág. 37: Alejandro Sanz: Kobby Dagan, Shutterstock.com; Shakira: Frederic Legrand - COMEO, Shutterstock.com; Rafa Nadal: Christian Bertrand, Shutterstock.com; Escudos Real Madrid y Barcelona: Rose Carson, Shutterstock.com.

UNIDAD 3: Un poco de educación

Pág. 56: Universidad de México: csp, Shutterstock.com; Estudiantes, Perú: meunierd, Shutterstock.com.

UNIDAD 4: ¡Súmate!

Pág. 66: Deforestación: Rich Carey, Shutterstock.com; Inundación: Asianet-Pakistan, Shutterstock.com. **Pág. 73:** Parque de atracciones: Evgeny Kuzhilev, Shutterstock.com. **Pág. 74:** Mercado de los Encants de las Glòries de Barcelona: Jordi C., Shutterstock.com. **Pág. 76:** Turismo en masa: Flystock, Shutterstock.com; Inundación: AJP, Shutterstock.com.

UNIDAD 5: Para siempre

Pág. 83: Casa Batlló: imagIN.gr photography, Shutterstock.com. **Pág. 92:** Logo Snapchat: tanuha2001, Shutterstock.com. **Pág. 96:** Sagrada Familia: TTstudio, Shutterstock.com. **Pág. 97:** Casa Amatller: k065167, Shutterstock.com; Casa Batlló: ansharphoto, Shutterstock.com; Casa Lleó Morera: Veniamin Kraskov, Shutterstock.com; Palau de la Música: CCat82, Shutterstock.com. **Pág. 101:** Sagrada Familia: TTstudio, Shutterstock.com.

UNIDAD 6: Esta es mi generación

Pág. 108: Mustang descapotable: Fernando V, Shutterstock.com. **Pág. 116:** Generación del 27: Foto del grupo poético tomada en Sevilla en 1927 y atribuida a Pepín Bello. **Pág. 117:** Residencia de Estudiantes: por cortesía de Luis García en https://commons.wikimedia.org/wiki/File:Residencia_de_Estudiantes_(Madrid)_07.jpg; Luis Buñuel: Foto de dominio público aparecida en la revista *Gente y la actualidad*, año 3, número 130, enero de 1968, Buenos Aires, autor desconocido: https://upload.wikimedia.org/wikipedia/commons/d/df/Luis_Bu%C3%B1uel.JPG; Federico García Lorca: Foto de dominio público hallada en la Universidad de Granada en 2007, proveniente de una ficha de estudiante, autor desconocido: https://commons.wikimedia.org/w/index.php?curid=7568045; Salvador Dalí: Foto de dominio público de Carl van Vechten - Van Vechten Collection at Library of Congress: https://commons.wikimedia.org/w/index.php?curid=1316978; Manuel de Falla: Foto de dominio público del Archivo Manuel de Falla - ticket: 2013012510007831: https://commons.wikimedia.org/w/index.php?curid=25278393

UNIDAD 7: Todo es noticia

Pág. 125: Periódico digital: Gil C., Shutterstock.com. **Pág. 134:** J. Balvin: Kathy Hutchins, Shutterstock.com; Rafael Nadal: Leonard Zhukovsky, Shutterstock.com; Sonia Sotomayor: K2 images, Shutterstock.com; Rosalía: Ted Alexander Somerville, Shutterstock.com; Gustavo Dudamel: Tinseltown, Shutterstock.com; María Celeste Arrarás: Matías Ocner, en https://www.flickr.com/photos/55155430@N03/32766594154/. **Pág. 136:** Manifestación por el clima: sil_sil_sil, Shutterstock.com. **Pág. 137:** Refugiados sirios: Lukasz Z., Shutterstock.com. **Pág. 141:** Reunión: A_Lesik, Shutterstock.com.

UNIDAD 8: ¿Qué habrá pasado?

Pág. 143: Plaza de Chueca, Madrid: Victor Lafuente Alonso, Shutterstock.com. **Pág. 144:** Sinclair Spectrum: Roman Belogorodov, Shutterstock.com; PlayStation: charnsitr, Shutterstock.com. **Pág. 156:** Estación de Chamberí: Giron Photography, Shutterstock.com. **Pág. 157:** Restaurante Botín: Eric Crama, Shutterstock.com.

UNIDAD 9: ¿Eres lo que comes?

Pág. 169: Mercado de San Miguel: Vlad Teodor, Shutterstock.com; Fachada del mercado: Takashi Images, Shutterstock.com. **Pág. 176:** Vareo: José Pizarro, Shutterstock.com. **Pág. 181:** Calle Alfonso I, Zaragoza: trabantos, Shutterstock.com.

UNIDAD 10: Línea de meta

Pág. 187: Apple Macintosh: Masini, Shutterstock.com; iPhone: Basar, Shutterstock.com. **Pág. 190:** Campo de refugiados: Ehab Othman, Shutterstock.com; Surfistas: Sahwe, Shutterstock.com. **Pág. 196:** Tienda de comercio justo: Martien van Gaalen, Shutterstock.com. **Pág. 197:** Granja de seda natural: Joanne Jean, Shutterstock.com; Recolección de té en la India: Maximum Exposure PR., Shutterstock.com.

Fichas de "Pronunciación y ortografía"

Pág. 209: Pablo Alborán: Pablo Alborán en el Tour Terral, 2015. De Rumeysabetullcakir, en Creative Commons, licencia CC BY-SA 4.0, https://upload.wikimedia.org/wikipedia/commons/4/41/B65488894248fe78c39db21c4e034897_.jpg. **Pág. 212:** Décimo de lotería: Alfonso de Tomas, Shutterstock.com.